CHAVETA

Jéromine Pasteur

CHAVETA

L'arche d'or des Incas

filipacchi

Sommaire

Introduction 11

Première partie

L'appel de la mer

Chapitre 1 : ENFANT, JE N'ÉTAIS PAS COMME LES AUTRES 15
Chapitre 2 : JE ME MARIE ET DIVORCE EN 8 JOURS 21
Chapitre 3 : MON GOUVERNAIL CASSE DANS LA TEMPÊTE 35
Chapitre 4 : JE RENCONTRE MICKEY, SOLITAIRE, MYSTÉRIEUX... 49
Chapitre 5 : JE CONNAIS LA VRAIE GRANDE PEUR 57
Chapitre 6 : DES HYÈNES RICANENT AUTOUR DE MA COQUE 69
Chapitre 7 : TERRE ! TERRE ! ÇA FAIT TROIS SEMAINES ! 79
Chapitre 8 : « JYDARTHA » EST ENSORCELÉ : MACUMBA ! 89
Chapitre 9 : DANS LE BERCEAU DE SES BRAS 101
Chapitre 10 : ADIEU « JYDARTHA » 109
Chapitre 11 : LE BUS S'ARRÊTE, UNE ROUE DANS LE VIDE 125
Chapitre 12 : SUR LES TRACES DU PEUPLE INCA 137
Chapitre 13 : COCAÏNE ET SENTIER LUMINEUX 147
Chapitre 14 : J'ATTENDS LE TOUBIB TROIS JOURS : JE VAIS MOURIR . 159

Deuxième partie

L'appel de la forêt

Chapitre 15 : L'ARCHE D'OR DES INCAS 175
Chapitre 16 : JE ME SENS IGNORANTE ET PRIMITIVE 187

Chapitre 17 : L'ENFER VERT ? J'Y SUIS BIEN.................. 197
Chapitre 18 : LA FAIM, LA FATIGUE ET LE PALU.................. 209
Chapitre 19 : CETTE SALIVE VÉGÉTALE CUIT COMME LE FEU 215
Chapitre 20 : DES PIRANHAS, COMME D'HABITUDE.................. 227
Chapitre 21 : APRÈS L'ÉPREUVE DU SORCIER, ON ME BAPTISE : « CHAVETA » 241
Chapitre 22 : UN JOUR, PEUT-ÊTRE, MON ENFANT NAÎTRA À PARIJARO.. 251

A « Jydartha », Kaya et Olbia.

A toi, Mickey, qui suis un chemin qui a du cœur.

A mes parents qui m'ont donné la vie.

A vous que j'aime, Ashanincas.

A mes espoirs..

INTRODUCTION

Haletante, je me dresse à demi, le corps trempé. Mon cœur résonne dans ma poitrine. Il me faut encore un instant pour retrouver tous mes esprits. J'étais bien fatiguée lorsque, quelques heures auparavant, je me suis jetée à terre m'endormant sur les feuilles de bananiers sauvages. Sortant lentement d'un rêve agité, je me laisse encore plus profondément prendre par le calme qui règne autour de moi.

Le campement est protégé par de grands feux qu'un Indien ravive de temps à autre ; des myriades de brindilles incandescentes s'envolent dans le ciel pour rejoindre les étoiles. Mes yeux les suivent distraitement, mais soudain tout me revient en mémoire. Il est là, devant moi. Masse énorme qui se découpe dans l'ombre.

Je le distingue, enfoui sous la végétation, « el puente de oro », l'arche d'or des Incas, le plus grand pont naturel du monde... Personne n'était jamais arrivé jusqu'ici et hier soir, je me suis endormie à ses pieds, après vingt-sept jours de marche pénible dans la forêt tropicale, longeant des cascades du Cutivireni, sous la jungle amazonienne.

Je pense à ces hommes qui l'ont recherché, convoité et dont les cadavres sont quelque part, depuis longtemps dévorés, leurs derniers os blanchis, s'effritant pour retourner à la terre. L'immense arche de pierre luit sous la lune, qui fait miroiter ses roches lisses et glissantes ; elle surplombe une ouverture sombre, si carrée qu'on la croirait taillée de mains humaines. La rivière s'y engouffre, torrent furieux qui remplit ma tête d'un vacarme incessant.

L'air est humide et, frissonnante, je me rapproche encore du foyer près duquel je m'étais roulée en boule. Barriti est là, près de moi, étendu sur le dos. Il a ouvert les yeux. L'aube n'est pas loin. D'étranges oiseaux au vol saccadé et silencieux passent au-dessus de nous, cherchant semble-t-il à se rapprocher, poussés par une curiosité toute compréhensible.

Depuis longtemps, aucun être humain n'est venu ici. Des « pekoriti », mi-oiseaux, mi-papillons répondent à mon guide indien qui imite doucement leur sifflement pour les attirer ; le matin résonne de cette douce mélodie, harmonie étroite entre l'homme et l'animal, au cœur de cet univers d'un autre âge peuplé de souvenirs des guerriers incas transportant l'or de Cuzco, capitale de leur empire, au Païtiti, ville mystérieuse encore secrètement cachée dans les montagnes.

Alors que la magie du petit jour redonne ses premières couleurs à la forêt qui m'entoure, et sans quitter des yeux les « pekoriti » qui, maintenant, frôlent presque ma chevelure, je me laisse envahir par un bonheur surnaturel.

Comme hypnotisée, je me lève et me dirige vers le pont, happée par les ténèbres, poussée par le vent violent qui s'engouffre dans ce tunnel humide et ruisselant d'infiltrations.

L'air est glacial.

L'eau bouillonnante du rio surgit de la gueule béante et résonne sous la voûte du pont gigantesque, grandiose et belle comme la nef d'une cathédrale. Tremblante de froid et d'émotion, je fais un premier pas, puis deux. Doucement, je m'avance dans l'obscurité...

Première partie

L'appel de la mer

Chapitre 1

ENFANT, JE N'ÉTAIS PAS COMME LES AUTRES...

Je suis née le 30 novembre 1954. Je devais être un garçon, un Jérôme. Mes parents en étaient tellement sûrs que, pris au dépourvu et complètement déroutés, ils laissèrent pendant deux jours cette petite fille sans nom. C'est mon grand-oncle (Louis Pasteur, comme notre célèbre ancêtre), penché sur le berceau, qui vint à leur secours, faisant de ce vilain petit Jérôme, une souriante Jéromine...

J'ai eu une enfance solitaire.

Chacun de mes jeudis après-midi est prétexte à des explorations toujours plus magiques de la forêt jurassienne. Il n'est pas un chêne vénérable ou un châtaignier qui ne m'appelle. Et je m'élance dans les branchages, à la recherche d'une enveloppe protectrice, hors de la vue des autres et déjà hors d'atteinte.

De mes premiers perchoirs, je scrute de belles futaies dans les zones basses, à l'horizon desquelles une armée de sapins en grand uniforme de feuillages monte la garde : l'orée des plaines.

Et puis, il y a ces courses folles à travers champs, aux côtés de mon chien, Royal, un pointer. Et, bien sûr, d'éternelles rêveries, l'œil posé au-delà des cimes, au bord de la rivière.

Tout enfant, je ne suis pas comme les autres. C'est si vrai que personne ne s'intéresse à mes randonnées. Nul n'est aimanté, autour de moi, par l'appel de la nature et celui, plus mystérieux encore, de la forêt.

Et je ne trouve personne pour partager, sur un coup de tête, ou sur un coup de cœur, cette école vraiment buissonnière.

Je ne participe pas, ou peu, aux jeux des copains de l'école. Et les adultes ne me comprennent pas non plus. Il faut dire que je me méfie d'eux. Secrète, farouche, j'inquiète les grandes personnes impuissantes à rassurer un être indépendant qui ne veut pas leur ressembler. Sans indulgence, j'observe leur univers. Je les sens hypocrites, trop souvent sournoises, égoïstes et mesquines, peu naturelles. Elles étudient tout de leur comportement. Pas de rire spontané, bien rarement de la complicité avec un enfant en liberté.

A la maison, mes parents organisent souvent des soirées. J'en ai gardé quelques vagues souvenirs de messieurs très affairés à refaire le monde — et les affaires — et de dames se complimentant avec de grands sourires de faux témoins. Tout ce beau monde émergeait avec la gueule de bois, le lendemain, glosant à perte de critiques sur les invités de la veille.

Enfant, c'est vrai, je fais le vœu de ne jamais devenir ainsi.

Mes parents, eux, sont des gens bien, tendres et attentifs. Bizarrement, pourtant, je ne cherche pas à les suivre.

J'échappe rapidement, et à leur insu, au destin qu'ils ont rêvé pour moi. Je suis d'un autre voyage. Inexorablement, mes promenades d'enfant tourmentée m'entraînent sur un autre chemin. Le monde correspond-il à ce que l'on tente de m'enseigner ? N'y a-t-il pas d'autres visions possibles ? C'est ce que je veux découvrir en puisant directement dans la nature les éléments qui me permettront de faire un univers à ma façon.

Pour l'instant, maîtresses puis professeurs m'enseignent « le monde » à l'école. Chez les sœurs, je ne m'applique qu'avec ceux dont je suis secrètement amoureuse. Pour eux, je suis la première de la classe. Avec les autres, je ne fais rien, je suis un petit animal sauvage, et il faut m'apprivoiser pour obtenir quelque chose de moi.

Puis, j'ai treize ans. Ma vie bascule. Ce jour-là, dans un jardin, Jean-François, un copain, pose un regard nouveau sur moi. Je ne comprends pas bien ce qu'il me veut, mais je suis intriguée, un rien troublée. Alors, le fixant droit dans les yeux, je relève son audace, et, d'instinct, le mets au défi : « Jean-François, va me cueillir cette fleur... » Ce n'est pas un edelweiss, mais elle est quand même hors de portée, tout en haut contre la gouttière de la maison.

Et là, stupéfaction, je vois Jean-François multiplier les prodiges pour enlever la fleur que je convoitais.

Et, sans le vouloir, ce jour-là, je comprends tout. Je suis une femme : cela doit signifier bien des choses, peut-être donner bien des pouvoirs. Ne pas être un homme !... Mais plutôt, son contraire ? Ou peut-être même son complément ?...

Autour de moi, mes copains d'adolescence grandissent, bercés par la musique des Pink Floyd et les filles s'acharnent à vouloir devenir « belles, belles, belles, comme le jour »... Moi, je préfère les héros de nos légendes : Croc-Blanc, Quo Vadis, Tristan et Iseult, Paul et Virginie. Je lis Jack London et Henri de Monfreid. Avec eux, je quitte les allées étroites d'une vie balisée pour me retrouver face à l'immensité des mers et je satisfais mon élan vers des lendemains de rêve et d'action.

Fatalement, avec ceux de mon âge, je me laisse entraîner dans les boums. C'est vrai, je me fais draguer un maximum. Souvent, toujours ou presque, je ne donne pas suite. Je remets les garçons en place d'un sourire, d'un mot, d'une pirouette. Trop entière, j'ai souvent le cœur qui saigne. On m'a déjà trahie. Je préfère m'abandonner à la danse, aspirée dans un tourbillon de musique, ne manquant pas de cavaliers. J'ai le rythme en moi, comme une seconde nature. Je pars au quart de tour. Je patauge à l'école. Tout m'inspire recul et méfiance. Ma sagesse encore enfantine me conduit à la recherche et à la connaissance de moi-même. Le bac arrive. J'ai dix-sept ans. Je le prépare dans les toutes dernières semaines. Je le passe la tête dans les mains. On m'a inscrite à

Lyon, en fac d'anglais, mais je ne me sens pas bien. Je m'ennuie. La ville, pour une enfant sauvage, est vite étouffante. Je boude les cours et passe la plupart de mon temps à parcourir les rues à vélo.

Heureusement, il y a les Beaux-Arts. Mes meilleurs copains sont de vieux clochards avec qui je passe des soirées mémorables à discuter sous les ponts de la Saône. Ils ont tous des surnoms. Il y a là Goupil-Tonkin, l'ancien d'Indo qui voit des Viets surgir à tous les carrefours et qui fait des cartons sur les bouteilles, et aussi Goupil-Vin-Rouge qui marche au canon. C'est l'hiver. Il fait froid. Un soir, il me dit : « Je vais casser une vitrine. Les flics vont m'embarquer. Je passerai trois mois au chaud. » Le lendemain, il a disparu. Je me plais dans cette faune un peu folklo, toujours sympa et surtout très loin du conventionnel. Ce monde souterrain dérange les bien-pensants. Moi, j'y puise de nouvelles richesses, relativisant ma compréhension du monde, méditant sur ce que peuvent signifier bonheur et liberté. Peu importe les bien-pensants.

Ras-le-bol de la fac. Je ne serai jamais interprète !

Je tiens mon indépendance, et je rêve aux grands espaces. Ma mère a compris. C'est elle qui me conseille de tenter un stage d'initiation à la voile. Mon père n'est pas contre. Il aime la mer. Il a participé à de nombreuses régates. Je boucle mon sac, direction les Glénans, la Bretagne et ses côtes sauvages... Bon vent !

En arrivant à l'école de voile, c'est la révélation. Ma vie, désormais, c'est le bateau. Parce qu'il m'apporte le voyage. Bourlinguer comme Henri de Monfreid, Jack London, bien sûr, et Joseph Kessel...

Partir à la découverte de la vie et de la connaissance, comme Alexandra David-Neel, la première Occidentale à avoir pénétré au Tibet, Hermann Hesse, « Le loup des steppes », et Carlos Castaneda, le « sorcier yaki », l'auteur qui va désormais guider mon existence.

C'est un double voyage que j'entreprends : celui de la

découverte des hommes et de la rencontre avec moi-même tout au long d'un chemin qui a du cœur. Et puis, l'aventure, c'est ce que chacun d'entre nous devrait tenter au moins une fois dans sa vie, pour repousser les limites de l'horizon, apprendre les hommes et les événements, ne jamais se croire arrivé en ayant tout compris...

Alors, je pars. Je romps les amarres avec ma terre et tous les miens. Adieu maison ! J'emmène mes bouquins, la guitare qui m'entraîne de balades en ballades, et mes recettes de cuisine végétarienne.

C'est vrai, je ne suis pas très forte en cuisine. Je me contente de peu : quelques fruits, du fromage et des légumes crus que je croque comme un lapin.

J'emporte aussi des rêves de gosse à nourrir. Des espoirs, mon sourire pour tout bagage, qui cache forcément une secrète inquiétude. Je suis encore fragile et personne pour me soutenir dans ma folle décision : construire un voilier. Seule.

Heureusement, j'ai cassé ma tirelire. Quinze mille francs, en 1977... Tout ce que j'avais amassé, petit écureuil domestique, depuis les premiers bons points de mon enfance.

Chapitre 2

JE ME MARIE ET DIVORCE EN 8 JOURS

C'est le début du printemps. La pluie s'écrase sur les carreaux du petit appartement lyonnais aux murs recouverts de photos de bateaux, de plans de voilures, de carènes et d'une carte du monde sollicitée à l'agence de voyages. Il me faut un bateau. Vite ! Tous les copains des Beaux-Arts sont au courant et mon réseau d'informateurs ne manque jamais de me signaler les affaires du siècle. Hélas, cela en fait déjà quelques-unes qui ne sont pas des affaires, ou alors qui se sont trompées de siècle. Je tourne en rond et le temps ne fait rien pour arranger les choses. Appuyée contre la fenêtre, le nez aplati contre la vitre, je me laisse dériver, contemplant la chaussée mouillée et désertée.

Soudain le téléphone. C'est Charly. Il a entendu parler de quelque chose à une vingtaine de kilomètres d'ici. Je note l'adresse. Je saute dans mes bottes, agrippe un manteau, mes clés et dévale l'escalier, comme d'habitude, lançant mon sac et mon manteau sur le siège avant, je débloque le frein à main et commence à pousser ma voiture dans la pente. La 2 Cv cahote, crachote et démarre. Nous voilà partis. Direction Chaponeaux. Il pleut et la capote trouée me laisse généreusement profiter des conditions météorologiques. Par bonheur, en cet épouvantable dimanche après-midi, tout le monde est planté devant la télévision. La route est à nous ! Et à 70 km/h, pied au plancher, nous fonçons vers un nouvel espoir.

Charly m'a donné d'excellents renseignements : problèmes financiers, problèmes familiaux, problèmes en tout genre... En un mot, coque abandonnée, il faut que je vois cela de plus près ! « C'est facile à trouver, m'a-t-il dit : l'entrée du village, le bar-tabac, l'église et tu y es ! » Après quarante-cinq minutes, à fond la caisse, dans mon bolide, je n'ai aucun mal à repérer le clocher qui me sert de « phare d'atterrissage ». Je ne vois rien. Dans une cour immense, il n'y a là que du linge qui aurait bien du mal à sécher aujourd'hui. Il est pendu entre deux caravanes devant lesquelles est garé un énorme camion-citerne. Mais qu'est-ce que c'est que cette galère ! Déjà, je pense à faire demi-tour, alors qu'une femme entrouvre la porte de sa roulotte, l'air soupçonneux. Je ne peux pas m'enfuir comme une voleuse. M'élançant, mon manteau sur la tête, je me dirige vers elle. Tout à coup, je m'arrête : la coque est bien là. Masquée par le camion. Oubliant complètement la femme et son air inquisiteur, je cours, pataugeant dans les flaques d'eau, tout droit vers ce qui n'est encore qu'un espoir de bateau. C'est le coup de foudre. Tout est réglé en quarante-huit heures, le temps de casser la chère tirelire de mon adolescence. Le propriétaire empoche mes quinze mille francs d'économie, mais cette coque en ferrociment de 9,20 mètres est bien faite pour moi, je l'aime déjà et elle n'a pas de prix. Maintenant, le plus gros reste à faire. Il lui faut un pont, un cockpit, un roof, un gouvernail, un moteur, un mât et des voiles. Il me faut aussi aménager un coin douillet bien à l'abri dans son gros ventre rond. Bernard, étudiant aux Beaux-Arts, partage alors ma vie. Grand, brun, l'œil rieur, il n'est ni pour, ni contre... Plutôt contre, en fait.

Je m'attelle seule à la construction, pleine d'enthousiasme, faisant chaque jour la navette entre l'appartement et mon « chantier naval ». Dans la cour, c'est toute une animation. Mes voisins m'acceptent vite. A ma droite un C.r.s., père de famille, deux enfants, rentrant tous les soirs sur sa moto, passe bon nombre de ses soirées à réparer les plombs que j'ai fait sauter avec mes perceuses, scies-sauteuses et ponceuses électriques. A ma gauche, un routier et sa famille, chauffeur d'un camion-citerne dont il prélève allègrement, à la tombée du jour, une partie de la cargaison au nez et à la barbe de notre représentant de l'ordre. Nous vivons en bonne harmonie les uns et les autres, sous la protection divine de Monsieur le Curé, logeant à quelques pas de là dans son presbytère.

7/7/77. Magie et sortilège des chiffres. Le chantage familial a eu raison de ma liberté. Une jeune fille, paraît-il, ne peut pas vivre éternellement avec un garçon sans se marier... Je suis très obéissante, trop. Je m'incline. Inconsciemment, je pressens que nous allons à la catastrophe. Bernard est un type chouette, très artiste, bien dans sa peau et dans son style : jean, pull à col roulé, écharpe à la Bruant et les mains toujours dans les poches. Mais le bateau, ce n'est pas son truc... Ça va mal finir. La famille est là, pressante. Je dois céder. Je me console en déposant la liste de mariage chez un ship-chandler, faisant le vœu que les vrais amis comprennent le message et m'aident à constituer mon trousseau d'apprenti-marin. Ça fait rire Bernard. Il rigole toujours... Il ne se sent pas concerné. J'accepte mal l'obligation qui m'est faite de passer devant maire et curé.

L'enfant sauvage que je suis, si elle a besoin d'amour, sent plus que tout monter en elle l'appel sans retour de la liberté. Enfilant ma robe blanche et rose de jeune mariée, à quelques heures de la cérémonie, je me tourne brutalement vers ma marraine, confidente de toujours, affairée aux derniers préparatifs.

— Je ne veux pas y aller !

— Jéromine, tu ne vas pas nous faire des histoires, non ?

— Non, marraine...

Elle me trahit. Même elle.

Quand je gravis les marches de l'église, à Decize, entourée d'un cortège d'amis, de famille et de curieux, rameutés par les cloches, nous sommes donc le 7/7/77. Tous ces « 7 », en un seul jour, mais que vient faire mon chiffre de chance aujourd'hui ?

L'après-midi est baigné de soleil. Mais je suis dans le

brouillard. J'ai la tête ailleurs. Tandis qu'une voix grise nous dicte sur un ton neutre les dix commandements du mariage « pour le meilleur et pour le pire », je subis un véritable électrochoc. Maintenant, je vais dire « oui ». Mais derrière cet accord prononcé du bout des lèvres, je ressens ma première impulsion de liberté. Je sais que je ne m'embarrasserai pas des contraintes du mariage, mais que cette signature officielle n'est qu'un jeu d'écriture pour un monde dont je ne fais plus partie, depuis bien longtemps déjà.

Il n'empêche que, soulagée de l'autorité familiale, après avoir obéi pour la dernière fois, je me retrouvais plus libre que le vent face à mon destin.

Huit jours. J'ai tenu huit jours. Et me revoilà à la mairie. L'employée à chignon cherche ses lunettes, pour me regarder bien en face :

— Qu'est-ce que vous voulez, mademoiselle ?

— Non, justement : madame. Et je voudrais divorcer. Qu'est-ce qu'il faut faire ?

— Il me faut votre livret de famille.

— J'en ai pas.

— Comment, vous n'en avez pas ?

— Oui, il a brûlé… Je l'ai un peu aidé.

Elle me dévisage. Elle ne comprend rien.

— Vous êtes mariée depuis quand ?

— Le 7 juillet.

— 1975 ou 1976 ?

— Non, là, 1977.

— Comment, il y a huit jours ?

— Ben oui !…

Alors, j'apprends que c'est impossible. Je me suis mariée en un quart d'heure, mais il faut attendre un an pour demander le divorce. Je n'ai pas le temps d'attendre. Je m'en vais. Je fais mon sac. Et je pars, seule, installer mon campement sous mon bateau.

Bernard, le nez dans ses toiles, son encre de Chine, ses

fusains, ne me sent pas m'éloigner de lui. Et jamais, lors de ses rares visites sur le chantier, il ne s'apercevra que je substitue peu à peu ma passion grandissante pour mon bateau à un très hypothétique bonheur conjugal. Les choses sont curieuses. J'étais pourtant tellement amoureuse de lui, avant toutes ces obligations...

J'ai mis quatre ans, pendant lesquels toute ma vie est au chantier naval, sentimental, financier, corporel, familial : le bateau occupe tout mon temps. La solitude ne me laisse jamais l'occasion de me reposer sur quelqu'un. Il faut trouver mille et un travaux en tout genre pour m'alimenter et nourrir mon rêve. Réparer l'un après l'autre les bobos que m'infligent tour à tour perceuse, tournevis, marteaux, ponceuse. Le parcours habituel de l'apprenti-bricoleur jalonné de bleus et de bosses.

Quelquefois, c'est plus grave. Clou dans la tête, coup de meuleuse d'angle dans le genou, les doigts éclatés sous le marteau. Et tous les tournevis qui arrachent le bout des doigts, ou même, quand je fais très très fort, je me les passe à travers la paume de la main. Heureusement, ce n'est arrivé qu'une fois. Ayant perdu la clé spéciale permettant de changer les disques de la perceuse, je rage sur le boulon récalcitrant, avec un grand et fin tournevis. J'insiste, je pousse, je grogne. Ça dérape : la main est en face, pas à sa place. Et l'engin s'enfonce, traversant le creux de ma main gauche de part en part. Douloureux. Très douloureux... Ça pisse le sang. Je retire doucement le tournevis. Je suis seule ici. Je n'ai même pas de mercurochrome... J'ai mal, j'ai peur aussi. Je suis choquée... Je crois que j'ai mal au cœur. J'ai envie de vomir. Je voudrais quelqu'un. Je vais aller voir Régine. J'attrape un chiffon plein de colle et de poussière. Je l'entoure autour de la main blessée et commence à descendre l'échelle du bateau. L'air du dehors me fait du bien. Je monte dans ma vieille 2 Cv, conduis d'une seule main, changeant les vitesses en tenant le volant avec les genoux. Pourvu que Régine, la petite infirmière, soit là ! J'ai trois kilomètres à faire.

Sa voiture est dans la cour. Ouf ! Je klaxonne. Elle sort juste pour recevoir un gros paquet vacillant sur le seuil de sa maison. Elle nettoie la plaie à l'eau de Daquin. Me demande si je suis vaccinée contre le tétanos... Je crois que oui, je ne sais plus. Puis, elle me parle hôpital, anesthésie, investigation, sans doute l'outil a touché un nerf, une artère, un tendon. Il faut voir...

On ne verra rien du tout. D'un coup, à ces mots, je me sens beaucoup mieux. Je ne peux pas bouger le moindre doigt. Je lui demande un pansement, une bande. Elle me trouve un foulard pour mettre mon bras en écharpe et ça ira bien comme ça...

Il paraît que j'ai eu beaucoup de chance. Trois semaines après, tout remarchait bien. Rien n'avait été sectionné. Vive le bricolage !

Mes parents s'inquiètent. Ils ont eu vent de mes exploits. Ils ont peut-être raison de s'affoler, papa et maman. Et encore, ils ne savent pas qu'un jour j'ai bien failli ne pas me réveiller.

Allongée dans une couchette-cercueil, tout à l'arrière du bateau, je renforçais une cloison d'étanchéité. Je suis appliquée à la plastifier, sortant de temps en temps prendre une bouffée d'air frais pour nettoyer mes poumons de ces vapeurs d'acétone.

Il me reste quelques rivets à placer. Quatre. Trois. Deux. Encore un... Mais qu'est-ce que j'ai ? La tête me tourne. Allons, plus qu'un... Je ne peux pas. Mais qu'est-ce qui m'arrive ? Je suis tout étourdie. Je m'assoupis. Je m'endors. Et toutes ces odeurs qui m'anesthésient. Ça cogne dans ma tête. Pourtant, presque inconsciente déjà, je m'agrippe traînant mon corps hors de la couchette. L'instinct de survie. Je ne sais pas. C'est sûrement comme ça que ça s'appelle.

A bord, il faut penser désormais au quotidien et à toutes ses servitudes. Manger. Boire. Dormir. Le réfrigérateur est souvent vide. Tout d'abord, il ne marche pas, ayant depuis longtemps rendu l'âme. Mais peu importe. J'y entasse riz complet, noix, pâtes de fruits, blé et autres crèmes de soja. J'ai banni la viande : c'est cher, ça ne m'attire pas particulièrement. Le plus simple, c'est encore de ne pas y penser.

Et puis, je me retrouve devant l'aboutissement de mes vœux.

Mon bateau est paré. Reste l'épreuve finale : la mise à l'eau. L'acte suprême.

D'abord un choc : le prix des transports, de ma cour de presbytère jusqu'au Rhône. Il y en a pour 5000 francs. Impossible, pour moi, d'envisager une telle dépense.

J'ai un tuyau. Il y a un chantier pas loin d'ici. Le contremaître a un énorme caterpillar qui, sans problème, saura soulever les trois tonnes et demie de « Jydartha ».

Il m'accueille, sourire aux lèvres :

— Alors, ma p'tite dame, vous voulez me voir ?

Il sait déjà pourquoi. Ma voisine du camion-citerne lui a déjà expliqué le topo.

Il enchaîne :

— Samedi après-midi, ça vous irait ?

— Ce serait parfait, monsieur. Mais pour le prix, on fait comment ?

— Oh ! ne vous en faites pas. Ça va me prendre trois quarts d'heure. J'ai rien d'autre à faire... Ça me fait plaisir de vous rendre service.

Le camion et le plateau arrivent, comme prévu, le samedi à cinq heures. Le gars au caterpillar est déjà là. « Jydartha » est élingué, prêt à être soulevé dans les airs.

J'ai tout vérifié. Dix fois, vingt fois. L'angoisse me noue le ventre. « Jydartha » va s'envoler sans protection apparente, uniquement tenu par quatre petits filins d'acier.

Dans le même temps que le caterpillar démarre, Jydartha monte doucement. Je le suis des yeux, prise de vertige. Je cours en tous sens, serrant dans ma main la corde que j'ai attachée à la poupe pour l'empêcher de trop se balancer. Ce cordon ombilical est le seul lien qui me relie encore à lui.

Ouf ! La première phase s'est bien passée. Le voici sur le camion, ligoté, prêt à prendre la route. Je ramasse mes dernières affaires, tend un billet de 100 francs et une bouteille de pastis au contremaître, de plus en plus souriant, qui remonte dans son engin et s'en va le remettre en place, sans plus tarder.

Je monte dans la cabine du camion à côté du chauffeur. Direction le port de commerce de Lyon, sur les bords du Rhône. Nous prenons des chemins détournés, afin d'éviter la succession des feux de signalisation, qui hacheraient notre trajet.

Il fait nuit, quand nous nous présentons à la grille d'entrée. Le chauffeur a tout arrangé. Nous passons sans problème. Il installe son camion tout au bord de l'eau, sous une grue, laissant « Jydartha » sur le plateau jusqu'à lundi matin. Rapidement, il s'en va. Je lui remets les mille francs convenus pour ce transport clandestin.

Et je grimpe jusque là-haut, sur le cockpit, debout sur mon bateau, lui-même posé sur la remorque, garée sur le quai, pour contempler cette eau noire où, lundi, « Jydartha » va vraiment naître à la vie.

Lundi. 7 heures du matin. Réveillée depuis le petit jour, impatiente, fébrile, je guette les ouvriers. Ils arrivent, traînant le pas, le grutier en tête.

Quelques questions. Quelques papiers à remplir. Un chèque à faire. Et enfin, après les formalités, nous ceinturons, de nouveau, avec de solides élingues, ma coque chérie :

— Eloignez-vous mademoiselle, ça peut être dangereux.

— Comment, dangereux ? Vous n'allez tout de même pas le faire tomber ?

J'ai un visage sévère, miné par l'inquiétude.

Au moment où le pont de « Jydartha » arrive à hauteur du quai, je ne me retiens plus : je saute à bord, à pieds joints, sous le nez des ouvriers qui n'en reviennent pas. Il touche l'eau, doucement, délicatement. Jusqu'où va-t-il s'enfoncer ? Ai-je bien calculé la ligne de flottaison ? C'est le moment crucial, la minute de vérité.

Puis les cordages mollissent. Il flotte ! Je suis folle de bonheur. Je le sens bouger, vivre. « Mais au fait, il faut l'amarrer. » Je lance un bout sur le quai. Puis un autre. Les ouvriers s'en saisissent et bâclent un nœud autour d'un anneau. L'un d'entre eux s'ébahit :

— Vous avez un beau bateau...

— Un peu que j'ai un beau bateau ! Mais ce n'est pas un bateau. C'est plus. C'est quoi ? C'est tout... C'est moi. C'est lui. C'est nous.

Et je passe ma première nuit à bord, dans son fleuve-berceau. Lovée dans la couchette, écoutant le clapotis des eaux. Entre « Jydartha » et moi, il y a tout l'amour d'une mère et d'un fils.

Tour à tour électricienne, maniant chalumeau et clés à molette, je traverse mon pays, direction Le Havre. Je veux aller en Bretagne. Impossible d'échapper à ce long parcours fluvial. Je tourne volontairement le dos à la Méditerranée. Je n'ai aucun feeling avec cette mer sans marée. Cap à l'ouest, vers ce vieux pays celtique où mes lectures d'enfant me guident. J'ai des réminiscences des contes héroïques de « La Table Ronde », du roi Arthur, de la fée Viviane, et des légendes d'Irlande, de Cornouailles, portées par les vents qui balaient ces derniers promontoires de l'Occident.

Ainsi nous allons, mon bateau et moi, de rivières en canaux, de villes en villages, de campagnes en vallées. Quel bonheur de voir ainsi défiler notre vieux pays, avec la lenteur du temps qui passe quand il ne sert à rien de courir, pour aller sans but, mais non sans rêves !

Ecluse après écluse, au fil d'une eau calme, apaisante et silencieuse, je sens naître en moi un sentiment de plénitude. Et j'ai la profonde intuition de ne pas me tromper de destin. Je m'accorde une année entière pour remonter jusqu'à Paris.

La capitale m'accueille pour cinq mois. J'amarre mon bateau sous la passerelle du pont des Arts. Quel contraste avec les ponts de Lyon et mes amis clochards !

Je trouve rapidement du boulot dans ce qui deviennent mes spécialités : plomberie, carrelage, tapisserie... Je renfloue ainsi la caisse du bord et peut offrir à « Jydartha » son loch et son sondeur. Je m'éblouis de ces journées passées à la pointe de l'île de la Cité, consciente de profiter, chaque seconde, d'un appartement flottant au cœur même de Paris. Vue imprenable ! Voisins discrets ! L'idéal !

On me prie bientôt de changer de quartier. J'émigre vers la banlieue : sur l'île de la Jatte, entre Neuilly et Levallois. L'hiver est froid, glacial et la passerelle en bois, trait d'union entre mon univers et la terre ferme, éclate, fendue par le gel. A bord, un réchaud à pétrole protège mon monde secret, premier îlot plein de rêves tropicaux perdu dans la ville.

Je vis seule. Je m'en porte parfaitement bien. Je suis un peu courtisée par mes voisins, mais ce petit monde parisien m'est complètement étranger. Le champagne coule à flots, les fêtes se succèdent sur les péniches. On m'invite, bien sûr, mais je m'y rends en jean et baskets, tandis que défilent les mannequins branchés. J'observe avec amusement ce tourbillon superficiel. Je ne m'engage pas dans cette danse. Un abîme me sépare de ces intellos-babas, qui croient vivre leur vie en refaisant le monde à grands coups de maximes résonnant dans le vide de leur inconscient. Moi je sens, au contraire, bouillonner le désir vital de mordre la mienne à belles dents.

J'ai une compagnie, tout de même ! Mais, elle, heureusement, ne s'embarrasse d'aucun discours creux. C'est Jacques, un ami de Rennes, Breton bretonnant, rencontré à Saint-Malo devant un canon, qui me l'a déposée un jour sur le pont. Petite boule frissonnante au regard malicieux, Olbia, un biggle croisé, a tout de suite le pied marin. Elle court en tous sens, aboyant après les canards, prenant très à cœur son rôle de mousse-gardien... Elle grandit et, très vite, applique le système en vigueur à bord : compter sur soi-même avant de compter sur les autres. Le maître dépassant l'élève, elle s'émancipe au-delà de mes espérances. Indépendante et cabocharde, snobant sa gamelle trop végétarienne à son goût. Elle disparaît des soirées entières, visitant toutes les cuisines des restaurants du port du Havre où nous sommes maintenant depuis le mois de mars 1981.

Olbia s'est fait un ami. Un vrai. Payo, clochard de son état, a élu domicile dans un container abandonné à quelques mètres de ma place à quai. Partageant son existence entre ses fugues gourmandes et la tournée des poubelles avec son complice, elle rentre le soir assurer son tour de garde, frétillante, débordant d'affection, m'expliquant la journée par une série de câlins et de cabrioles, m'abandonnant au passage quelques puces... Elle est l'exact reflet de ma personnalité : libre, volontaire, un rien cabotine, espiègle, toujours prête à partir à l'aventure pour découvrir quelque chose. Entre nous, c'est l'amour fou...

« Jydartha » reste un an à quai. Cette ville est épouvantable, mais le gris du ciel, la pluie, l'ennui qui s'infiltre partout, n'entament pas mon plaisir de vivre.

Jour après jour, la fièvre du départ monte en moi. Les voiles sont prêtes. Il ne nous manque presque plus rien. Lorsque « Jydartha » franchit sa dernière écluse, j'ai du soleil plein la tête. Enfin libérée de ces garde-fous, de ces deux rives parallèles de canaux qui me bridaient depuis si longtemps, mon bateau, toutes voiles hautes, se jette avec volupté dans son premier bain d'eau de mer.

***

Nous sommes au sud de la Bretagne. Je mouille « Jydartha » sur la Vilaine, rivière aux eaux jaunâtres qui s'ouvre sur un grand barrage, à Arzal, à une portée de vent de l'océan. Plus que quelques mois avant notre départ en solitaire. Jacques se plaît de plus en plus à Arzal et de moins en moins à Rennes. Il est très attentionné, il est très présent. Il sent que je vais partir. Il voudrait m'accompagner. Je l'arrête :

— Si je t'emmène, c'est pour un tout petit bout de chemin. D'accord ?

— Jusqu'où tu voudras, Jéromine !

— Jusqu'au Portugal. Pas plus loin.

En fait, Jacques me suivra jusqu'aux Canaries.

Il y a aussi un autre passager à bord : Kaya, un chaton siamois que je viens de trouver sur le bord d'une route, près d'Arzal.

« Jydartha » devient une véritable arche de Noé, d'autant qu'Olbia attend des bébés. Je n'ose imaginer le nombre de bouches à nourrir dans quelques semaines...

La terre s'éloigne. J'ai fait mes adieux à tous les miens. On me croit déjà très loin, mais, secrètement, nous décidons de faire escale à Belle-Ile. Je mets les voiles pour longtemps et j'ai besoin de m'attarder encore un peu dans ce dernier bout de France. Mon pays, là où je suis née, je veux te quitter avec tendresse. Et pendant huit jours, sur cette île bretonne, j'apprends à regarder les arbres, les rochers, les chemins creux, les bruyères sauvages, les ajoncs, les genêts. J'écoute les gens du pays qui vivent de la mer et pour la mer. Tous ceux-là que je vais laisser derrière moi. Peut-être pour toujours...

Jacques, l'esprit pratique, en profite pour faire le carénage. Mon bateau est superbe. Son équipage est en pleine forme, Olbia et Kaya en tête. Un matin, enfin, je dépense mes derniers sous, mais je garde une dernière pièce que je serre fortement dans ma main. En passant la digue du port, je la lance face au vent et elle plane entre ciel et mer, avant de se laisser engloutir par les flots. C'est ainsi que faisaient les marins lorsqu'ils voulaient quitter un port sans y laisser d'attaches.

Debout à la proue du bateau, face au soleil et face au large, je libère le cri de joie qui montait en moi.

Cap sur l'Espagne, la Galice, dernière terre celtique à l'extrême ouest de notre vieille Europe. « Jydartha » se comporte à merveille. Je suis en harmonie parfaite avec lui. Naviguant d'instinct, comme je l'ai quasiment toujours fait, j'ai en lui une confiance totale. A mon bord, le matériel électronique est inconnu, simplement équipée d'un compas et d'un loch-maître, je trace ma route sur la carte, en fonction de mes observations constantes de la mer et des vents. Quarante-huit heures après le départ, Jacques est de quart. Moi, je récupère, endormie sur ma couchette. Soudain, un concert inhabituel, aux notes aiguës, me réveille en sursaut. Il y a cinq passagers clandestins à bord ! Cinq ! Olbia vient de mettre au monde ses petits. Là, sur mon lit, tout contre mon dos. Kaya, c'est sûr, a joué à la sage-femme. Il est aussi mouillé et dégoulinant que les bébés-chiots. Il est là, hébété. Mais la plus émue, c'est encore moi. Je m'empresse d'enregistrer les naissances sur le livre de bord. Je les baptise tous d'un nom d'étoile. Plus tard, j'en ferai cadeau, un à un, à des solitaires au gré des escales.

C'est seulement en plein golfe de Gascogne que je commence à sentir les premiers frissons de mon grand départ. Je savoure la réalité de cette liberté d'exister, qui vient enfin à ma rencontre.

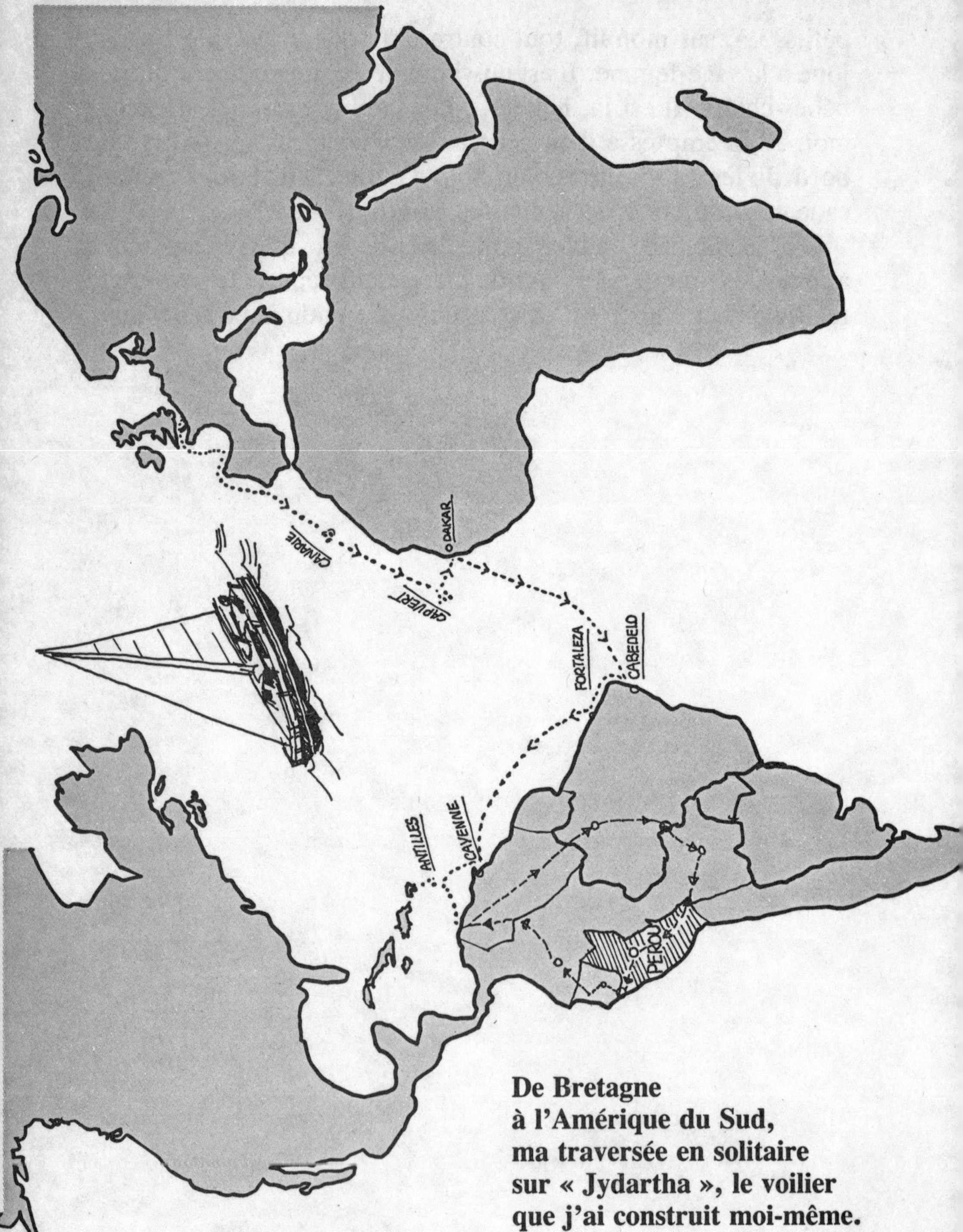

**De Bretagne
à l'Amérique du Sud,
ma traversée en solitaire
sur « Jydartha », le voilier
que j'ai construit moi-même.**

Chapitre 3

MON GOUVERNAIL CASSE DANS LA TEMPÊTE

Portugal. Ma vie a gagné en intensité. Il y a ici tant de choses à voir, à apprendre, tant de regards dans lesquels se perdre, tant de sourires à rendre... Il n'est pas possible de rester quelque part sans être immédiatement invités à dîner ou à prendre une douche. Parfois, nos hôtes nous font visiter en voiture les environs. Porto, Aveiro, Figera da Foz, le Portugal nous ouvre ses portes. Avec chaleur et hospitalité.

L'océan, lui, n'est pas toujours aussi généreux à notre égard. Un jour, alors que nous avons mouillé dans la petite anse charmante de Cascaïs, à quelques milles de Lisbonne, le capitaine du port vient troubler notre quiétude en nous annonçant un vent de sud-ouest de force 8. Nous n'avons pas une seconde à perdre, d'autant que l'endroit n'est pas du tout abrité. Il faut décamper illico. Déjà mon baromètre signale l'arrivée de la dépression.

L'après-midi est bien entamé, les premières rafales de vent, arrivant du large par séries courtes et saccadées, balaient le dessus de la mer. Les goélands s'agitent dans le ciel couvert, pressentant quelque chose d'anormal. Le moteur de « Jydartha », démarré au quart de tour, ronronne doucement. Au signal donné par Jacques, j'embraie en marche avant, me dirigeant ainsi droit sur la chaîne de l'ancre que celui-ci commence de hisser à bord. Toutes voiles hautes, « Jydartha » attend d'être libéré pour s'élancer sur les vagues et filer en luttant contre le vent du sud qui monte peu à peu.

Mais les maillons de la chaîne heurtent durement le davier d'étrave. Le bateau soudainement stoppé, accuse le choc et vire de bord comme pour échapper à ce coup de frein. L'ancre est engagée, coincée dans quelque chose qui ne veut pas céder. A l'avant, Jacques a bloqué la chaîne sur un taquet. Le moteur à plein régime, je tente désespérément d'arracher la « C.Q.R. » aux fonds marins qui l'emprisonnent. Sans résultat. J'ai beau tourner autour du mouillage, aborder le problème sous tous les angles, nous restons dangereusement pris dans un piège invisible, scellés au sol par dix mètres de fond. Le vent, qui forcit encore, lève une mer courte et hachée qui rince le pont avant, alors que « Jydartha », soulevé par la houle, tire sur sa chaîne tendue à se rompre. Il ne parvient pas à se libérer.

L'horizon s'est noirci ; de gros nuages sombres ont noyé le ciel de leurs masses pesantes et tourmentées. Une nouvelle fois, j'essaie de dégager le mouillage, mais, projeté violemment, le bateau passe sous la vague, tandis que la chaîne qui le bride s'écrase sur l'étrave au point qu'il semble arracher le « nez » du voilier.

J'abandonne ! Relevant la tête, j'aperçois à la sortie de la petite baie deux autres yachts, voilure réduite, remontant non sans mal vers Lisbonne.

Le paysage est effrayant, baigné dans un halo grisâtre uniforme. La falaise, le ciel, la plage, la mer, tout désormais se confond. Seules des vagues monstrueuses, déversant des torrents d'écume blanche, s'avancent vers nous, malmenant le bateau au passage avant d'aller terminer leur course folle sur la grève, à moins de vingt mètres derrière nous.

Il ne faut plus attendre. Déjà le jour baisse et je connais mal l'embouchure du Tage, ce fleuve qu'il nous faut à tout prix remonter sur plusieurs milles avant de trouver un abri à Belém, le port de plaisance de Lisbonne.

Un couteau à la main, je me dirige vers l'avant. Mon bateau

roule si violemment que j'ai du mal à tenir sur mes jambes. Je rejette à l'eau les 25 mètres de chaîne qui sont en tas sur le pont, puis d'un coup sec je tranche la corde de sécurité qui retient le dernier maillon au navire. Seule une petite bouée de plastique rouge, que j'avais pris soin d'amarrer sur la chaîne, signale maintenant l'endroit où a disparu le mouillage.

Enfin, soulagé, reprenant ses esprits, son petit foc bien bordé, deux ris dans la grand-voile, « Jydartha » commence à remonter au vent. Que de temps perdu ! D'ici peu nous subirons la renversée de marée, qui, en descendant, opposera son courant à la direction du vent. Programme peu engageant. Il n'y a pourtant que deux heures de route à parcourir ! Mais quelle route !

Les nombreux bancs de sable à l'embouchure du fleuve sont mal balisés par deux grands phares, entre lesquels nous devons slalomer. « Jydartha » remonte bien. Je tiens la barre fermement. Jacques, debout sur le pont, accroché dans les haubans, surveille la mer. Car ce maudit vent du sud-ouest nous pousse inexorablement vers les hauts-fonds que l'on devine sous les grosses déferlantes. Une nuit d'encre s'annonce sous un ciel plombé et menaçant. Le vent, de force 8, siffle dans les haubans et couche le bateau. Sous mon caban de drap marine je suis trempée jusqu'aux os. Le courant, maintenant contre nous, lève une mer mauvaise, qui inonde à intervalles réguliers le voilier, me balançant sans ménagement des paquets d'eau salée en plein visage. J'aimerais bien en finir, arriver à Belém, me sécher et aller à terre avaler une soupe chaude au restaurant du coin.

Jacques est revenu s'asseoir à côté de moi dans le cockpit. Il n'y voit plus rien. Les bancs de sable sont là, près de nous, écueils qui peuvent signer notre perte. Seuls les deux feux, rouge et vert, scintillent maintenant dans la nuit, nous guidant approximativement vers l'entrée du fleuve.

« Jydartha » prend soudain une gîte inquiétante, provoquée par une énorme déferlante qui, heureusement, passe sous la coque. J'ai l'estomac noué. A peine le temps de rétablir le navire qu'une autre surgit encore plus effrayante, soulevant, « Jydartha » dans les airs. Le voilier reste ainsi en équilibre sur la crête du monstre liquide. Puis le silence. Enfin, la montagne grondante se disloque dans un bruit d'apocalypse. « Jydartha » est précipité dans le vide. Nous « amerrissons » dans un fracas assourdissant. Le navire craque de toutes parts.

Tout entière à l'action, résolue, tendue dans l'épreuve, et toujours lucide, je pousse la barre pour virer. Impossible ! « Jydartha » n'a pas dévié d'un millimètre de sa route. Le bateau ne répond plus. Plongeant à l'arrière ma jambe dans l'eau jusqu'à mi-cuisse, je cherche le safran du bout du pied. Je ne rencontre que du vide ; le gouvernail a cassé net au niveau de la flottaison. « Jydartha » est incontrôlable.

Je fonce décrocher la godille qui servait à déhaler mon bateau dans les ports, à l'époque où il n'avait pas encore de moteur. Je coince la grande arme entre les pieds du balcon arrière et le reste de la tête du gouvernail. Arc-boutée dans un effort surhumain, je fais abattre le bateau, l'éloignant peu à peu de l'écume blanchâtre qui signale la présence des dangers. Jacques, choquant la grand-voile, m'aide à mieux contrôler le bateau. Le plus gros du péril est derrière nous, bien que nous ne puissions pratiquement pas diriger le navire. Le vent n'a toujours pas faibli. Nous sommes enfin à la hauteur de l'embouchure du fleuve ; il faut tenter coûte que coûte de prendre la passe. Si nous n'y parvenons pas dans les minutes qui suivent, nous nous fracasserons sur la côte rocheuse. De plus, venant d'abandonner notre mouillage au fond du port de Cascaïs, nous ne pouvons même pas, sinon éviter, du moins retarder le naufrage en jetant l'ancre. Je suis mal. Je sens mon visage crispé.

Je suis portée par ma volonté de lutter. Je donne toute mon énergie, voulant plus que ma vie sauver mon bateau, « Jydartha », torturé, écorché.

Jacques a disparu dans la cabine, alors que tant bien que mal je vise l'entrée entre deux phares. Mais voilà qu'il réapparaît et se précipite sur la plage avant... Tout à coup, une fusée rouge illumine un court instant la nuit. Comme tu as raison Jacques ! Il est vrai que nous ne sommes pas seuls ! Une autre fusée s'élève dans le ciel, comme pour confirmer la réalité de la première. Il se passe moins de cinq minutes avant que l'un des bateaux déjà engagés sur le fleuve et, partis avant nous de Cascaïs, ne fasse demi-tour.

C'est Nanou et Catherine, nos copains. Ils mettent cap sur nous. Attraper l'aussière pour nous remorquer demande des efforts infinis, car le mauvais temps n'a pas faibli et la mer est trop dure pour que l'on prenne le risque de se mettre bord à bord.

Nous restons trois semaines à Lisbonne pour refaire le safran — en acier cette fois — avant de reprendre enfin la mer pour gagner les Canaries.

***

De Lisbonne aux Canaries, quatre jours de navigation. Le bateau marche merveilleusement bien avec son nouveau safran que j'avais dessiné plus galbé que celui d'origine. Ayant décidé d'augmenter légèrement la compensation, j'ai moins de résistance dans la barre que je manie du bout des doigts. Le bateau répond immédiatement. Le pied !... Le vent est très soutenu et nous filons à sept nœuds, une belle moyenne pour ces 9,20 mètres qui m'emmènent au bout du monde.

L'Europe s'efface doucement derrière nous, dans le brouillard bleuté par la lumière du soir. Tout va parfaitement bien, pourtant je suis inquiète. Nous naviguons à l'estime. Nulle part la terre n'est visible et il est impossible de se recaler (1) sur un point fixe. Il fait déjà sombre et j'ai pris le quart pour la nuit. En effet, une traversée de quatre jours sans aucun amer suppose que l'on fasse une navigation astro-

(1) *Se situer avec précision.*

nomique. Il est temps que je m'en aperçoive. Il faudra que je pense sérieusement à apprendre cela aux Canaries. Si l'on y arrive...

Les côtes marocaines sont sur ma gauche, très basses, non signalées, évanouies dans l'obscurité ; avec ces mêmes grandes plages interminables, auxquelles j'avais déjà eu affaire au Portugal lors d'une croisière. Sur des kilomètres et des kilomètres, elles attirent sournoisement les navires, peu à peu rabattus par des courants très violents dans ces eaux peu profondes.

Ce soir, je ne suis pas tranquille et des souvenirs pénibles m'assaillent.

Je revois toute la scène. C'était au mois d'août 1979, il y a deux ans, lors d'un convoyage. Nous croisions entre la côte et la route des cargos, tirant des bords difficiles pour remonter contre le vent. La mer est dure et cela fait trois jours que l'on bataille contre les éléments. Jacques (déjà lui !) est à la barre. Moi, récupérant tant bien que mal, je me cale dans ma couchette au milieu des coussins du carré, enroulée dans une couverture. Et je m'endors profondément, bien heureuse de m'offrir un peu de repos.

Dehors, le coup de vent bat son plein. Jacques, frigorifié, trempé, ne tenant pas debout sur le pont, décide de brancher le pilote automatique et descend pour un instant s'abriter dans la cabine. Complètement crevé, il s'affale et s'endort ! Soudain, en plein reve, je me sens m'envoler. Une fois, puis deux. Et tout tourne au cauchemar Un choc brutal, violent, agressif se répercute dans toute la coque, me jetant en bas de la couchette. Je ne comprends rien. Vraiment rien ! Nous avons sûrement heurté un cargo, à moins que ce ne soit un cachalot ! Nous sommes à nouveau soulevés par une déferlante que j'entends gronder au-dehors. Je suis hébétée, projetée contre une cloison à la suite d'un autre choc. J'ai mal au front. Passant ma main sur le visage, je sens un liquide poisseux. Du sang ! Pas le temps d'y penser. Mais où est Jacques ? J'avance, me cramponnant de toutes mes forces jusque dans le carré où une silhouette chancelante me crie : « C'est la côte. Je me suis endormi ! » Je lui balance une bordée d'injures, davantage pour me soulager que pour lui faire des reproches. Je crie : « Le moteur, bon sang, démarre le moteur ! ». Ce qu'il tente de faire, alors que je monte sur le pont. Un souffle de vent glacé et la mer me frappent en plein visage. Les voiles battent en tout sens. Une à une, systématiquement, les vagues recouvrent le bateau. J'agrippe de toutes mes forces les filières babord pour ne pas être arrachée et jetée dans cette eau sombre qui bouillonne tout autour.

La mâture résonne. Du bateau s'échappent des craquements sinistres. Inexorablement, minute après minute, nous sommes jetés à terre. En bas, le moteur ne veut pas démarrer. Nous sommes tellement brassés, que le gazole a dû se désamorcer. Après avoir hoqueté deux ou trois fois, il s'est tu définitivement. Une révolte soudaine me fait réagir. Il faut tenter quelque chose. D'abord affaler ces voiles claquant dans la brise, balançant dangereusement les écoutes. L'eau salée, cuisante, me rappelle que je me suis blessée au front. Le sang, mêlé aux embruns, coule jusqu'à ma bouche. Je brasse la grand-voile en toute hâte, la ferlant grossièrement avec le premier bout qui me tombe sous la main, mais je ne peux aller jusqu'au foc. Je ne tiens plus debout. Me cramponnant au mât de ce bateau qui va mourir, je n'ai plus la force de lutter. Jacques, lui, a réussi à larguer les mouillages que l'on traîne malheureusement derrière nous, labourant le fond de la mer. Je réalise pourtant que la coque résiste. A première vue, si tant est que je puisse voir quelque chose, rien ne semble éventré. Les soudures tiennent bon ! Vive l'acier !

Plus d'une heure encore, nous subissons les attaques répétées des vagues. Et au petit jour, alors que nous sommes complètement groggy, au bout du (et des) rouleaux, la mer nous lâche enfin. La tourmente s'éteint, emportée par la marée qui redescend. Nous avons fait naufrage. Nous ne sommes pas fiers de nous, ainsi jetés au pied des dunes. Spectacle de désolation. Honteux et désespérés.

Mais où sommes-nous ? Pas âme qui vive à l'horizon, pas une maison. Je cours à la recherche du moindre indice susceptible de m'indiquer la proximité d'un village. Que faire ? Nous ne tenons plus debout. Je ne veux plus rien savoir. Je ne peux pourtant pas m'empêcher d'admirer la sauvage beauté des lieux. Et mon regard s'attarde sur les herbes folles qui dansent à perte de vue, tandis que le soleil fait miroiter le sable encore humide de la marée descendante. Nous retournons lentement vers la coque vautrée sur la plage. Nous nous endormons, anéantis. Mais, presqu'aussitôt, nous sommes tirés de notre pesant sommeil, par de petits coups contre la tôle. On nous interpelle en portugais : « Y'a quelqu'un ? Répondez... » C'est un homme partant à la pêche, la canne sur l'épaule, qui n'en croit pas ses yeux. Notre désarroi le bouleverse. Guidé par un réflexe d'entraide et de solidarité envers des naufragés, il nous guide à travers les dunes jusqu'à son village. Une heure de marche. Enfin, Mira et ses maisons de planches. Il nous installe devant un volumineux petit-déjeuner, et file chez le maire, qui possède l'unique téléphone. Il appelle la capitainerie du port d'Aveiro, situé à 30 kilomètres au nord... Puis, son fils nous raccompagne au bateau blessé.

Deux heures plus tard, une marée humaine nous a rejoints. Les ordres fusent de toutes parts, un hélicoptère se pose à quelques mètres de nous. Des responsables de l'armée portugaise en descendent. Tous examinent attentivement notre « épave ». En fin d'après-midi, un remorqueur s'approche le plus près possible du rivage. L'équipage s'active à l'arrière et déroule un gros cordage. Les habitants du village, y compris filles, mères et grands-mères, les pieds dans l'eau, s'en saisissent et le tirent de toutes leurs forces vers notre voilier. Encore un effort. Ça y est ! Le filin est fixé au pied du mât. Il ne reste plus qu'à attendre la marée montante pour que le bateau retrouve un tirant d'eau suffisant et le déplacer. Au-delà de cette mésaventure qui aurait pu nous coûter cher, je garderai toujours en mémoire le souvenir de cette hospitalité, de cette mobilisation spontanée, de cette gentillesse naturelle bien portugaise...

⁂

Mais ne brassons pas plus longtemps ces souvenirs. C'est mauvais signe. A trop y penser, la poisse va me poursuivre. Mon regard se perd dans les myriades d'étoiles qui veillent sur nous ce soir. Je me sens soudain étrangement bien, habitée par une certitude. Celle d'être vraiment à ma place.

Les milles s'enchaînent sans problème. Un soir, enfin, le faisceau du phare de Grande-Canarie nous invite à entrer au port.

Jacques nous quitte. Décidément, je ne suis qu'une solitaire. Respectant mon choix, il prend une autre route.

A Puerto Rico, au sud de l'île, je découvre alors le plaisir d'être seule. J'ai de nouveau douze ans, gambadant dans l'arrière-pays, dévalant les collines arides, ivre de bonheur, avec Olbia et Kaya qui en profitent tout autant, ravis d'avoir retrouvé de grands espaces. Mais difficile de préserver sa solitude dans un port qui abrite 45 voiliers.

Souvent, en rentrant de balade, on nous lance des invitations pour l'apéritif. Et notre trio embarque allègrement à bord des bateaux voisins. Car tout le monde est prévenu, c'est nous trois ou personne. A prendre ou à laisser ! Olbia connaît d'ailleurs tout le port et, suivant son habitude, renseignée par les odeurs, elle est toujours là où il faut.

Il y a bien là quelques solitaires qui souhaiteraient ne plus l'être, avis que je ne partage pas du tout. Quittant le bord des uns et des autres à des heures raisonnables, je retrouve « Jydartha », ma seule passion du moment. Aucun de ces charmants marins ne peut rivaliser avec lui. Entièrement liés l'un à l'autre, nous ne sommes plus qu'un, moi l'ayant construit de mes mains et lui me façonnant jour après nuit, m'emportant au creux de son ventre, au fil de l'eau.

Il y a aussi ceux qui tournent sur les quais. Garçons ou filles qui voudraient tant embarquer pour d'autres latitudes. C'est aujourd'hui la onzième demande, mais décidément je n'ai pas envie. Stoppeurs des mers, ils sont trop nombreux et je ne sais pas qui choisir. Je me prépare à mettre le cap sur le continent africain. Mais Olbia facilite les rencontres et la voilà en train de jouer comme une folle avec un type qui, depuis plus d'une demi-heure, ne s'est pas encore lassé de lui renvoyer sa balle. Elle déboule bientôt, haletante, langue pendante, visiblement assoiffée, se campant devant le robinet d'eau douce face au bateau. Et j'observe ce type qui vient lui donner à boire. Il a l'air sympa...

Le type « sympa » avait deux copains et nous voilà tous les quatre autour d'une paella. La soirée est joyeuse, ils me font l'un après l'autre mourir de rire. Le courant passe. Le lendemain, ils viennent à bord. Et huit jours plus tard, nous sommes trois de plus sur « Jydartha », la cambuse pleine de friandises, destination les îles du Cap-Vert.

1er janvier 1982, sept heures du matin. « Jydartha » longe lentement la côte rocheuse de la Grande-Canarie, jusque sous les balcons de l'hôtel Morte Marine qui surplombe la mer. Au balcon d'une des chambres, on agite un drap blanc. Ce sont mes parents venus m'embrasser et qui savent, cette fois, que je pars pour longtemps. Hors d'atteinte. Que se passe-t-il dans la tête de ces deux êtres que j'aime ? Je ne le saurai pas car je ne vais pas les revoir avant deux ans.

A bord, je n'ai plus rien à faire, ni cuisine, ni vaisselle, ni quart. Juste la navigation et mener le bateau à bon port. Cette fois, je suis un as en navigation astronomique. Plus de frayeur en perspective, du moins je l'espère. C'est Antoine et sa femme, mes voisins de tribord à Puerto Rico qui m'en ont livré tous les secrets. Quel voyage ! On s'éclate la tête. L'entente est parfaite. Je suis aux petits soins, chacun de mes trois lascars, Pierrot et Denis, les Suisses, le Français, Bernard, rivalisant d'attentions à mon égard. Je sens bien qu'il ne faudrait pas grand-chose pour que l'un des trois ne transforme sa tendre amitié en amourette. Mais je ne laisse aucun d'entre eux franchir le pas et l'amour qu'ils me portent reste platonique. Je les devine tous aussi heureux que moi, bien que n'ayant, auparavant, jamais mis les pieds sur un bateau. Le temps passe trop vite, tandis que dauphins, marsouins et baleines s'amusent autour de nous. Mes amis, pour la première fois témoins de tels spectacles, sont subjugués. Moi-même, je suis surprise par la quantité de mammifères marins qu'abritent ces eaux tropicales. Nous passons là une semaine merveilleuse, irréelle. Le vent est parfait, la mer est belle et nous arrosons de quelques bonnes bouteilles le passage du tropique du cancer.

Demain, la fête est finie et ce soir j'angoisse un peu. C'est l'heure de vérité, car dans quelques heures, on devrait apercevoir un faisceau lumineux balayer l'horizon, annonciateur de l'île de Sal. Il doit absolument être là. Exactement là, entre minuit et deux heures du matin, si mes calculs sont justes. S'ils ne le sont pas, nous serons dans de sales draps. Il fait nuit, tout le monde est un peu tendu. Mon angoisse doit être contagieuse. Assise sur le balcon avant, je scrute la nuit d'encre, le cœur battant, cherchant à percer l'ombre au-delà de ce qui m'est humainement possible.

Ce soir, il y a éclipse de lune et ces ténèbres absolues rendent encore plus pesante mon attente. Mes yeux fatigués ne voient plus rien. Soudain, dans une apocalypse de lumière, l'orage déchire le ciel. Vingt minutes de tourmente et de pluies glacées. Je suis éblouie par la violence et la beauté du spectacle. Mais derrière le rideau d'éclairs, je ne cesse, concentrée sur mon objectif, de guetter le signe qui m'apportera la confirmation de ma position. Il est minuit quand, enfin, l'orage est passé et qu'apparaît dans le ciel une lumière. Les minutes passent. Et pourtant, sur l'instant, je n'y prête aucune attention. Or, ce que j'attends depuis deux heures est là, dans l'axe du bateau, à l'heure prévue !... Ce sont les cris de mes « mousses », fêtant la précision de leur capitaine qui, tout à coup, me le font réaliser. Sal est là, droit devant, comme l'avaient prévu mes calculs : je suis un vrai marin ! Nous ouvrons une bouteille, arrosant copieusement le pont de « Jydartha ». C'est bon d'être capitaine, d'avoir son bateau. Et devant soi toutes ces contrées proches et lointaines baignées par l'océan.

***

Nous n'avons pas vu âme qui vive depuis ce matin, quand nous apercevons enfin un berger africain tranchant étonnamment au milieu d'un troupeau de chèvres blanches. Debout sur une jambe, l'autre repliée sous lui, appuyé sur son bâton, il nous observe sans paraître y attacher de l'importance. Le vent souffle très fort et le bateau, mouillé au milieu de cette petite baie, se dandine, agacé par un clapot court et haché.

Pas question de gagner la plage : nous en sommes trop éloignés et nous sommes trop fatigués... Tout le monde s'écroule sur sa couchette.

Les bruits et le mouvement du voilier ont changé. C'est anormal ! En quelques secondes, je suis sur le pont. Impossible d'être tranquille deux minutes sur ce bateau. Nous sommes travers aux vagues, position complètement insolite pour un navire au mouillage. Je me rue à l'avant, furieuse, contrariée d'avoir été arrachée à mon sommeil, pour tirer sur le câblot. Je le hisse à bord avec une facilité déconcertante. Evidemment, il a été sectionné à son point d'attache avec la chaîne. Mais que se passe-t-il ? Branle-bas de combat, tout le monde sur le pont. Je crie, tape du pied, hurle, démarre le moteur et met cap à nouveau sur la baie.

La brise toujours aussi soutenue siffle dans les haubans et « Jydartha » regagne péniblement l'endroit de l'ancrage. Pas question d'abandonner les ancres et encore moins question de discuter mes ordres ! Mes « mousses » vont devoir se transformer en plongeurs. Bernard refuse énergiquement de se prendre pour un nageur de combat. Sans beaucoup d'entrain, Pierrot et Denis, eux, sautent par-dessus bord. L'eau est translucide mais froide et inquiétante. L'endroit est terriblement sauvage. Plus d'une heure, ils vont tourner avec masque et palmes pour tenter de retrouver l'endroit exact d'où nous avons dérivé. Je tourne doucement au moteur autour d'eux. Sans les lâcher des yeux. Je connais la réputation du Cap-Vert, mais je n'ai rien dit, car nous n'avons pas le choix. Un bateau sans mouillage, c'est un bateau ivre !

Bernard se doute de quelque chose, surprenant mes regards inquiets qui scrutent les flots. Et nous ne sommes pas vraiment étonnés lorsque Pierrot pique un sprint, volant sur les eaux plutôt qu'il ne nage et montant comme un fou dans l'annexe que j'ai mise à la traîne. Il arrache son masque pour hurler : « Un requin, là ! Je viens de voir un requin ! ». Je sens que nous ne récupérerons jamais ces deux foutues ancres, parce qu'en plus j'avais « empennelé » (1). Denis a toujours la tête dans l'eau. Il n'a encore rien vu. Pourtant, lui aussi pousse un cri, mais de victoire ! « La voilà, j'ai trouvé la chaîne ! ». En toute hâte, je me dirige vers lui, lançant dans sa direction un bout, afin qu'il l'attache au dernier maillon de la chaîne. Il plonge, disparaît un instant qui, vu la menace qui rôde, me semble interminable. Pierrot, dans le dinghy, n'est pas encore remis de sa frayeur. Immobile, je guette l'endroit où Denis vient de plonger. Les secondes passent. Bernard, mort de trouille, nerveusement me broie l'épaule. Enfin, Denis émerge, crachotant quelques mots : « Mission accomplie. »

— O.K., allez, discute pas, remonte à bord, lui jette Bernard.

Au même moment, j'aperçois un aileron. Je hurle : « Viens, magne-toi, nage bon Dieu ! » Il a compris !... Pierrot, de l'annexe, nous appelle sans vouloir affoler le nageur qui se dirige vers lui. Il nous montre du doigt, non pas un, mais plusieurs requins qui tournent déjà autour du bateau. Empoignant Denis de toute sa puissance de bûcheron des forêts suisses, il l'arrache à la mer. Et à la mort. Bernard et moi

(1) *Les deux ancres sont sur la même chaîne, espacées de quelques mètres, la seconde faisant office de sécurité.*

poussons un soupir de soulagement. Je n'ai pas le temps de m'attarder, car je dois m'occuper de toute urgence du mouillage... De nouveau bien à l'abri, alors que la nuit tombe, tout excités, nous reparlons de nos émotions et fêtons Denis pas peu fier de son aventure.

Chapitre 4

JE RENCONTRE MICKEY SOLITAIRE, MYSTÉRIEUX...

Le lendemain matin, nous rejoignons une autre baie où la carte signale un village. En effet, nous devons présenter les passeports aux autorités pour faire enregistrer notre entrée dans le pays. Cette crique est à l'opposé de celle où nous avons dormi. L'eau trouble dans laquelle s'enfonce notre ancre ne nous inspire, là non plus, aucune confiance.

Un quart d'heure à peine après avoir mouillé, un camion militaire bâché surgit dans un nuage de poussière, déversant sur la plage sept hommes en armes. Ceux-ci réquisitionnent une barque de pêcheur et rament en cadence jusqu'au bateau. Investissant sans ménagement le pont et la cabine après un bref salut réglementaire, ils fouillent dans les moindres recoins le voilier. Ne trouvant rien à redire, le chef nous invite — presque cordialement — à le suivre. Refusant d'abandonner le navire sans surveillance, j'exige que l'un de nous reste à bord. Il désigne Denis, et nous rejoignons rapidement la plage balayée par le vent, où quelques gamins observent notre débarquement. Je n'ai pas la moindre idée de l'endroit où nous nous rendons, mais je devine derrière ces uniformes des hommes sans agressivité, ne faisant qu'appliquer un règlement. Nous n'avons absolument rien à nous reprocher, ayons donc la patience d'accepter les formalités. Au bout de trente minutes de chemins défoncés, on nous débarque dans un minuscule aéroport. Tout le monde ne parle que portugais, ce qui ne simplifie pas le dialogue. Après une heure de paperasses, une confiance réciproque s'installe et le chef de douanes va même jusqu'à nous prêter de l'argent jusqu'au lendemain, car l'unique bureau de change est fermé. Je n'avais encore jamais vu ça, c'est génial! Nous courons acheter du pain, des fruits et des légumes frais dans les quelques boutiques adossées à la baraque de l'aéroport. Un verre de rhum scelle notre amitié naissante dans un bistro bruyant, rempli de visages sympathiques. Deux hommes nous raccompagnent jusqu'à la mer.

De nouveau sur la plage, Pierrot et moi nous déshabillons pour rejoindre le bateau à la nage et ramener l'annexe à l'intention de Bernard et des provisions. Mes pieds s'enfoncent dans une vase molle et désagréable. Je frissonne de dégoût. J'ai horreur de ne pas voir sur quoi je marche. Je jette un coup d'œil vers Pierrot et je vois bien à son visage tendu que nous pensons à la même chose... Avançant néanmoins dans l'eau jusqu'à la taille, je prends mon élan pour plonger. Un cri m'arrête net. Je bondis en arrière. Pierrot, déjà immergé, ressort à toute vitesse. Une bande d'enfants dévale jusqu'à nous en gesticulant et braillant : « Tubarao, tubarao, ne rentrez pas dans l'eau... Dangereux! Dangereux! » Pas besoin de plus d'explications : tout est parfaitement clair. Il y a des requins, il ne faut pas mettre un doigt de pied dans l'eau, ou nous allons nous faire bouffer...

Toutes ces petites frimousses ont l'air très sérieuses. Le souvenir de la veille est encore bien présent en nous. De plus, comme pour vraiment nous dissuader, le plus âgé raconte alors une histoire qui me glace le sang. Trois semaines auparavant, au large de la baie, alors que le jour se lève, l'équipier d'un voilier passe par-dessus bord. Rien de grave. La météo est bonne et quelqu'un lui jette immédiatement la bouée de sauvetage. Il n'a qu'à attendre sagement que le bateau vire de bord. Mais tout à coup, l'horreur. Alors qu'ils ne sont plus qu'à trente mètres de lui, les flots entrent en ébullition. Ils ne voient plus qu'un bras qui cherche à agripper désespérément la bouée, mais qui disparaît dans une mare de sang. Le malheureux s'est fait dévorer vivant par une bande de requins...

Dans le regard de cet adolescent, je lis qu'il ne ment pas. Poussant une barque à la mer, il se propose alors gentiment de nous raccompagner à bord.

En quelques heures de navigation bien typique des îles du Cap-Vert (brouillard à couper au couteau, courant indéfinissable, cartes imprécises et coups de vent perpétuels) nous rejoignons Mindelo, capitale de cet archipel mystérieux et envoûtant. Nous trouvons une ville en fête, préparant activement le carnaval. Les rues bondées résonnent du tumulte des orchestres folkloriques. Et je me jette aussitôt dans la danse au milieu de la foule bigarrée. Deux jours plus tard, Pierrot nous quitte. Il a trouvé un bateau pour le Brésil. C'est la vie, à chacun sa route. Bye bye Pierrot, bon vent...

Mais sa place ne restera pas vide longtemps. Nous embarquons Massoud, un petit Cap-Verdien d'une quinzaine d'années, dans le plus grand secret. Sans papiers, sans autorisation de quitter les îles, il cherche à rejoindre son père qui vit à Dakar. Il a tout fait depuis trois jours pour me convaincre. Je finis par craquer ! Non sans avoir une conscience aiguë des conséquences possibles, car ce régime dictatorial n'apprécierait sûrement pas mon initiative humanitaire. Tout de même méfiante sur les intentions du gamin, je le suis dans le dédale de ruelles étroites, jusqu'à une maisonnette toute simple où je rencontre sa gentille grand-mère qui me supplie alors de le conduire jusqu'à son père. Touchée par sa simplicité, je ne refuse pas. J'en dis un mot à l'équipage et le vote est unanime.. Massoud part avec nous.

Huit jours d'une mer pénible à lutter contre le vent nous conduisent jusqu'au Sénégal. Alors que Dakar se dessine à l'horizon, le vent tombe subitement pour n'être plus qu'un doux zéphyr nous poussant vers la ville. Assise à l'arrière de mon bateau, je savoure cette mer sans ride dans laquelle se reflète un couchant d'une rare beauté. L'horizon est en fête, moucheté de quelques nuages sur lesquels rebondissent les couleurs de cette fin du jour. Là où le soleil vient de disparaître, un halo d'un rouge éclatant semble ne plus vouloir laisser la place à la nuit. Je retiens mon souffle comme pour prolonger la scène. Les yeux perdus vers l'ouest, je me sens envahie par la force surnaturelle du crépuscule. Sur bâbord, c'est l'Afrique, continent insaisissable qui m'accueille ce soir en grande pompe. Pendant un instant, tout semble se fixer dans une sérénité magique. Allongée sur le pont, caressant de la main le flanc de « Jydartha », je suis ivre d'un bonheur infini.

Un oiseau passe en silence, donnant le signal de la fin du spectacle. L'éclat s'estompe. La nuit drapée de bleu recouvre de ses voiles les doux pastels orangés qui, un dernier instant, s'accrochent à l'horizon, essayant de ne pas basculer vers l'inconnu.

Les étoiles s'allument une à une, tandis que « Jydartha » tire des bords sans un bruit, fendant de son étrave une eau lisse et moirée, cherchant sa place au milieu d'une dizaine d'autres voiliers déjà immobiles. Dès que la nuit est assez noire, nous débarquons Massoud, notre passager clandestin, qui s'évanouit dans l'obscurité. Mission accomplie !

Quelques jours plus tard, mon équipage me quitte. En les voyant s'éloigner sur la berge, tandis qu'une dernière fois mes deux derniers compagnons se retournent pour agiter les bras, de belles images défilent dans ma tête. Je pourrais être triste. Quels beaux moments nous avons passés ensemble ! Cependant, mon émotion est de courte durée. Le plaisir d'être de nouveau seule l'emporte. Une page est tournée...

***

Dakar m'enivre. Ses parfums sucrés de cannelle et de vanille, ses couleurs d'ambre, ses odeurs poivrées qui courent dans les ruelles tout autour des marchés me façonnent un monde nouveau. Mon esprit s'abandonne pour mieux s'imprégner de tous ces contrastes. Je marche dans la ville, errant sans but précis, avide de savoir et de connaissance, me gavant d'arachides achetées aux petites marchandes assises sur le trottoir. Face à elles, les dominant, drapées dans leur élégance naturelle, des femmes riches, d'une beauté distante, montées sur des talons aiguilles, s'affairent le long des étalages colorés et parfumés. Les boubous chatoyants s'harmonisent naturellement avec sacs à main, chaussures hautes, Ray-Ban, symboles de cette civilisation occidentale qu'elles affectionnent tant. Je veux tout voir, tout sentir, tout deviner.

Comme à l'accoutumée, je me dirige vers les bas quartiers, toujours plus à l'aise au milieu de ceux que le sort a protégés de trop d'artifices. Retournant à bord, je reconduis chez eux un couple de Bretons charmants, dont le bateau est non loin du mien. Ils m'invitent pour me remercier à boire un verre, mais je préfère m'échapper. Je n'ai envie de voir personne, me sentant complètement étrangère. Soit j'accroche immédiatement, sans avoir à montrer patte blanche et devoir expliquer qui je suis, soit je fuis, intimidée, presque affolée, n'ayant pas l'énergie nécessaire pour chercher à me faire accepter. Cela n'est pas dans ma nature. Et je rentre seule retrouver Kaya qui, debout sur le cockpit, miaule de bonheur en me voyant arriver. Olbia nage, car s'étant roulée dans des morceaux de poissons pourris, il est hors de question qu'elle monte dans l'annexe ! Mickey, mon voisin de gauche, qui navigue en solitaire sur « Railovy », regarde la scène, amusé. C'est un grand garçon châtain, aux yeux verts, très bien bâti, à la peau lisse et bronzée. Son visage est dur, mais quand il sourit, il s'illumine. Attirant et mystérieux. Nous sommes les deux solitaires de tout le mouillage et le hasard a (peut-être) voulu que nous nous retrouvions côte à côte...

Un enfant pleure sur un catamaran ancré à bâbord. Blottie contre un sac à voile au pied du mât, je croque à belles dents des morceaux de canne à sucre. Ma solitude est là, assise à côté de moi. Je la ressens comme une entité vivante. Elle n'est ni douce, ni pesante. Je n'envie pas ces quelques couples que j'observe du coin de l'œil, allant et venant, occupés à leurs travaux quotidiens, ni cette maman n'arrivant pas à consoler ce gros bébé qui n'a peut-être pas demandé à naître sur un bateau. Il n'y a en moi aucune tristesse, aucun regret. Pas l'ombre d'un sentiment négatif. Un calme étrange fait taire toutes mes pensées. Seule, je crains pourtant la venue de la nuit et le sentiment de vide qui m'avait envahie hier soir déjà. Parfois, mon lit est bien grand. A 28 ans, sans mari, sans enfant, dérivant au fil de l'eau, je me pose une fois de plus la même question : « Suis-je un être humain ou un petit animal sauvage ? »

Un besoin vital de grands espaces m'oblige à toujours reprendre le chemin sur lequel personne n'a su encore me suivre. Poussée par mon idéalisme, entraînée par une force qui me dépasse, je n'ai — de toutes les façons — pas le choix. Tout cela est dans mes tripes, dans ma tête, quelque part en moi et me possède au plus profond. Je me sens de moins en moins capable d'échapper à un destin à la fois inconfortable et exceptionnel. Ce soir, des pensées se bousculent dans ma tête. Un désir instinctif de serrer un enfant dans mes bras se mélange au besoin vital de rester disponible.

Etre disponible, pour moi, c'est être prête à chaque seconde à aller encore plus avant. Je veux apprendre d'autres bribes de cet enseignement sans limite qui nous fait accéder pas à pas à la connaissance. Je sais que si j'étais mère, je le serais de la même façon, sans retenue, totalement. Je donnerais à ce petit être toute ma vie, alors que moi j'en ai tant besoin. Je ne me sens pas encore prête à accomplir mon devoir de femme et je plaide non coupable. Je ne sais faire que les choses que j'aime. Et je n'aime faire que les choses dictées par mes instincts les plus profonds, je suis alors en accord total avec moi-même et les forces qui régissent ma vie. Il serait plus doux, plus facile de m'endormir dans les bras d'un homme attentif à mes désirs en construisant un avenir que l'on rêverait sans nuage.

Je n'ai pas choisi la solution la plus simple. Je n'ai rien choisi du tout. Je vis, j'existe, j'avance, suivant ma route, construisant mon temps au jour le jour. Acceptant peine et joie avec la même curiosité, comme l'a fait avant moi Alexandra David-Neel. Je jouis vraiment d'une rare liberté. Sans habitude, sans contrainte, sans passé, sans futur. Je savoure un présent instantané, dont je m'applique à ne pas perdre la moindre miette.

Un appel me surprend en pleine rêverie. Mickey m'invite à dîner. J'accepte enfin, car voilà une semaine que j'ai été conviée au café, à l'apéritif, à une partie de cartes, mais quelques très bons prétextes m'avaient toujours permis de garder mes distances. La soirée est gaie et la sauvage que je suis se laisse lentement apprivoiser. Mais Mickey part demain pour la Gambie. C'est là un dîner d'adieu pour tous ses copains du mouillage. Il a une façon convaincante de parler de sa prochaine étape. Tout en l'écoutant, je me rends compte que je commence à me lasser de Dakar. Il est temps que je m'en aille. J'ai envie de brousse, de terres brûlées, de l'odeur âcre des herbes jaunies. J'ai besoin d'Afrique. Je lèverai, moi aussi, l'ancre dans quelques jours.

Chapitre 5

JE CONNAIS LA VRAIE GRANDE PEUR...

Un petit museau humide se pose sur mon mollet droit, me sortant de mes rêveries. Kaya a faim. Escaladant mon dos, pesant de tout son poids de gros chat siamois, il s'installe sur mes épaules et entreprend son travail journalier de nettoyage de mes oreilles. Cela l'amuse autant que cela me fait rire.

La rumeur de la ville me parvient et, détaché, le son d'un tambour qui monte des bas quartiers. Il y a tant et tant d'étoiles dans la nuit tropicale, que j'ai du mal à retrouver celles qui me sont familières. Le carré d'Orion à l'est, accompagné de ses trois mages, la Croix du Sud pas très haute sur l'horizon, Cassiopée. Cette marée montante d'étoiles répand peu à peu sa lueur... Soudain, le vent se lève. Chaud, doux, presque sucré, je sens son souffle sur mon visage. Comme une caresse à peine perceptible, qui vient de la terre, remplie d'odeurs végétales et chargée de tous les secrets de la brousse africaine. Kaya, aussi, a senti les premiers effets du vent ; d'un saut il est sur le roof, humant, attentif à tout ce qui se passe à portée de ses deux petites narines. D'un long miaulement suppliant, il me fait comprendre clairement son désir de faire un tour à terre. Les voiles se gonflent à moitié. Une risée plisse la surface de l'eau sur laquelle se reflète une multitude de taches de lumière accrochées dans le ciel ; puis une deuxième et mon bateau fait quelques mètres. En route pour la Gambie !

Je règle le régulateur d'allure : cap au sud. J'ai décidé de longer la côte. De pas trop près toutefois ! L'Afrique a piégé bien des marins insouciants, qui, voulant trop l'approcher, ont vu leur rêve se briser sur des récifs... La côte est bordée de hauts-fonds assassins. Je vais veiller toute la nuit, guettant les barques de pêcheurs et autres voiliers croisant en nombre dans ce périmètre. Mais auparavant, je vais me préparer un bon dîner. Il n'est pas fréquent que je puisse faire la cuisine, tranquillement, tout en naviguant. Dès qu'il y a du vent, mijoter un repas devient un exercice extrêmement périlleux. Je renonce la plupart du temps à mes velléités culinaires, pour me rabattre, nécessité oblige, sur un sandwich. Les petits plats attendront des cieux plus cléments. Je dois, de toute façon, confesser que, dans ma solitude, je n'ai pas de tentation gastronomique. Mes équipiers, en revanche, étaient aux petits oignons avec moi.

Olbia et Kaya se plaignent d'ailleurs régulièrement de mon manque d'imagination pour remplir leurs gamelles. Cette nuit, je mettrai une ligne de traîne, histoire de taquiner un peu la dorade coryphène. J'espère ne pas remonter un requin, comme lors de mon retour des îles du Cap-Vert ! La « bête » n'était heureusement pas grosse. Suffisamment cependant pour faire fuir tout le monde dans la cabine.

Quelque temps auparavant, à une centaine de milles après avoir quitté la Grande-Canarie, nous avions recueilli une tortue à bord. Non pas pour la manger, mais comme invitée. La pauvre, complètement emmaillotée dans un morceau de filet perdu en mer, ne pouvait plus nager. Des algues commençaient même à pousser sur sa carapace. C'est très lourd une tortue de 70 centimètres d'envergure. Après l'avoir libérée en cisaillant tout ce qui la blessait et l'entravait, je l'ai laissée regagner son habitat naturel, les profondeurs de l'océan. On dit que les tortues peuvent vivre cent ans... J'espère bien la revoir un jour ou l'autre, nous avons toutes les deux le temps, nous ne sommes pas pressées...

La mer est peuplée d'individus « extraordinaires ». Combien

de fois ai-je été escortée par des dauphins, des orques, des baleines ou des globicéphales ? Un jour, deux rorquals, de belle taille, sans doute plus grands que « Jydartha », nous ont suivis pendant plus d'une heure et demie. Une éternité, surtout lorsque les deux mastodontes se rapprochent lentement de la coque au point de la frôler. Pourtant, plus de peur que de mal, puisque à aucun moment ce couple démesuré n'eut, à notre encontre, le moindre geste agressif.

Les dauphins sont plus sympathiques. Ils se déplacent parfois par centaines. Et alors le spectacle devient irréel. L'océan n'est plus qu'une scène d'opéra sur laquelle se déroule un féerique ballet nautique, cabrioles et ventres blancs, dos ronds et bonds joyeux : j'ai assisté trois fois à ces immenses migrations.

Cette nuit, tout semble calme et silencieux. Kaya s'endort, satisfait de son dîner. « Jydartha » taille la route, poussé par une brise bien établie. Je ne dors que d'un œil, emmitouflée dans une couverture sur un banc du cockpit. La vie m'appartient : je t'aime « Jydartha », mais je crois te l'avoir déjà dit...

***

Nous avons vraiment bien marché. Toute la nuit. Et à midi, la première bouée d'atterrissage est franchie. Le soir tombe lorsque j'amarre enfin le bateau le long d'un quai en bois à Banjul, capitale de la Gambie, construite sur le fleuve qui porte le même nom.

Quel calme ! Je m'occuperai des formalités de douane demain. J'ai envie de dormir. Après une nuit de veille, j'ai grillé toute la journée sous un soleil torride, me frayant un chemin long et compliqué parmi les bouées qui indiquent le chenal à suivre jusqu'à l'embouchure de la rivière.

Le lendemain matin, pas besoin de réveil. J'ai accosté dans un chantier naval et on commence à travailler très tôt à Banjul ! Je quitte les lieux en vitesse et remonte au moteur un peu plus haut sur le fleuve : tiens, un autre voilier. Allons voir ! Incroyable, enfin presque : c'est « Railovy » ! Mickey navigue accompagné d'un équipier de hasard, Jetho, un Italien, amoureux du voyage. Mais déjà, ils me quittent le lendemain et je reste totalement seule. Décidément, ce garçon semble avoir bien des choses à faire...

Ici, c'est la Jamaïque de l'Afrique ! Bien que les chars militaires sénégalais sillonnent les rues, laissant leurs larges empreintes dans la boue et la poussière, la population vit au rythme du reggae et des joints d'herbe comme à Kingston.

— Ganja ?

— No, thank's, je ne fume pas !

On parle bien sûr l'anglais dans cette ancienne colonie du Royaume-Uni, qui a gardé dans son style de vie et dans son administration des détails typiquement britanniques. Il y a quelques mois, le dirigeant de l'opposition, épaulé par une poignée d'hommes déterminés, a pris d'assaut la radio locale, invitant sur les ondes la population à la révolte. Après avoir ouvert les prisons, les rebelles distribuèrent des armes à ceux qui s'y trouvaient, prisonniers de droit commun, criminels, voleurs... La ville fut livrée au saccage et au pillage pendant une semaine sanglante durant laquelle la population s'enfuit dans la brousse, abandonnant tous ses biens.

L'armée, totalement désorganisée, sans chef, le Président étant en voyage en Angleterre à l'occasion du jubilé de S.A.R. Elisabeth II, sans armes (les « terroristes » ayant pris soin de faire sauter l'arsenal après s'être copieusement servis) fut d'une exemplaire inefficacité ! Le gouvernement sénégalais décida donc d'intervenir. Quelques chars et une poignée de parachutistes suffirent à remettre les choses en ordre. La population, hélas, comme bien souvent dans ce genre de situation, prise entre deux feux, dut supporter les exactions et les brimades des soldats alliés, comme elle avait dû subir, déjà, celles des pillards.

Un gamin, Ali, me sert de guide. Il me montre sur les murs les impacts de balles de mitrailleuses. Il me raconte en riant qu'il possède chez lui une télévision. Profitant de la confusion générale et suivant l'exemple de ses aînés, il s'était servi dans une vitrine éventrée. Alors que je lui demande si les programmes sont intéressants, il avoue se servir de son poste comme d'un tabouret, car sa maison ne possède pas d'électricité...

Dans la principale artère de la capitale, la chaleur est à peine supportable. Je cherche à marcher à l'ombre, mais il y a peu d'arbres. Mon « petit copain » m'entraîne sur le marché. Nous nous enfonçons entre les étals, passant d'abord au milieu des marchands de tissus bariolés. Il m'initie aussi aux formules de politesse que je vais devoir utiliser durant mon séjour : « Ibeniady » (Bonjour ça va ?) « In' bidiang dorong » (Ça va, merci !). C'est un peu de toute l'Afrique qui vibre sous ces toits de tôle où, assez curieusement, il fait frais. J'observe la toiture construite de façon étrange, créant tout un système d'heureux courants d'air. Je touche à tout, provoquant une foule d'explications de la part de mon guide qui parle peu l'anglais et beaucoup plus le mandingue, un de ces multiples dialectes qui se pratiquent entre le Sénégal et la Gambie.

Je m'attarde devant des marchands de chapeaux, puis des cordonniers qui font de superbes sandales avec des pneus et des chambres à air. Un peu plus loin, un homme ne vend que des vieux clous, d'occasion en quelque sorte. Plus loin, c'est le marché de la viande, des fruits et légumes, des poissons, des fleurs...

Nous arrivons sur la plage ; la mer est calme. C'est ici que viennent accoster les pirogues provenant de différents villages alentour. Peintes de toutes les couleurs, chacune symbolise un espoir ou un remerciement : « My hope » (Mon espérance), « Heart of Gold » (Cœur de Dieu), « Present of my wife » (Cadeau de ma femme). Il est vrai que la femme mandingue tient les cordons de la bourse. C'est elle qui commerce, tandis que les hommes fument et papotent à l'ombre, surveillant d'un œil l'évolution du négoce familial. La plupart d'entre eux sont des pêcheurs. Ils partent tous les jours avant l'aube en pirogues équipées de moteur 25 Cv Yamaha. C'est ce qui explique le « farniente » de l'après-midi.

Ali me tend une noix de coco. Juste à point, pas trop verte et déjà suffisamment sucrée. Je bois cette eau transparente, la bouche collée à la noix, la tête en arrière, laissant échapper quelques gouttes qui ruissellent au coin de mes lèvres et coulent sur ma poitrine, rafraîchissant ma peau moite qui colle déjà à ma chemise. Il fait au moins 40° à l'ombre...

Je suis toujours mon petit compagnon. Nous finissons par nous installer un peu plus loin sous un cocotier. Aussitôt, une nuée de gamins fond sur nous, mais Ali, conscient de ses responsabilités, impose le calme. Je reste là un très long moment à bavarder avec ces gosses qui cherchent à apprendre ou à me demander quelque chose. Toute seule, toute « blanche » (bien que cuite par le soleil), allongée sur le sable, tenant tête à une dizaine de gosses adorables, mon bateau amarré à bonne distance du quai afin de dissuader les visiteurs indésirables, je n'ai aucune raison de ne pas me dire que je suis bien dans ce monde.

Dix jours à Banjul. Des copains, quelques ennuis. Rien de grave. C'est vrai que mes meilleurs amis ont entre cinq et douze ans, ou bien entre soixante et cent. J'ai appris à me fier à des gens dans la force de l'âge. Mais, bien heureusement, il y a des exceptions. J'aime ma solitude et elle ne m'empêche nullement d'aller partout, à toute heure du jour et de la nuit. Ma personnalité, mon humour et un je-ne-sais-quoi d'amour de la vie m'ont toujours permis de sortir des situations les plus épineuses. Toujours être à sa place, voilà une règle qui m'a évité bien des emmerdements... A chacun de définir quelle est, effectivement, cette place. Il faut d'abord connaître ses limites, ses ressources physiques et psychiques, trouver l'équilibre entre sa volonté de découvertes et son incapacité à affronter des situations périlleuses. Je parle de la vraie peur. Pas de celle que

ntale. Cette
nous empêche
ponsabilités. La
res frileux, sans
d'imprévu, ce qui,
défiance à l'égard de

rande peur. C'était en
t moi, quitté les Sables-
e 9 mètres et nous nous

a tempête fait rage. Avant
noncé un temps idéal et nous
az de Sein dans des conditions
large d'Ouessant, franchi avec
s, le ciel se couvre brusquement et,
arrivent de l'est poussés par un vent
apidement, il nous faut réduire la voile
ont une brise très fraîche de force 7 à 8.
s ne cessons de tirer des bords dans une
s forte, nous maintenant avec difficulté à
che, entre la France et l'Angleterre. Dans
ent qui a forci encore, m'oblige à affaler le
t de grand-voile, en ne laissant qu'un minuscule
oche à l'avant du bateau, pour nous maintenir
ieux possible sur l'eau. Des vagues monstrueuses
nous. Elles font rouler le bateau bord sur bord, ou
angereusement sur le flanc. Il neige. Jamais encore
de la neige en pleine mer. La température doit être
ous de zéro ; et c'est en ferlant la grand-voile que je
re, que l'une de mes mains sans gant reste collée sur
uminium. J'ai l'horrible sensation de me sentir prise
'une glu invisible. Doucement, je parviens à retirer
laissant sur le métal glacé la peau du bout de mes
La douleur étant anesthésiée par le froid, je n'accorde

que peu d
irréel dans le
oiseaux de mer
Les pentes verti
montagnes mouva
une neige épaisse, qu
fait de mille nuances, d
me soulage momentané
bord.

Notre situation est cep
travers au vent sous pilote
effrayé à l'idée de voir l'un d
dessus bord.

Mais le voilier livré à lui-
dangereuse. En fin d'après-mid
comme moi n'a pas droit au chap
enlevant le panneau de la descent
d'eau récoltée dans la cale du navire
mer choisit pour coucher le bateau. L
bascule précipitant par-dessus bord le pa
que tout ce qui se trouve dans le cockpit, pe
planches, des cordages, etc. Au même mome
gigantesque engloutit le pont sur toute s
s'engouffre par l'ouverture béante, noyant tou
sec à l'intérieur...

Ma première réaction : tenter de boucher ce trou
Me saisissant d'une planche de contre-plaqué, p
l'une des couchettes, je suis stoppée net dans mon
hurlement.

— Pas question d'abîmer le bateau !

Pierrick a des principes... Couler d'accord, mais s
en parfait état ! C'est ainsi que j'interprète son inter
mon côté je vois les choses sous un autre angle. En é
en état, pour moi peu importe. Le bateau doit co
flotter ! Coûte que coûte !...

nous impose très souvent notre société occide
dernière nous assiste dans chacun de nos actes et
ainsi d'agir par nous-mêmes en prenant nos res
société actuelle tend à faire de nous des ê
spontanéité, puisqu'elle gomme tout risque
inévitablement, fait naître un sentiment de
celui qui est différent.

J'ai, quant à moi, connu une vraie g
janvier 1978. Nous avions, deux amis e
d'Olonne à bord d'un petit voilier d
dirigions vers Saint-Malo.

Nous sommes en Manche où l
d'embarquer, la météo avait an
avions effectivement passé le r
d'un calme exceptionnel. Au
également de grandes facilité
chose curieuse, les nuages
tout à fait inhabituel… R
pour affronter de plein fr
Pendant 24 heures, no
mer de plus en plu
l'entrée de la Ma
l'après-midi, le v
dernier petit bo
mouchoir de
appuyés du m
déferlent su
le couchent
je n'avais vu
bien au-dess
viens d'abatt
le mât en a
au piège
ma main
doigts !

l'importance à l'incident. Autour de moi, l'univers
quel évolue le bateau est d'une beauté rare. Des
rasant les vagues tournoient autour du voilier.
gineuses que nous descendons sont autant de
ntes sur lesquelles tombe sans discontinuer
i s'évanouit au contact de l'eau. Le paysage
du gris le plus sombre au blanc le plus pur,
ment du froid et de l'inconfort régnant à

endant peu enviable ! Nous naviguons
automatique sur ordre de Pierrick,
e nous (ou lui-même ?) projeté par-

même nous met en position
di, mon coéquipier, qui tout
itre, ouvre le capot du pont,
e pour sortir un seau plein
C'est le moment que la
D'un coup brusque, tout
nneau de descente ainsi
êle-mêle, le seau, les
ent, une déferlante
a longueur. Elle
t ce qui reste de

u de malheur.
rovenant de
élan par un

ur un navire
diction. De
tat ou pas
ntinuer à

Et sans plus m'occuper de ses vociférations, j'entreprends de clouer et visser la planche sur l'entrée, ayant tout d'abord pris soin d'appliquer une couverture pour assurer une meilleure étanchéité. Le résultat dépasse mes espérances : l'eau ne passe plus. Je propose alors à notre capitaine de fortune de sortir sur le pont afin de barrer le voilier. Celui-ci a de plus en plus tendance à se coucher sous la force des vagues. Proposition qu'il s'empresse de rejeter...

Il va bientôt faire nuit. Je suis complètement frigorifiée. Il n'y a plus qu'à attendre et à tenter de se réchauffer, tant bien que mal. Otant bottes et ciré, je me glisse dans un duvet, avec l'espoir de récupérer un peu... J'attends des rêves... C'est un cauchemar !

En effet, deux heures après, le bateau se retourne, le mât planté à la verticale dans l'eau, quille en l'air et les trois occupants à quatre pattes sur le plafond du carré. Pendant quelques secondes d'angoisse plus rien ne bouge... Le vacarme de la tempête cesse comme par enchantement et un silence pesant succède au hurlement du vent et aux claquements secs provoqués à intervalles réguliers par les paquets de mer qui frappent contre la coque. Nous sommes sous l'eau !

— Jacques ? Tu n'as rien ?

— Non... Ça va ! Je ne sais pas... J'en sais rien...

Au moment même où il me répond, nous sommes à nouveau secoués en tout sens. Le voilier a retrouvé sa position naturelle quille en bas, mât en haut. Je patauge dans l'eau jusqu'aux chevilles. Nous sommes dans le noir complet. Les veilleuses sont éteintes. Les batteries ont dû se renverser...

Au-dehors, les choses empirent. Soudain, je distingue avec horreur le grondement furieux d'une vague. Est-ce le coup de grâce ? Je m'accroche. Le voilier se retourne une nouvelle fois. Le silence, pesant, s'installe... Jacques m'interpelle :

— Tu entends ?

Oui, j'entends. Un mince filet d'eau s'infiltre lentement par l'une des parois de la cabine. Je n'ose imaginer où nous serions déjà si je n'avais pas décidé de condamner la descente en clouant la planche de contre-plaqué.

L'attente devient intenable ! Nous sommes comme des condamnés. Curieusement, je ne suis ni triste, ni affolée. J'attends, résignée. Aïe ! je me suis cognée la tête lors d'un nouveau roulé-boulé. Le bateau a fait cette fois-ci un tour complet. Nous nous retrouvons au même point. Nous sommes dans l'eau jusqu'aux genoux. Bon sang, une fois de plus et tout est foutu. Jamais le voilier ne reviendra une troisième fois dans le bon sens avec toute cette masse d'eau qui va lui servir de lest à l'envers !

On va y rester ! Je dois absolument sortir pour tenter d'enlever les bouts qui entravent la barre, virer et mettre en fuite, vite. Le plus vite possible...

— Jacques, aide-moi, retrouve mes bottes, un ciré, un harnais. Je vais prendre la barre.

Pierrick hurle. Il ne veut pas. Il est persuadé que je ne tiendrai pas une minute sur le pont sans être emportée. Mais je ne l'écoute pas. Déjà, j'ai enfilé un pantalon de ciré. Avec une chance inouïe, je suis tombée sur ma paire de bottes enfouies sous un monceau d'objets éparpillés. Imaginez ! Prenez tout ce qui vous tombe sous la main dans votre cuisine, votre chambre à coucher, votre bibliothèque... Introduisez le tout dans une machine à laver, sans lessive, faites tourner deux fois avec de l'eau froide et salée, puis dans le noir introduisez-vous dans ladite machine à laver et cherchez votre brosse à dents. Bonne chance !

Jacques me noue une corde autour de la taille et en fixe l'autre extrémité à un point d'attache dans la cabine. Il va ensuite ouvrir le capot supérieur de la descente, et m'aide à me glisser rapidement à l'extérieur.

« Nous avons toujours le mât », ai-je le temps de lui crier avant qu'il ne referme le capot derrière moi. Le pilote automatique a disparu, le feu de tête de mât pend lamentablement au bout d'un fil électrique, le balcon avant est complètement tordu et le tourmentin, petit foc à l'avant, est à moitié disloqué... Je libère la barre et, immédiatement, manœuvre de façon à prendre les vagues par l'arrière. Il est temps, une déferlante déboule dans un bruit de locomotive. Je n'ose pas me retourner. J'ai peur. Je dois absolument ne pas faire d'erreur : me mettre trois quarts arrière par rapport à la vague, attendre qu'elle attaque et redresser le bateau. Je tiens la barre à deux mains, les pieds bien calés, les jambes tendues. Le safran tremble un instant. Je perds presque le contrôle. Ça y est, le monstre est passé. Des murs d'eau se dressent contre notre coque de noix. Ils montent, nous surplombent rapidement, prêts à nous écraser, nous anéantir, mais le bateau escalade et descend avec un bel aplomb tous ces pics rugissants. Il me faut les négocier un à un. Mes bras me font mal, je ne sais plus que j'ai froid. Jacques, qui écope à l'intérieur pendant que notre soi-disant capitaine, malade, ne se remet pas de ses émotions, passe un instant la tête à l'extérieur.

— Ça va ? Tu veux que je te remplace ?

— Non ça va bien. Je reste encore !

Je ne veux plus faire confiance à personne. La mer est trop grosse, une petite erreur et de nouveau le tonneau, l'essoreuse. Non, basta ! Ce marinier qui aurait plus sa place sur une péniche, ajoute, sans doute pour m'effrayer, qu'à son très modeste avis les vagues font entre neuf et onze mètres de hauteur... avant de battre en retraite précipitamment. Merci pour l'info ! De toute façon, je ne sais pas. Je ne veux pas savoir. Chaque grondement qui m'arrive dans le dos met mes sens, mes nerfs en éveil. Perpétuellement inondée, risquant à tout moment d'être jetée à la mer, je me concentre sur mon cap. Pendant sept heures encore, le même scénario, mille fois répété, ne me permet pas de lâcher, ne serait-ce qu'une fraction de seconde, la barre. Puis, comme par miracle, au lever du jour, le coup de vent faiblit peu à peu, nous permettant enfin de reprendre notre route en sens contraire, vers la Bretagne.

Une fois à l'abri, dans le port de Perros-Guirec, une vieille me demande si j'ai eu peur. Je ne peux que hocher la tête.

Dès qu'il y a un réel danger de mort, la peur, quand elle a une vraie raison d'être, devient le moteur de l'action. Cette mécanique instinctive met en marche tout un système de réactions appropriées qui visent à éloigner et même à supprimer ce danger. Alors vive la peur !

Chapitre 6

DES HYÈNES RICANENT AUTOUR DE MA COQUE

Banjul : la marée descend, entraînant « Jydartha » que je laisse dériver au milieu du fleuve. Je passe sur l'autre rive, laissant là la ville et sa rue principale où les quelques centaines de mètres de route aménagés sont faits d'un goudron ramolli par la chaleur et d'un mélange de petits coquillages... Banjul, sur laquelle le soir tombe, pendant que je m'éloigne doucement, laisse s'échapper des notes de reggae. Elle accueille ainsi les heures les plus savoureuses de la journée, fraîches et tranquilles. Les bruits s'estompent et chacun se prépare à profiter du crépuscule.

Les pélicans escortent « Jydartha », sc laissant comme lui porter par le courant depuis la berge ; les hérons immobiles, une patte enfoncée dans la vase, l'autre invisible repliée sous leur ventre, ne daignent même pas nous lancer un regard, trop occupés à choisir leur dîner.

Des aigrettes, des flamants roses et blancs se dandinent sur la plage, fouillant le sol de leur bec. Ils courent çà et là, en un ballet harmonieusement orchestré par un invisible metteur en scène. Toutes les couleurs se confondent. La lumière qui baisse efface l'horizon puis se perd entre le ciel et l'eau et, sur les bords du fleuve, le pastel des plumages se confond déjà avec la pâleur du sable.

Je reste là, immobile, baignée par cette atmosphère qui règne alentour. La lune pleine monte à l'est. Ce soir, je me fais un grand plaisir. J'ai quelques heures de route pour traverser et descendre un peu plus en aval sur la rivière. M'étant bien fait expliquer par des pêcheurs où ancrer en face d'un petit village, je ne suis pas trop inquiète de naviguer de nuit. Il n'y a pas un souffle de vent et tout est si calme que j'ose à peine démarrer le moteur ; il le faut pourtant, car le flot descendant m'entraîne vers l'embouchure de la Gambie, alors que je cherche à rejoindre l'autre rive.

A 11 heures, l'ancre tombe sur un fond d'algues et de vase, en face de quelques baraques, trois cocotiers, un chien qui hurle dans la nuit. Une petite lampe à pétrole dessine en ombres chinoises quelques silhouettes assises autour d'une table sur laquelle j'entends claquer des dominos. Barra : le passage. C'est le quai d'atterrissage du bac qui convoie les quelques camions et automobiles qui veulent traverser la Gambie, en provenance de la frontière sénégalaise.

Il est encore très tôt lorsque des cris joyeux me tirent de mon sommeil... Mickey et Jetho viennent de mouiller « Railovy » à côté de « Jydartha » et m'invitent à prendre le petit déjeuner !

Papayes, mangues, thé-citron, gâteaux secs. Je suis tout heureuse de parler un peu français. Et plus heureuse encore de retrouver Mickey, et ses beaux yeux verts. Je lis dans son sourire que lui aussi n'est pas mécontent de ces retrouvailles. On échange nos impressions. Eux, ont rencontré un Mandingue, Boto, qui, les ayant invités chez lui, leur a donné rendez-vous à Barra ce matin pour leur indiquer le passage d'entrée d'un autre petit fleuve un peu plus au nord, sur les rives desquelles est bâti son village.

Je n'ai pas d'emploi du temps, rien ne me presse ou ne me retient. Chaque jour amène le jour suivant et ainsi passe le temps pour mon plus grand plaisir. Il y a quelques mois, une jeune Française en vacances aux Canaries, s'était arrêtée devant « Jydartha »...

M'observant en train d'emballer des fruits et des légumes en vue de mon départ, prévu pour le surlendemain, elle crut bon de s'intéresser à moi, très sûre d'elle et un rien donneuse de leçons.

— Bonjour. Je m'appelle Isabelle. Mais dites-moi, vous en avez de la chance de pouvoir voyager à votre guise. Moi, je n'ai que quinze jours de vacances !

C'est qu'elle avait des responsabilités, elle, et pas le temps de s'amuser ! Elle me prenait la tête. C'est tout juste si elle n'allait pas faire naître en moi un sentiment de culpabilité. Saturée par son babillage, je lui offris de rêver un peu, en prenant part aux préparatifs de mon départ, comme si cela était le sien... Quelque peu stupéfaite par ma réaction, elle s'assit, prenant bien soin de ne pas salir son short blanc sur ce quai poussiéreux. Et sans plus attendre, je lui mis entre les mains mon réchaud à pétrole, noir de suie et qui, chroniquement, se bouchait, s'inondant alors de kerdane graisseux et malodorant.

Je l'invitais à frotter énergiquement, tout en l'accablant de mes problèmes de filtre à gazole, de pompe à eau de la cuisine qui fuyait et du mal que j'avais à me débarrasser des cafards énormes qui sévissaient partout dans la cale ! Peu à peu, son babillage cessa et l'on n'entendait plus que le frottement timide du chiffon gras. Isabelle caressait distraitement le réchaud à pétrole. Nous nous quittâmes poliment. Je remarquai avec un sourire que son short immaculé était désormais couvert de suie. J'avais brisé un mythe, celui du farniente et des lagons bleus, de l'oisiveté à bord des grands bateaux poussés par les alizés vers des continents de rêve...

Le lendemain, elle revint, conquise, m'invitant même à dîner au restaurant. Elle me considérait à l'évidence autrement.

Je suis très heureuse de la vie que je mène et ne me sens pas spécialement privilégiée, sachant que, là où pour moi il fait bon vivre, tout le monde ne trouverait pas forcément son bonheur. J'ai bien sûr une vision toute subjective du bonheur qui ne correspond pas à celle que partage le commun des mortels. Et c'est parce que le manque d'eau douce, des draps humides, l'agression des moustiques et le risque de malaria ne me dérangent pas, que je peux jouir de tout mon être, de ma liberté et des plus beaux couchers de soleil.

Je suis loin de cette Isabelle, de ses états d'âme sans lendemain, quand je décide de me joindre à Mickey. Toute la matinée, « Jydartha » et « Railovy » naviguent entre des bancs de sable. Le passage est difficile mais, sans Boto, notre nouvel ami, il aurait été impossible de trouver l'entrée du Bandiala. De plus, rien ne signale l'existence d'un village. Nous sommes les premiers bateaux à rentrer à Djinack.

***

Djinack. Cela fait déjà trois mois que je vis ici en pleine brousse. Les jours passent, apportant leur lot de petites nouvelles. Aujourd'hui, le marabout est mort ; il était très vieux, cela est donc dans l'ordre des choses. Une mère de neuf enfants vient aussi de rejoindre le royaume des ombres. Elle a bien rempli son rôle d'épouse. Ici, il n'est pas rare qu'une famille comporte douze à dix-huit enfants. L'homme étant bigame et chaque épouse lui donnant un minimum de six à huit petits, une famille prend rapidement une allure de micro-société.

Ce matin, on parle aussi de la disparition d'un mouton, sans doute enlevé par une hyène durant la nuit, alors qu'il se trouvait à l'intérieur de son corral. Chaque soir, hommes et bêtes rejoignent le village pour se mettre à l'abri. Les enfants, qui jouent sur la plage ou sous les arbres alentour, sont rappelés par leurs mères. Les hommes rentrent des plantations de manioc, d'arachide et... d' « herbe » ! C'est, en effet, à Djinack que pousse cette « ganja » très renommée et cultivée à quelques kilomètres du fleuve, dans une petite clairière entourée de terres brûlées qu'il faut traverser sans se perdre, et sans faire de mauvaises rencontres. En effet, si les hyènes chassent la nuit, il n'est pas rare d'en croiser une égarée pendant la journée, au retour d'un long périple nocturne.

Ces animaux, extrêmement maladroits et très laids, sont en revanche très malins. Le soir venu, mâles et femelles quittent la tanière afin de se mettre en quête de quelque chose à manger. Ils peuvent faire des raids jusqu'à une trentaine de kilomètres de leur territoire.

Si l'une d'entre elles flaire une proie, elle se hâte d'alerter ses congénères par un extraordinaire moyen de communica tion souterrain. Creusant un trou dans le sol, elle pousse des cris, le museau enfoui sous la terre. Ceux-ci sont perçus par ses congénères à des distances importantes. Un homme seul, sans arme, encerclé par une bande de hyènes, a toutes les chances d'être attaqué et mis en pièces. Sa seule issue : monter à un arbre en catastrophe et attendre qu'elle se lasse et abandonne. Quand la hyène est seule, l'homme n'est pas tellement en meilleure position. Elle saura jouer de sa patience et de sa ruse. Piège classique : elle creuse un trou à la hâte en travers du chemin. Autre approche : elle le frôle, l'affole, le panique et le bouscule, le déséquilibre, après l'avoir traqué, en créant un véritable climat de terreur.

En Afrique, on parle des hyènes à mi-voix. L'animal est assimilé au monde de la nuit, où se mêlent créatures mythiques et animaux féroces, possédant des pouvoirs mal définis. Presque chaque matin, je relève autour du bateau leurs empreintes sur le sable. Ces maudites bêtes viennent rôder à marée basse, alors que « Jydartha » n'est plus protégé par le rempart naturel de l'eau qui l'isole des dangers de la brousse. Souvent réveillée en sursaut, j'entends les aboiements caverneux des hyènes toutes proches. Je les devine arc-boutées contre la coque, debout sur leurs pattes arrière, cherchant à voler quelque nourriture oubliée sur le pont. Je les entends aussi au loin provoquant les chiens du village rendus fous par leur insaisissable présence. Jusqu'à ce que l'un de ces imprudents molosses, n'y tenant plus, s'élance à portée de toute la bande, odieusement préparée à la curée. Ainsi disparaît un chien du village horriblement dévoré vivant, en moins de temps qu'il ne faut pour le hurler au cœur de la nuit.

Le bateau est ancré un peu à l'écart, entre deux villages. Il est caché parmi les palétuviers dans lesquels, l'après-midi, viennent élire domicile les petits singes verts, curieux comme de vieilles bigotes, écartant les branches pour mieux m'observer. Que c'est bon d'être là, les journées ne sont pas assez longues ! Les pêcheurs, qui reviennent du large, déchargent leurs pirogues multicolores remplies d'énormes poissons. Ici, l'on pêche au moyen d'hameçons montés sur des filins d'acier, prolongés par des cordelettes en nylon noir qui laissent de larges entailles sur leurs mains.

Aujourd'hui, trois d'entre eux ont ramené dans leur filet un requin qui dépasse les deux mètres de long. Les vautours se disputent les entrailles jetées là, sur les galets. Kaya les charge comme s'il ne s'agissait que de gros poulets... Cela ne va pas sans les énerver et il se pourrait bien que d'ici peu l'un d'eux se fâche vraiment ! Mon petit compagnon est beaucoup moins fier devant les singes et prend quelquefois la fuite. Il m'est arrivé de le retrouver après trois jours d'absence blotti dans les branches d'un baobab.

Je n'oublie pas les éperviers, aigles royaux et autres rapaces qui ne veulent pas laisser leur part aux chiens ! Ici, la vie et la mort se côtoient, se saluent lors de mille luttes quotidiennes inévitables. Il est pourtant un instant où tout s'arrête, laissant la place à la paix et à la plénitude. C'est l'heure où l'homme, regagnant son village, sa sagaie à la main, croise le chacal sans même lui jeter un regard. C'est l'heure où par centaines, perruches et perroquets sillonnent le ciel en criant, avant de s'abattre sur le sommet des arbres, pour passer la nuit confondus avec les feuillages. C'est aussi le moment de la prière. Les pêcheurs Cerères rassemblés sur le bord du fleuve, drapés dans leur robe de couleurs fauves, baignés dans la lumière d'un soleil rougeoyant, saluent leur dieu. Ils rayonnent d'une foi instinctive, d'un élan d'amour sans limite pour tout ce qui compose la nature qui les entoure.

Djinack, porte ouverte sur un autre monde, terre d'Afrique Grâce à toi, j'ai pu changer ma perception des choses. A l'heure où les animaux vont boire, je grimpe dans un baobab et, tournée vers le soleil qui inonde mon visage, je laisse la force du couchant envahir tout mon être. Une heure durant, la magie du crépuscule opère sur tout ce qui est prêt à la recevoir. Oiseaux, plantes et mammifères, de l'homme au plus petit des insectes, tous s'abandonnent avec cette même jubilation au pouvoir de la nuit qui descend.

C'est l'heure charnière entre la chaleur tropicale du jour et les premiers moustiques. Ce soir, nous nous rendons, Mickey et moi, à une fête initiatique à Kayate, à quelques kilomètres à l'intérieur des terres. Danses et musiques marquent le début de la période consacrée à l'initiation que subissent les enfants, garçons et filles entre huit et douze ans. Nous mangeons de la viande et du riz recouverts d'une sauce d'arachide. Accroupis autour d'un grand plat rond, chacun prend avec la main un peu de nourriture, tout en s'offrant l'un à l'autre les meilleurs morceaux.

*
**

Il fait à peine jour. Je ne veux pas rater la pirogue qui part à l'aube pour Banjul. Une fois par semaine, nous allons à tour de rôle faire des provisions. A Djinack, il n'y a pratiquement rien. Les habitants vivent de leur culture et n'emmagasinent rien. Chacun à notre tour, nous prenons donc le transport public local, c'est-à-dire une pirogue de pêcheur dans laquelle s'entassent tous ceux qui veulent aller vendre ou acheter quelque chose à la « ville ». Alors que je rejoins le lieu d'embarquement, je croise des femmes qui reviennent du puits, portant sur la tête de grandes jarres en terre, lourdes d'un premier ravitaillement en eau douce.

Elles sont magnifiques dans le petit matin, l'une derrière l'autre, bien droites, le buste haut, un bras en l'air, parfois assurant d'une main la stabilité de leur chargement. Elles passent en un défilé harmonieusement coloré qui ondule sous les arbres et me saluent d'un sourire. La pirogue est pleine. J'ai trouvé une place à l'avant, j'ai une chance de ne pas arriver trempée de la tête aux pieds. Le moteur hors-bord tourne bien et nous sortons du Bandiala à vive allure. Boto, qui conduit, ralentit pour franchir un banc de sable sur lequel roulent de grosses vagues. Nous sommes en pleine mer, il ne ferait pas bon se retourner ici, avec femmes et nouveau-nés, mais, habile à la manœuvre, notre pilote se rit de l'obstacle. Après s'être fait secouer et tremper pendant plus de deux heures, tout le monde débarque sur la plage de Banjul, où il y a déjà longtemps j'étais venue boire une noix de coco avec Ali. Je le croise quelquefois, toujours fier de m'accompagner faire mon marché.

Je passe à la poste déposer du courrier et demander si, par bonheur, quelqu'un de France aurait eu quelque chose à m'écrire. Il est agréable de recevoir des nouvelles de ceux qui sont si loin et avec lesquels, hélas, je perds de plus en plus le contact. Les copains n'écrivent déjà plus, oubliant vite. Seule ma famille n'a pas rompu les liens.

Vers midi, rendez-vous de nouveau à la plage et en avant pour le retour vers Djinack. Nous sommes très chargés et sans cesse les vagues remplissent la pirogue. Assis au centre, un gamin écope constamment pour maintenir l'embarcation à flot. Chaque fois qu'une petite déferlante s'écrase sur l'étrave et nous inonde, c'est l'éclat de rire général.

Un jour, j'ai raté la pirogue de retour. J'avais trop traîné en ville, à la recherche d'une chose introuvable, dont j'avais besoin pour réparer le moteur de « Jydartha ». N'ayant nullement l'envie de dormir sous un cocotier, j'entrepris d'essayer de rejoindre mon village par un autre moyen. D'abord, il fallait traverser le fleuve. Cela prend un temps fou par le bac. Bref, il est bien tard lorsque je débarque à Barra, à vingt kilomètres de

Djinack. Je commence à marcher, mon sac à provisions sur le dos, ne me rendant pas bien compte de la distance que je vais devoir parcourir. Le plus facile c'est de longer la mer puis, avant la grande pointe de terre qui dissimule l'entrée du Bandiala, couper à travers la brousse et, enfin, traverser les marais qui, sur les derniers kilomètres, me séparent encore du village. Juste avant la tombée de la nuit, je croise un homme, cheminant en toute hâte. Il ose à peine me saluer, surpris, presque effrayé de cette rencontre insolite. Je réalise alors la folie de mon entreprise.

Le soleil disparaît sur ma gauche, englouti par la mer et presque immédiatement la nuit s'installe. Autour de moi règne un silence absolu, presque inquiétant. Je marche à grandes enjambées, trop chargée pour courir. Il est un peu tard pour regretter. Certes, j'ai peur, mais de quoi en somme ? Il me faudrait avancer quelques heures dans la nuit et elle est si belle, constellée d'étoiles et si tranquille... Consciente des dangers possibles mais acceptant l'aventure, je profite de toutes les sensations qui m'envahissent. Ma terreur cesse soudain lorsque j'arrive à la hauteur de la branche morte que j'ai prise pour un fauve tapi dans l'ombre. Les frissons que me procure ma dangereuse escapade nocturne, mon attention sans cesse en éveil, mon courage mêlé d'effroi, tout cela fait de cette longue marche un moment exceptionnel de ma vie. De grands oiseaux noirs piquent sur moi par moments, m'agressant sans raison apparente, gênés par mon passage inhabituel. Traverser les marais est le plus pénible. Déjà épuisée par les heures de marche, il me faut trouver un chemin à travers le dédale des bosquets, des palétuviers, évitant la vase molle dont je n'aurais jamais pu m'échapper, traversant les bras de rivière, de l'eau plus haut que la poitrine, barbotant, fatiguée et cette fois terrifiée à l'idée de la rencontre avec les crocodiles dans ces marécages. Je fais irruption au village au milieu de la nuit, saine et sauve, crottée jusqu'au cou, hagarde, le regard fixe, soulevant un vent de panique sur mon passage. Les quelques habitants encore éveillés croient voir apparaître un fantôme. Ce que j'ai fait est impossible ! Mais après avoir échappé à toutes mes frayeurs, je suis encore plus terrifiante que tout ce que je viens de rencontrer.

Tout cela se termine dans la joie et à partir de cette nuit-là les gentils habitants de Djinack me considérèrent avec beaucoup de respect. Et, chose encore plus importante à mes yeux, je gagnai définitivement leur amitié.

Février 1983. Bye bye Djinack ! Boto est à mon bord, il aime naviguer avec nous. Chaque fois que Mickey et moi étions allés à Banjul avec l'un de nos bateaux, il se faisait une joie de nous accompagner, mais aujourd'hui c'est la dernière fois. Je sors du Bandiala, laissant derrière moi les grands baobabs où j'ai si souvent passé des heures, la rivière dans laquelle chaque jour je me suis baignée, tous ces amis qui, sur la plage, assistent à mon départ.

Je reviendrai un jour à Djinack. J'irai droit dans une case, saluer mes hôtes et m'asseoir sur la terre battue pour boire un thé à la menthe.

Après avoir obtenu mes papiers de sortie de la Gambie, à Banjul, de nouveau, je hisse les voiles. Cap sur la Casamance. Le voyage n'est pas très long, vingt-quatre heures à peine. J'y resterai quelque temps pour, cette fois, préparer une autre odyssée. « Jydartha » et moi allons traverser l'Atlantique pour rejoindre le Brésil.

Chapitre 7

« TERRE ! TERRE ! » ÇA FAIT TROIS SEMAINES !

Une couche épaisse de brouillard recouvre le bateau. Nous avançons au moteur. Une houle énorme fait le dos rond, berçant « Jydartha » comme un gros bébé. Ce mouvement lancinant, au milieu d'un paysage cotonneux, m'anesthésie lentement. Seul le ronronnement du moteur nous permet de rester dans une étrange torpeur. Le soleil n'arrive pas à percer la nappe et forme un halo lumineux imprécis, blafard, suggérant une atmosphère désespérée de fin du monde. Pour ajouter à ce trouble environnement, voilà que je distingue faiblement la corne de brume et la bouée de Casamance, balise sonore qui marque la sortie du fleuve à plusieurs milles du large de la côte. Celle-ci aussi tributaire des mouvements de la houle bat la mesure de ses rugissements sinistres, en cadence parfaite avec le tangage du bateau. Quelle ambiance ! Ma traversée en solitaire semble orchestrée par une marche funèbre.

Kaya, apeuré, s'est blotti contre moi, son poil tout humide du brouillard qui tombe. Je le caresse doucement, les pensées perdues dans le flou qui nous entoure. Autant dire que je ne pense à rien. Les premières chaleurs du jour se font peu à peu sentir et le voile opaque se déchire enfin, détendant l'atmosphère qui règne à bord. Une petite brise agréable s'installe. Toutes voiles dehors, « Jydartha » s'élance joyeusement sur l'Atlantique. Otant tous mes vêtements, je m'allonge, baignée de soleil à l'avant du bateau. Couchée sur le ventre, le menton au creux des paumes de mes mains, j'écoute le bruit de l'étrave qui fend la mer, en un mouvement régulier et reposant. Le pilote automatique est branché, complice du vent qui le pousse ou le tire pour l'aider à garder le voilier sur son cap.

Il fait maintenant un temps splendide, la bise bien établie vient de trois quarts arrière, allure idéale de vitesse et de confort. Je me redresse à moitié, appuyée sur un coude, afin de faire un rapide tour d'horizon. « Railovy » est devant moi, à plus d'un mille. Mickey a levé l'ancre en même temps que moi, mais son bateau a rapidement pris de l'avance. Avant la fin du jour, nous nous serons perdus de vue.

Je goûte avidement ces instants de plénitude extrême, somnolant tandis que défilent les souvenirs des préparatifs du départ. Ces dernières semaines furent occupées à la remise en état de marche du voilier, à l'achat des provisions et, chose capitale, à ma préparation physique et mentale.

L'Afrique a disparu dans mon sillage. L'Amérique du Sud est droit devant à une bonne vingtaine de jours de mer. Voire davantage. Tout dépendra de la météo. Nous allons changer d'hémisphère, passer du nord au sud en franchissant l'équateur, lui-même cerné des deux côtés par le « pot au noir », cette zone dangereuse menacée par les changements de temps les plus fantasques ; soit trop violents, ce qui oblige les marins à réduire leur voile, soit trop tranquilles, ce qui a pour effet de faire bouchonner les voiliers au milieu d'une houle vicieuse.

Le point de l'après-midi me rassure. Nous avons bien marché. « Railovy » aussi. Je ne distingue bientôt plus sa coque, seul le triangle blanc de sa grand-voile se découpe encore sur le ciel. D'un signe de la main, j'adresse à Mickey un dernier au revoir, bien symbolique à cette distance ; mais je sais que nous nous reverrons dans quelques semaines. Si les dieux de la mer veulent bien nous permettre de rejoindre le Brésil.

Déjà le soleil descend sur les vagues, incendiant la mer vers l'Ouest, direction vers laquelle file « Jydartha », volant de vague en vague, toute sa voile gonflée à craquer par le vent qui forcit peu à peu. Je vais devoir réduire avant la nuit, rien ne sert de forcer l'allure. Et comme pour confirmer mes pensées, une violente rafale, que le pilote a bien du mal à soutenir, enveloppe soudain « Jydartha », le poussant jusqu'à sa vitesse maximum. Il faut lever le pied.

Je suis seule en mer, depuis dix jours, m'occupant de la bonne marche du voilier, marquant chaque après-midi, d'une petite croix sur la carte, notre progression. Tout va bien depuis mon départ. Le vent tournant au sud, sud-ouest m'oblige dès le lendemain à naviguer au près, transformant une croisière qui s'annonçait paisible en une lutte de tous les instants pour gagner peu à peu le sud-ouest.

J'ai encore laissé passer l'heure du déjeuner, trop occupée à regarder jouer les dauphins qui nous suivent un bon moment. Je n'ai vraiment pas envie de descendre allumer mes fourneaux. Tant pis !

Pourtant, je dois me nourrir si je veux tenir le coup. Je maigris beaucoup, passant mes nuits à affaler puis à renvoyer les voiles entre les innombrables grains qui s'abattent sans cesse sur nous. « Jydartha » a des allures d'oiseau au large, son pont constamment lavé par la mer a retrouvé un blanc éclatant, les coulures de rouille sur l'étrave ont disparu. Mon voilier étincelle lorsqu'apparaît le soleil frappant les millions de cristaux de sel collés depuis des milles et des milles déjà.

Mon visage est brûlé par l'eau de mer, le vent et le soleil. Mes muscles s'adaptent parfaitement bien à cette existence physiquement éprouvante, mais toujours grisante et imprévisible. Kaya, lui, en revanche, est de très mauvaise humeur. Il trouve le temps long, privé d'Olbia restée en Afrique, et me fait mourir de trouille à chaque fois qu'il essaie d'attraper les poissons volants !

Se moquant éperdument des paquets de mer qui le transforment en une serpillière dégoulinante et poisseuse, il reste ainsi des nuits entières à tromper son ennui, guettant assis au coin du cockpit, prêt à bondir lorsqu'un poisson atterrit sur le pont.

Cette nuit encore, je me suis réveillée en sursaut, imaginant mon chaton nageant désespérément derrière le bateau qui s'éloigne, avant de couler d'épuisement. La solitude laisse la porte ouverte à toutes les folies douces, et je ris à l'idée que quelqu'un puisse écouter les conversations entre Kaya, « Jydartha », les étoiles, les dauphins et moi. Ceux-ci s'annoncent par de petits cris aigus, comme des ultrasons. Tous les jours, ils font avec nous un petit bout de route. J'ignore cependant si ce sont les mêmes qui, sautant, virevoltent dans les airs, en suivant notre bateau à quelques mètres.

Ce soir, je me sens terriblement seule. Ma radio, un modèle antique de surcroît, réparée (!) à Dakar, n'arrive plus à capter Radio-France International depuis plusieurs jours. Ni le reste d'ailleurs. Le vent ne cesse de hurler au-dehors et le capot central, plus très étanche depuis longtemps, laisse ruisseler à l'intérieur des litres et des litres d'eau salée qui inondent ma couchette. Ayant mis en place tout un système compliqué de plastique et de gouttières, visant à transférer l'écoulement vers la cuisine, je vis sous une sorte de tente qui, hélas, s'effondre de temps à autre. C'est alors la douche... froide !

Les nuits me semblent interminables, d'autant plus que je ne dors pratiquement pas, contrainte de faire des manœuvres, de régler à intervalles réguliers le pilote automatique déjà fatigué, et de surveiller d'éventuels cargos, croisant dans les environs. Je m'en arrange.

Mais ce soir, pourtant, quelque chose ne va pas. Le temps est mauvais, comme jamais il ne l'a été jusqu'à présent. « Jydartha », poussé par le courant, a bien du mal à tenir son cap au sud. Et jour après jour, immanquablement, nous nous positionnons toujours plus à l'ouest. De plus, la barre de flèche, qui permet de tenir en place les haubans soutenant le mât, est très faible côté babord. Mangée par l'électrolyse, depuis plusieurs années et sans m'expliquer pourquoi, elle est déjà sectionnée sur un tiers de sa largeur. Je l'ai renforcée avec des attelles avant la traversée, mais la coque à babord demeure le point préoccupant du navire que je surveille du coin de l'œil avec anxiété. Et, pour couronner le tout, un plouf gigantesque retentit tout à côté. Baleine ou cachalot ? Je n'en mène pas large, mais la curiosité autant que l'inquiétude me poussent à sortir. Mais il fait plus noir que dans une cave. Je reste immobile, assaillie par des pensées désagréables, qui m'assaillent. Kaya a le mal de mer, je ne l'ai pas vu de toute la journée. Ecrasé sur une pile de pull-overs dans une équipée (1), il essaie d'oublier ses malheurs.

Je rentre et finis par m'endormir. Je me sens mieux. Après un tour d'inspection sur le pont, je vérifie une fois encore la navigation. D'après mes calculs, au petit matin, nous devrions passer l'équateur.

Les jours et les nuits s'enchaînent doucement et je noircis encore un peu plus de pages sur mon livre de bord.

6 h. Je viens de réenvoyer la toile affalée lors du passage du dernier grain... Je vais dormir un peu. Latitude 0°. Equateur.

J'écris : « 13 mai 1983. Un vendredi ! Le bleu du ciel s'élève derrière l'horizon, tirant avec lui des rais de lumière orangés. L'aube s'installe en grande pompe ce matin. De petits garçons d'honneur roses et joufflus soutiennent sa traîne d'or et de pourpre. Puis tout semble figé, comme si le soleil laissait monter en moi le désir de le voir apparaître enfin. Je frissonne toujours, encore imprégnée de l'humidité de la nuit. De longs nuages se tordent comme des flammes au cœur du brasier, s'immolant sur l'horizon pour faire naître la beauté de l'aube. Ça y est, je franchis l'équateur ! Mon esprit vagabonde. Suis-je vivante, ou bien déjà dans un autre monde ? Je connais une intense paix intérieure qui dépasse tout ce que j'avais jusqu'alors connu.

Des montagnes nuageuses forment comme la bouche écarlate d'un volcan d'où va jaillir dans un instant le plus beau des soleils. Tout ça n'appartient qu'à nous. Il n'y a personne d'autre ici ce matin, que « Jydartha », Kaya et moi...

Comme pour être bien sûre de ce que je viens d'affirmer, je

(1) *Petit placard de rangement.*

me lève et, debout dans le cockpit, m'étirant de tout mon long, je laisse mon regard balayer les 360° d'un horizon dont rien ne vient briser la perfection. J'observe un instant l'océan, sortant peu à peu de la nuit et se parant de la lumière du jour. Enfin, saluant d'un immense cri de joie celui qui vient d'apparaître, j'ai le sentiment soudain d'embrasser tout l'univers…

7 h. Enfin pris le top-horaire sur R.f.i. ! Ma montre avançait de trois secondes.

8 h. Un cargo passe à la limite de mon champ de vision. C'est le troisième depuis le départ.

12 h. Kaya, tout trempé, vient se blottir contre moi. Sans doute le manque d'affection.

13 h. Ma méridienne nous situe beaucoup trop à l'ouest. Cette nuit, nous passerons tout près d'un groupe de récifs mal signalés.

14 h. Aperçu deux baleines entre deux averses d'un grain violent. Elles ne sont pas passées bien loin, alors que j'étais en pleine manœuvre.

14 h 30. Le foc est déchiré. J'affale pour recoudre.

17 h. Réparation plus ou moins terminée. Il faudra que ça tienne.

19 h. Le temps s'éclaircit. J'écoute du reggae à la radio et là, devant moi, brille de toute sa splendeur la croix du sud.

22 h. Il fait bon. Dans quelques jours, si Dieu le veut, nous devrions arriver au Brésil.

1 h du matin. Nous venons d'essuyer un petit coup de vent. Une heure de bagarre. J'ai tout amarré, laissant « Jydartha » dériver comme une bouteille à la mer. J'en ai marre.

3 h. Nous faisons route de nouveau.

4 h. Tout va bien.

6 h. Je vais me faire des crêpes pour le petit déjeuner !

***

Il y a dans l'air quelque chose de nouveau. Les dauphins ne me quittent pas depuis ce matin. Le vent change de direction, me permettant peu à peu d'ouvrir mes voiles pour le laisser nous pousser ainsi sans plus d'effort. Tandis que le couchant embrase déjà tout le ciel, un vol d'oiseux marins passe tout près du bateau. Quelques mouches, arrivées ici on se demande comment, ont envahi la cabine. Tout cela laisse présager une proche arrivée. Et dès qu'il fait suffisamment sombre, j'aperçois un halo de lumière qui se reflète sur l'écran des nuages. Une ville ! C'est Jao Pessoa, si ma navigation est exacte !

Je barre toute la nuit, profitant pleinement des dernières heures d'intimité avec mon bateau. Nous croisons un pétrolier, puis un chalutier. Par moment, une bouffée d'odeurs m'arrive dessus, mélange de marée basse et de terre brûlée. C'est étrange, car le vent vient du large. Je dois sans doute avoir des hallucinations sensorielles. Il est temps que j'arrive ! Pourtant, que c'est bon d'être seule avec toi « Jydartha », sur cet océan qui nous en a fait baver. Alors que seulement quelques milles nous séparent encore d'un port, je comprends parfaitement qu'un solitaire, tournant le dos au continent qu'il allait aborder, continue sa route, n'ayant besoin de rien ni de personne.

C'est ainsi que Moitessier, vainqueur de la Course autour du monde, une quinzaine d'années plus tôt, a fait demi-tour, virant de bord alors qu'il allait franchir la dernière bouée. Il préféra abandonner sa victoire plutôt que de perdre sa sauvage indépendance...

« Terre !... Terre ! » Ça fait trois semaines ! Kaya, qui bondit dans un miaulement sinistre, son nez en l'air, reprend soudainement goût à la vie. Cette fois, je ne fabule pas. Une odeur de fleurs et d'herbes sèches envahit le voilier. Prenant mon gentil compagnon dans mes bras, je danse sur le pont.

J'ai envie d'arriver, de me promener, de courir et de danser la samba. Je vais naviguer encore quatre à cinq heures avant de toucher l'Amérique du Sud. Le temps est splendide et j'en profite pour entreprendre une toilette complète du bateau, du chat et... de moi-même. Bref, c'est la grande lessive avant le débarquement.

A midi, naviguant à la voile, « Jydartha » passe la digue du port de Cabedelo, remontant un rio jusqu'à proximité d'un petit village de pêcheurs. Tout à coup, une silhouette s'agite sur la rive, hurlant quelque chose en courant, gesticulant dans la direction d'un gamin qui tire sur le sable une pirogue. C'est Mickey, pagayant comme un fou. Il arrive à ma hauteur et abandonnant le gosse hilare, grimpe à bord et me serre fort dans ses bras.

— Ça fait quatre jours que j'attends ! me dit-il brutalement, révélant sa profonde inquiétude.

Je crois que ce sont là les plus beaux mots d'amour que j'aie jamais entendus.

Cabedelo : palmiers, cocotiers, soleil. Les jangadas, sortes de radeaux à voiles, sont là, échouées sur la plage, attendant les pêcheurs qui les utilisent pour gagner le grand large. D'une stabilité précaire, l'engin n'assure pas toujours ses fonctions et bon nombre de veuves scrutent l'horizon désespérément vide à la tombée du jour, houspillant deux ou trois gamins accrochés à leurs jupons. Mais au Brésil, personne ne sera jamais abandonné. Des parents ayant déjà à charge dix, voire quinze enfants, accueillent sans problème un petit de plus à leur table. Sur la plage, tout le monde cohabite. Il y a toujours un morceau de poisson pour une bouche de plus à nourrir. Pour les jours sans, il reste le pain et le Coca-Cola.

Cette misère est inimaginable pour un Occidental. Elle est d'autant plus aiguë à l'intérieur des terres, là où il n'y a pas la mer pour servir de garde-manger. Dans le nord-est du pays, où l'on meurt de faim et de soif, les hommes refusent pourtant de quitter la terre qui les a vus naître. Parfois, pour un fond de poubelle, dont même les chiens n'ont pas voulu, les enfants se battent, une lueur de rage hallucinée au fond des yeux, presque déjà morts de faim ou de maladie, avec une énergie que seul l'instinct de survie suscite en eux.

A Fortaleza, en pleine ville, les bandes de gosses prennent d'assaut les camions de maïs qui s'arrêtent aux feux rouges, ou encore, volant dans une boulangerie, ils engloutissent sur-le-champ le pain qu'ils ont réussi à chaparder. Il y a aussi la bière. Ça c'est pour la fête. Une semaine ne se déroule pas sans qu'il y ait un saint à honorer. C'est l'occasion de jouer de la musique et de boire jusqu'à tomber sur la terre battue. Au moins pendant ce temps-là ne pensent-ils plus à leur misère.

Je débarque en plein moyen âge. Des hommes se vendent à des « fasienderos » (propriétaires terriens) en échange d'une poignée de pièces de monnaie symbolique, d'une cabane et d'un minimum de nourriture pour leur pauvre famille en guenilles. Il faudrait des années pour connaître ce pays si riche en races et en couleurs, en musique et en gentillesse, les plus pauvres étant encore ceux qui donnent avec le plus de facilité.

Kaya a fait la cour à toutes les petites chattes de la région, disparaissant pendant plusieurs jours, pour revenir amaigri et mort de fatigue, les oreilles en capilotade, des touffes de poils manquant çà et là, miaulant comme un orphelin. C'est vrai que « sa » mère n'assure plus. Les matous brésiliens, bouffeurs de rats deux fois plus gros qu'eux, spécialistes des bagarres de rues, brutes sans foi ni loi, vont certainement le réduire en chair à pâté un de ces quatre.

Soit c'est un héros, mon petit Kaya, soit il est totalement inconscient. Je passe mon temps à le récupérer à terre, à panser ses blessures, à le nourrir pour finalement le voir s'échapper à nouveau, n'hésitant pas à sauter par-dessus bord si je me refuse à le descendre à terre.

Un matin, il disparaît à jamais. Des enfants m'assurent avoir vu une voiture s'arrêter, une dame descendre, le prendre et partir. C'était l'épouse du docteur qui vient vacciner à l'école... Je suis allée chez le docteur en question. Kaya s'était enfui... Tout le quartier l'avait vu à un moment ou un autre, mais jamais quand j'étais là... Pendant huit jours je l'ai suivi à la trace puis plus rien... Plus personne ne me donna des nouvelles de mon fidèle siamois bleu, qui avait suscité une telle convoitise, dans une région où on n'en avait sûrement jamais vu. J'imagine aisément que c'est pour se faire remarquer en société que ce couple déplaisant a fait main basse sur ce qu'ils prenaient pour un animal-objet, signe extérieur de richesse bien mal gagnée.

Je suis restée cinq mois sur le fleuve, laissant « Jydartha » afin de m'enfoncer dans les terres. Le jour de mon départ, quelqu'un de cher manquait toujours à mon appel…

Chapitre 8

« JYDARTHA » EST ENSORCELÉ : MACUMBA !

Nous voilà à nouveau naviguant seuls, « Jydartha » et moi, doublant le cap Sao Roque, la pointe la plus à l'est de l'Amérique du Sud. Quelques jours jusqu'à Fortaleza. Enfin, je vois apparaître une incroyable plage, complètement désertique et désolée, que je longe depuis le lever du jour. Je devine vaguement l'entrée du port derrière lequel se dressent d'immenses buildings. Pourtant mon regard est attiré par autre chose. A quelques encablures, une embarcation dérive, poussée vers le large par le vent. A bord, des bras s'agitent en tout sens. Je m'approche et découvre trois hommes, debout sur la cabine d'un modeste chalutier, anxieux à l'idée que je pourrais m'éloigner, alors qu'ils ont bien conscience de leur situation désespérée.

Pendant que je les contourne, toutes voiles dehors, nous entamons un semblant de conversation. Hélas, je ne comprends pas très bien le brésilien et pas du tout le patois de Fortaleza. De toute évidence leur moteur est en panne. S'ils continuent ainsi et si tout va bien, ils devraient se retrouver d'ici à trois semaines à Puerto Rico. Je réagis rapidement... L'un d'eux se prépare à me jeter une aussière afin d'assurer le remorquage. Je refais un passage, le bout s'envole, puis retombe sur le pont de « Jydartha ». Bien joué ! Au même moment, l'un des trois gaillards se jette à l'eau et, nageant rapidement, s'agrippe à l'arrière de mon bateau sur lequel il se hisse sans problème.

— Bôm Dia.

— Bôm Dia senhor.

Le garçon, de taille impressionnante, tourne la tête de tous côtés, pendant que j'amarre la remorque à l'avant, et sans même me demander la permission, rentre dans le carré, ressort, puis de nouveau plonge à l'intérieur du bateau, fouillant chaque recoin, ouvrant les placards. De là-haut, je suis tous ses gestes. Je devine ce qui le préoccupe. Il émerge enfin, l'air hagard.

— Voce sosina ? (Vous êtes seule ?)

Oui, mon vieux, je suis totalement seule.

— C'est impossible, tu es une femme ! Impossible, comme ça sur la mer !

Il s'assoit, hébété, m'examinant avec frayeur, tandis que ses copains m'observent, entraînés dans le sillage de « Jydartha ».

Il est resté planté devant moi pendant des heures, n'osant pas bouger, retrouvant, heureusement, peu à peu, son sourire, quoique pas très rassuré. Il semble prêt à sauter par-dessus bord au cas où je me serais approchée... Je pouffe de rire en regardant ce mec carré de 1,80 mètre, aux puissantes épaules, aux mains larges, réagir comme un enfant. Je les largue enfin au fond du port, là où les pêcheurs ancrent leurs embarcations, mouillant mon bateau à une cinquantaine de mètres.

Le soir même, alors que je débarque pour la première fois à terre, je suis reçue en grande pompe par un comité d'accueil. Mon naufragé, dont je n'ai d'ailleurs jamais su le nom, m'attend afin de me présenter à tous ses copains et tient absolument à m'offrir quelque chose à boire.

Pendant la semaine qui suit, j'ai tous les jours un gamin pour garder mon annexe, un autre pour ranger et surveiller mes rames et un troisième pour me servir de guide dans mes déplacements. Je me demande même s'il n'y a pas, durant la nuit, un tour de garde que seul Mickey, bien sûr, peut déjouer.

Bref, là où des bateaux se sont fait voler, piller, où leurs occupants se sont fait attaquer au couteau, Mickey et moi avons partagé la même paix, un tendre repos, une franche hospitalité. Mais, abandonnant tous mes nouveaux amis, je reprends mon chemin, naviguant bord à bord avec « Railovy », aujourd'hui si près de moi, demain déjà si loin...

Notre rendez-vous est fixé à l'abri d'une anse, dans un lieu-dit appelé Mundao. Mickey, qui me précède comme à l'accoutumée, me fait signe de jeter l'ancre un peu plus loin vers le large, car nous sommes sur les hauts-fonds.

Pendant la nuit, un choc violent ébranle soudainement tout le voilier. Je bondis sur le pont, balançant le plomb de sonde sur le côté de la coque quand, au même moment, « Jydartha » encaisse un autre coup de boutoir. 1,70 mètre d'eau à peine. « Jydartha » tire 1,25 mètre, mais dans les creux de la houle formée par un vent qui souffle en permanence à force 6, la quille heurte le fond sablonneux parsemé de gros cailloux.

J'ai remarqué en m'approchant de la côte cet après-midi que la profondeur était rigoureusement la même entre l'entrée de la baie et la proximité de la plage. Là où les fonds sont plus profonds, les habitants du village voisin ont fixé des bouchots sur lesquels ils font une culture de moules récoltées à marée basse. Impossible de sortir d'ici par cette nuit d'encre sans risquer de me planter sur ces bouchots. « Jydartha » cogne, craque, gémit, souffre. J'ai mal au ventre. Tout peut arriver. Je ne sais pas où en est cette foutue marée descendante, si l'on perd encore vingt centimètres, cela va devenir très, très grave. « Jydartha », je ne veux pas te perdre ! Regardant ma montre, j'essaie de calculer depuis combien de temps déjà l'eau a commencé à baisser. Je n'en ai aucune idée. Je n'avais pas pris garde de noter l'heure de mon arrivée. Soulevant le plancher, je surveille anxieusement le niveau qui croupit toujours dans les fonds. Je marque avec un gros feutre noir la limite de ce mélange malodorant qui s'agite dans les cales du bateau. Il faut que je m'assure que le pire n'est pas en train d'arriver. J'ai un horrible pressentiment.

Les minutes passent, pesantes, interminables. Pour moi, il n'y a pas de doute, l'eau monte, la quille doit être fendue quelque part.

Je vide complètement la cale avec la pompe afin de bien mesurer l'étendue de la catastrophe. J'attends, résignée. La fente n'est pas énorme, mais à la longue cela est suffisant pour faire couler « Jydartha ». Il est, de plus, totalement exclu de reprendre la mer avec un tel handicap.

Le bateau encaisse des chocs énormes, qui résonnent en moi comme des coups de poignard. La houle est sans pitié, se servant de la quille pour marteler les rochers, cassant les cailloux comme un forçat. Je me suis assise par terre, les yeux fixés sur le niveau de l'eau qui monte sans cesse. J'essaie de ne plus penser à mon incapacité d'agir. Peut-être aurais-je dû tenter de bouger, mais j'avais pris le risque de m'échouer sur un banc de sable ou de fendre en deux la coque sur un récif. Au bout de vingt minutes, la situation semble s'améliorer peu à peu. Une demi-heure plus tard, nous flottons enfin. Je suis morte, lessivée. Après avoir pompé une dernière fois la cale, je m'écroule sur ma couchette. Mickey qui, de loin, a dû partager mes souffrances et mes angoisses, n'a pas eu les mêmes problèmes. Son voilier étant un dériveur, il n'a besoin que de 85 centimètres de tirant d'eau : une sacrée différence !

***

Guidés par un pêcheur, nous avons pénétré ce matin dans un minuscule bras de rivière, dont la passe est gardée par quelques gros rouleaux impressionnants. Je vais assécher tranquillement, afin de constater l'étendue des dégâts et réparer.

Je me sens remarquablement bien, le paysage n'a rien de commun avec tout ce que j'ai vu jusqu'à présent. Des dunes, battues par le vent du large, nous encerclent comme une citadelle. De l'autre côté, c'est la mer des Caraïbes. Le rio, sur lequel sont ancrés les bateaux, remonte loin en amont jusqu'à cette oasis de verdure dont j'aperçois la crête. Peut-être y a-t-il un village quelque part ? Mais pour l'instant, alors que la marée est au plus haut, je vais échouer « Jydartha » de façon à profiter le plus longtemps possible du temps où il sera au sec. Les gaz du moteur à mi-course, je fonce sur une petite plage de façon à ne pas perdre un centimètre de la hauteur d'eau. Je sens la quille toucher puis lentement s'enfoncer dans le sable. « Jydartha », soudain immobile, légèrement penché sur le côté, va rester ainsi deux ou trois heures jusqu'à ce qu'apparaisse sa plaie, tandis que doucement il se couchera sur le côté. Les quelques rares habitants du coin se sont rassemblés par petits groupes, visiblement étonnés par ma manœuvre. Il n'y a là que deux ou trois barques de pêche propulsées par des moteurs diesel. Je les soupçonne de ne jamais avoir vu un voilier de leur vie.

Le soleil est au plus haut, alors qu'enfin la semelle de quille apparaît. Un filet d'eau s'écoule maintenant hors de la coque, révélant l'endroit précis du choc. C'est une fente, unique, mais filant sur plus de quinze centimètres. Profitant de la situation, j'entreprends un nettoyage complet de la carène. Le gros ventre rond brille au soleil, à nouveau bien lisse, débarrassé de toutes les berniques et autres coquillages parasites. Il me faut peu de temps pour appliquer une couche de mastic époxy, mais le point délicat reste encore le séchage parfait du mélange dont j'ai enduit la quille. Mais il faut absolument que je tente de retarder le moment où l'eau de la rivière va recouvrir à nouveau la coque du bateau. Armée d'une pelle sans manche, que je conserve à bord, j'entreprends de bâtir une muraille de sable et de vase autour de « Jydartha ». Dans une lutte aussi âpre qu'amusante, je suis arrivée à gagner 25 minutes sur la marée, quand tout à coup mon mur s'effondre sous la pression de l'eau. Mais le mastic est bien dur et il ne devrait plus y avoir de problème.

Le lendemain, j'abandonne « Jydartha », apparemment bien cicatrisé, et rejoins « Railovy » afin de remonter la rivière peu profonde sur laquelle mon bateau aurait toutes les difficultés du monde à naviguer.

Deux jours de balade qui nous permettent de découvrir des marais salants où des hommes travaillent, poussant des brouettes en courant, sous les ordres de ce qui doit s'appeler un contremaître. Ce personnage avance, cravache à la main, hurlant sans arrêt, à s'en rompre les cordes vocales… Il fallait le voir pour le croire.

Nous redescendons bien vite la rivière, car le grand départ est pour aujourd'hui. Nos visas brésiliens sont périmés et, depuis quelque temps déjà, nous sommes censés être sortis du pays. Entre deux petites dunes, j'aperçois le mât de « Jydartha ». Encore une large boucle à descendre et je le verrai tout entier. Il ne risque rien, mais je suis bizarrement inquiète. Cramponnée à l'étai, debout sur le balcon avant de « Railovy », je joue les figures de proue afin de gagner quelques secondes sur l'instant où je vais le découvrir.

Nous voulons partir immédiatement. La marée est pleine et c'est le moment idéal pour sortir d'ici. Mickey s'avance jusqu'à mettre bord à bord les deux bateaux, afin que je puisse sauter sur le mien. J'ai le pressentiment que quelque chose d'anormal s'est produit. Je ne me suis pas trompée. Partout sont accrochés de petits objets, amulettes en bois, plumes et poils de tout genre. « Jydartha » a été ensorcelé ! C'est une macumba. Sans plus attendre, saisissant mon couteau, je coupe une à une les ficelles qui suspendent ces objets de malheur et je jette tout par-dessus bord. Immédiatement, des questions m'assaillent. Qui a fait cela et pourquoi l'a-t-il fait ? Ne serait-ce pas cette femme trop sûre d'elle qui s'était vantée au village qu'elle embarquerait en famille sur le bateau des « gringos » avec guitare et pique-nique ? Nous n'avions pas donné suite à son désir d'exhibitionnisme.

Mickey me sort de ma perplexité à temps. Car si nous loupons la marée, il nous faudra partir cette nuit ou attendre demain. Les minutes passent, mon moteur ne veut toujours pas démarrer. Etrange, il démarre toujours au quart de tour. Il hésite une dernière fois et prend enfin son régime régulier. Nouveau problème aussitôt avec le mouillage, sans doute enfoui dans la vase et qui ne veut pas lâcher le fond. Je bataille encore quelque temps, puis l'ancre regagne sa place sur le davier d'étrave. Je me dirige doucement vers la passe, évitant un premier banc de sable, mais prenant de plein fouet le suivant. « Jydartha », stoppé net dans son élan, se met tout de suite de travers, poussé par le courant descendant qui vient juste de s'inverser. Je suis terriblement en retard, et le flot de marée, qui déjà descend, va vite reformer la barre à l'entrée du rio. Je perds un temps fou et le moteur qui n'est pas assez puissant ne m'aide pas à sortir de cette fâcheuse position. Heureusement, un pêcheur qui, lui, rentre de la haute mer, me lance un cordage que j'amarre sur un taquet. Le bout se tend, prêt à se rompre. J'entends le diesel de mon sauveteur donner toute sa puissance et brusquement mon bateau glisse en arrière, attiré par le courant qui le pousse vers la passe, tandis que le petit chalutier s'éloigne en remontant la rivière. Il y a maintenant près de 40 minutes que l'étale de haute mer est passée. Sur la barre, éclatent de grosses déferlantes ; pourtant, je m'aperçois que toutes les sept vagues il y a comme un temps de répit. Comptant les séries, je règle ma vitesse de façon à m'engager au moment de la septième. Je l'avais souvent fait au Portugal et en Gambie. Sur les dunes alentour, le soleil tape dur. Seule la mer déroule d'énormes vagues qui viennent s'éclater sur le sable.

Le vent et la chaleur tropicale se mélangent harmonieusement et me permettent d'oublier quelques instants la mauvaise situation dans laquelle je me trouve. Reprenant toute mon attention, je m'engage dans la passe. « Jydartha » franchit facilement la première barre. La deuxième le prend légèrement par le travers et le tire vers les hauts-fonds. Le passage est terriblement étroit. Quelques mouettes nous observent. Nous sommes dans un bain de mousse. Le bateau monte et redescend vague après vague. Ça y est, nous sommes presque au-dehors. Mais, butant tout à coup dans la masse liquide, le voilier encaisse un choc brutal, il se cabre une seconde fois sur un sommet, avant de retomber lourdement. J'entends alors un bruit sourd, à peine croyable : l'ancre est passée à la mer, tirant derrière elle les trente mètres de chaîne qui n'en finissent pas de m'écorcher les oreilles. Nous avons ancré involontairement en plein sur la barre. Je perds l'équilibre dans le cockpit. A l'intérieur, c'est le grand chambardement ! Le voilier se couche. Si nous restons dans cette position, nous allons couler.

A 20 mètres du bord ! Faire naufrage là, en plein soleil ? Quelle absurdité. Perdre mon bateau qui va couler sous mes pieds... Une vague qui me frappe en plein visage, me fait pousser un hurlement de rage. Habitée soudain par une force inconnue, je bondis.

Je pousse la manette des gaz à fond et me rue à l'avant, laissant le moteur nous propulser pendant que je hale sur le pont les quelques dizaines de kilos de chaîne et d'ancre. Ruisselante, je me cramponne au balcon avant, tout en retenant à bord le mouillage de toutes mes forces. Et je laisse « Jydartha » seul, son gouvernail heureusement bien dans l'axe, franchir enfin les derniers mètres qui nous séparent de la haute mer. Ça y est, passé ! J'ai enfin retrouvé assez d'énergie pour me remettre debout et retourner à l'arrière ralentir le moteur emballé. Je hisse les voiles et prends le large.

Mickey a suivi l'incident de loin. Il s'approche de moi, blême, et décide, pour une fois, de faire un bout de chemin en ma compagnie.

Je suis persuadé d'avoir été envoûtée. Peu de temps après, ma montre s'est arrêtée définitivement. Soudain, la radio n'émet plus le moindre son. Un peu plus tard encore, c'est le rail d'écoute tribord qui s'arrache du pont en se brisant. J'ai à peine terminé une réparation de fortune que la baume se détache du mât, tous les rivets de son point d'amure sautent en même temps. Le pilote automatique se dérègle à son tour. Mais quel bordel !

A la nuit tombante, je suis toujours en train de réparer les dégâts. Mickey est inquiet. Il suit de près l'évolution des événements. Je me pose bien des questions et commence à croire en la puissance de la macumba. Quelqu'un, j'en suis sûre, m'a voulu du mal et continue à m'en vouloir à distance. « Jydartha » est ensorcelé. Je vais devoir me battre pour déjouer les maléfices. Tout autour de moi, la mer est belle et régulière. Le vent arrière souffle fort et me pousse rapidement dans la bonne direction. Mickey m'annonce qu'il restera près de moi jusqu'à l'aube. C'est sympa. Si tout va bien, demain nous nous séparerons à nouveau pour nous retrouver à l'Oiapoque, fleuve frontière entre la Guyane française et le Brésil. Celui-ci n'a encore jamais été remonté par un voilier.

Je n'arrive pas à dormir. Il se passe sans cesse des choses troublantes. Deux heures avant le lever du jour, le pilote automatique devient fou, me faisant brutalement empanner. Je prends la barre et me dirige vers « Railovy ». Alors que le ciel pâlit, un craquement lugubre m'annonce une déchirure en bas de la grand-voile. Je ne suis plus étonnée par ce qui m'arrive. Les nuages roses et mauves se dessinent sur l'horizon, annonçant la venue du soleil. De grands rais de lumière montent à l'assaut du ciel. Tandis qu'un gros disque orange salue enfin la mer.

Sorcellerie ou pas, je me sens bien, protégée par les éléments naturels qui pour l'instant me sont favorables. Mais je n'ai pas le temps de rêvasser, ni de dormir... Pourtant j'en aurais bien besoin. La grand-voile doit être recousue, au moins provisoirement avec de la toile adhésive. Le cœur léger, baignée de la douceur de ce lever de soleil, je laisse un instant le pilote automatique, confiante qu'il tienne le cap. J'ai à peine fini de réparer la voile, que le bateau, devenu subitement fou, part au lof. Je me précipite sur la barre évitant de peu la catastrophe d'une remontée au vent, voile en ciseaux avec foc tangoné. Gardant un pied sur le safran pour contrôler « Jydartha » qui taille sa route sur l'océan, je me penche par-dessus le balcon arrière tentant de repérer la pale immergée du pilote automatique. Je suis frappée de stupeur : la pale a disparu. Le tube d'inox est sectionné au niveau de la ligne de flottaison. Depuis quand et comment cela a-t-il pu se produire ? Je comprends enfin pourquoi le pilote automatique ne fonctionne plus. Mon hébétude cède la place à une véritable angoisse. Une impression d'impuissance, d'abandon, de désespoir m'envahit. Je me sens perdue au milieu de cette mer immense, où seul « Railovy », minuscule à l'horizon, m'empêche de sombrer dans la folie. C'est trop, c'est vraiment trop ce qui m'arrive... Instrument indispensable pour la navigation en solitaire, le régulateur d'allure est le fidèle second du marin, veillant sur lui jour et nuit. Pour moi, plus question de dormir, de manger, de rêver, de m'occuper des diverses réparations. Ma seule alternative : mettre le bateau à la cape. Un bateau à la cape n'avance pas et recule bien souvent. Je reprends la barre, le ventre noué. Mon esprit vacille et je me sens comme happée dans un gouffre, comme sous l'emprise d'une force maléfique qui, peu à peu, m'envahit. Mon moral est au plus bas. C'est pourtant la dernière des choses dont un marin doit manquer. De plus, l'écart entre Mickey et moi grandit. J'ai un mal fou, toute voile dehors, à réduire la distance qui nous sépare. Tout à coup, la belle coque devant moi fait volte-face et se laisse dériver jusqu'à ce que j'arrive à sa hauteur. Je lui crie ma détresse :

— J'en ai marre ! Marre... Marre... J'en peux plus !

— Je reste avec toi... Nous nous battrons !

D'un seul coup, je ne suis plus seule.

Mickey ne doute plus une seconde de la réalité de l'envoûtement. En mer, tout incident mineur est amplifié. Il me demande si je tiendrai jusqu'à demain matin, avant d'ajouter : « Je barrerai " Jydartha " toute la journée et tu viendras sur " Railovy " manger et dormir. » Comme j'aimerais pouvoir lui répondre : « O.K. Mickey, mais pourquoi pas maintenant ? J'en ai bavé toute la nuit. Je meurs de faim et je tombe de sommeil. » Mais je me contente de lui faire un signe d'approbation. Et j'enchaîne pour 26 heures encore de galère.

Le lendemain, vers dix heures, nous mettons les deux bateaux à la cape. Le temps est maussade, la mer toute grise et je n'ai pas du tout envie de plonger pour rejoindre « Railovy ». Je frissonne à l'idée de nager au-dessus de plusieurs milliers de mètres de fond. Il faut pourtant que je m'y résigne. Après un dernier moment d'hésitation, je me jette à l'eau, piquant un sprint vers l'autre voilier. Mickey m'offre un copieux petit déjeuner, tandis que « Jydartha » dérive non loin de là. Mickey plonge à son tour. J'essaie de dormir mais c'est impossible. Il fait déjà très chaud et l'atmosphère à l'intérieur de la cabine est intenable. Sur le pont, le soleil cogne dur. Et tout est si beau que je ne peux m'empêcher de rester à contempler son reflet sur la mer. Peu à peu, émerge en moi un sentiment de bonheur. Les heures passent. Il faut, comme chaque jour, que je m'occupe de faire le point à la méridienne. A peine le temps de me préparer quelque chose à manger, et de nouveau je plonge pour regagner « Jydartha ». Les journées se succèdent rapidement. Et la fatigue qui s'accumule en moi a modifié ma perception des choses. Je manque cruellement de sommeil, ne pouvant jamais fermer l'œil durant les heures chaudes de la journée. Seuls quelques instants dans la nuit me permettent de récupérer. Je vole quelques précieuses secondes çà et là, m'écroulant sur la barre, dans les filières ou sur le balcon arrière. Heureusement, des embruns, ou bien la douleur de ma tête heurtant la barre, m'évitent de sombrer totalement dans l'inconscient. Je reprends mon cap inlassablement, fixant de nouveau le compas de route et les étoiles qui me servent de guide. La croix du sud est sur ma gauche, nous filons vers le nord-ouest en remontant peu à peu les côtes du Brésil.

Cela fait maintenant huit jours que je vis ce sale trip. Je commence à délirer sérieusement, je mêle rêve et réalité, je n'ai plus aucune conscience du temps. J'ai des hallucinations : la mer devient tout à coup une vaste plaine. Je suis tranquillement une route bien droite bordée de peupliers, je suis seule et je ne serais pas étonnée de croiser une paire de phares roulant en sens inverse. Cette plaine est si réelle pour moi que je peux en distinguer les moindres reliefs. J'interpelle les éléments, des éclats de rire me prennent sans raison. Je me surprends à penser tout haut, seule dans la nuit : « Mais c'est la folie ! C'est la folie ! ». Epuisée, perturbée psychiquement par le manque de sommeil, je suis malgré tout heureuse d'être là sur « Jydartha ». En effet, quel merveilleux défi que de lutter contre la mort. Je mets toute mon énergie à survivre. Les problèmes de l'existence me semblent mesquins et insignifiants. Paradoxalement, le danger renforce mon amour de la vie.

Si tout va bien, nous devrions arriver demain. Nous sommes d'ailleurs trop en avance et risquons un atterrissage de nuit. Il faut absolument l'éviter, car l'endroit où nous souhaitons aborder n'est absolument pas balisé et comporte des hauts-fonds de moins de trois mètres. Il faut nous arrêter quelques heures. Nous décidons de les passer ensemble sur « Railovy », « Jydartha » à quelques encablures de là.

Chapitre 9

DANS LE BERCEAU DE SES BRAS...

C'est la première fois depuis dix jours que nous nous voyons vraiment Mickey et moi. Un déjeuner copieux signe nos retrouvailles. A peine installés devant le couscous, un signal sourd et lugubre me fait lâcher ma cuiller. C'est la sirène d'un cargo. Je suis tétanisée. Ma précipitation me fait perdre un temps précieux. Je n'arrive pas à me hisser en haut de l'échelle. Le spectacle est terrifiant. J'assiste à l'inexorable mise à mort de « Jydartha ». Mon voilier est juste dans l'axe d'un super-tanker, qui ne semble pas vouloir dévier. Nous sommes à quelque 300 mètres de lui. Sans perdre plus de temps, Mickey a mis en marche le moteur et éloigne « Railovy » de la trajectoire du monstre. Je suis incapable de réagir. Je m'attends à chaque seconde à voir « Jydartha » disloqué. Plusieurs fois encore la sirène hurle son inutile avertissement. La mer est incroyablement calme et, devant le pétrolier, d'énormes dauphins noirs jouent sur la vague d'étrave, inconscients de l'imminence du drame. Macumba, ensorcellement maudit. Je te hais ! Je voudrais être sans matière. Abandonner mon corps pour rejoindre mon bateau en quelques dixièmes de seconde. Figée, pétrifiée, je crois même que mon cœur ne bat plus dans ma poitrine. Il va mourir là sous mes yeux. Il va éclater, comme un jouet d'enfant, broyé par l'étrave du pétrolier. Je refuse. Je crie. Des larmes de rage coulent déjà sur mon visage, défiguré par l'angoisse. Je hurle encore : « Non, non ! » La gorge nouée comme si l'on allait poignarder mon enfant.

Soudain, le géant oscille, hésite encore, puis avec une lenteur infinie modifie sa trajectoire de quelques degrés, épargnant mon « Jydartha ». Mickey se dirige droit sur mon voilier. Pâle comme une morte, je ne peux pas articuler le moindre mot. Ne tenant plus sur mes jambes, je me laisse glisser le long du mât de « Railovy » pour m'asseoir. Je reprends lentement mes esprits tandis que nous approchons de « Jydartha » encore ballotté par la gigantesque vague levée par les 300 mètres de tôle et de ferraille. Surgissent alors, au moment où je vais plonger, la bande de dauphins qui se mettent à jouer entre les deux voiliers. Ces mammifères de taille impressionnante m'effraient quelque peu. Je suis groggy. C'est Mickey qui plonge parmi eux pour reprendre la barre de « Jydartha ». Au coucher du soleil, je reprends enfin les commandes. Pour la dernière étape de cette traversée tumultueuse. Nous naviguons côte à côte, nous hélant d'un bateau à l'autre, nous mettant souvent à la cape dans la nuit pour faire un point de lune ou de planète et nous égosillant pour nous communiquer les résultats. Si nos calculs sont bons, nous devrions atteindre à l'aube l'embouchure de l'Oiapoque, nous ouvrant sa gueule béante, comme tous les fleuves géants débouchant du plateau amazonien. Aux premières lueurs du jour, nous naviguons à vive allure, coque contre coque, sur une eau plate et boueuse. Nous ne sommes pas seuls. Un aileron de dimension impressionnante s'est mis dans notre sillage, s'inscrivant derrière nos deux traînées mousseuses et sales. Le sondeur indique cinq mètres de fond. C'est peu. D'autant plus que la côte, noyée dans la brume, n'est toujours pas visible. Soudain, un bruit sourd venant de l'avant me fait sursauter. C'est l'angoisse. Il y a si peu d'eau, que je m'attends à tout moment à heurter les hauts-fonds. Nous ne possédons, bien sûr, pas de carte marine de la région.

Le requin nous a quittés depuis peu, sans doute lassé

d'attendre en vain un repas providentiel. Mais, à ne pas en douter, une eau aussi trouble doit en cacher des dizaines. Quelque chose continue à heurter la coque à intervalles presque réguliers. Je suis énervée par ces coups dont l'origine m'échappe. Je comprends enfin, lorsqu'un poisson énorme, bondissant hors de l'eau, vient s'écraser sur le pont. C'était donc cela ! Je n'ai pas le temps de l'observer, que déjà il rebondit, gesticulant dans tous les sens pour se remettre à l'eau. Dommage, c'était une belle pièce...

Pendant toute la matinée, nous luttons contre un courant de marée descendante avant d'apercevoir enfin une ligne verte sur la droite, puis sur la gauche : la côte ! Nous sommes au large de la jungle amazonienne et je devine maintenant les deux rives, pourtant très éloignées, de l'Oiapoque. Le soleil est écrasant et le vent très soutenu, au lieu de me rafraîchir, me sèche la peau un peu plus encore. Nous nous enfonçons maintenant davantage dans l'embouchure du fleuve et la profondeur varie de deux à trois mètres. C'est inquiétant. « Railovy », dérive haute, passe devant moi et Mickey, les yeux sur le sondeur, me préviendra au moindre danger. Les deux berges se dessinent lentement, alors que voilà déjà six heures que nous remontons le cours du fleuve. Je suis dans un état second, car l'absence de sommeil se fait cruellement sentir. Je suis devenue un automate, gouvernant machinalement mon voilier. Cette journée me semble interminable et, peu à peu, mes gestes perdent de leur précision. Regardant sans voir, je me rends compte trop tard que Mickey est en difficulté : il s'est échoué sur un arbre déraciné filant à la dérive. Il me fait des signes désespérés, m'ordonnant de m'éloigner au plus vite.

Harassée, payant mon manque de sommeil et minée par la malédiction qui me colle à la peau depuis dix jours, j'obéis sans réfléchir et fais demi-tour, un peu comme si j'allais poser mon vélo, oubliant complètement ce qu'est le vent, une voile et surtout la baume. Debout dans le cockpit, la tête haute, m'exposant au danger, j'observe Mickey en train de se débattre, moteur à fond en marche arrière. Je ne saurai jamais pourquoi je l'ai baissée, cette tête, juste à ce moment-là. Pourtant, c'est le choc, non pas des milliers d'étoiles, mais un éclair blanc, un flash platine, aveuglant, et tout s'éteint.

Je reprends connaissance peu après au fond du cockpit, une bosse énorme au sommet du crâne — combien de temps après ? Ecroulée. La baume, au lieu de me rompre les cervicales, m'a au dernier moment heurté le haut de la tête, mais avec une telle violence que même le souffle de son passage aurait suffi à me faire perdre connaissance. Sonnée, je tâte par réflexe. Je ne sais même pas si j'ai mal, je ne sais plus. Petit à petit, tout revient : Mickey ensablé, la marche arrière, la baume... Elle aurait pu me rompre les cervicales... Mais d'où vient ce miracle ? A un dixième de seconde près... Son dernier assaut a été sournois. Et Mickey n'a rien vu. La macumba nous a séparés.

« Jydartha », les voiles en bataille, attend que je veuille bien émerger. Je suis sans doute restée de nombreuses minutes allongée sur le plancher, car « Railovy » est déjà loin. Je remonte rapidement vers Mickey, qui vient juste de s'arracher à son piège.

Nous terminons l'après-midi à remonter le fleuve, poussés cette fois par un courant de marée favorable. Nous mouillons juste avant la nuit par huit mètres de fond, au pied d'une belle colline recouverte d'une forêt luxuriante, appelée sur notre carte « La montagne de bruyère ».

J'ai hâte de retrouver Mickey, de lui parler, lui raconter, lui confier tout ce que j'ai gardé pour moi depuis dix jours, la mort qui m'a poursuivie, impitoyable, lui faire toucher cette méchante bosse qui me lance de plus en plus de lancinantes douleurs et dont il ne sait encore rien.

Le courant montant forme une vague d'étrave impressionnante à l'avant de « Jydartha ». J'ai à peine vingt mètres à faire pour atteindre l'autre voilier en dinghy, mais ce courant extrêmement violent m'oblige à rassembler mes ultimes forces... Après avoir pris une dernière fois mon souffle, je largue l'amarre de l'annexe et rame de toutes mes tripes vers « Railovy ». Je me rapproche centimètre par centimètre. Mais il me faut soutenir l'effort trop longtemps, bien trop longtemps pour le peu d'énergie qu'il me reste. Mickey qui réalise soudain ma témérité, me lance précipitamment une amarre que j'agrippe et à laquelle je m'accroche avec soulagement. En me hissant à bord de « Railovy », je veux croire que l'épreuve est terminée. Nous nous en sommes sortis sains et saufs. La macumba a échoué.

Lentement, la rumeur de la forêt nous encercle. Insectes, oiseaux, jaguars, crocodiles saluent de leurs appels stridents ou gutturaux la fraîcheur du crépuscule naissant. Tout un opéra sauvage mêlé de sifflements, de grognements rauques nous parvient, porté par le vent du soir qui passe sur la forêt. Et les singes hurleurs entament leur concert nocturne.

Je pousse un long soupir qui se mue en un sourire paisible, tandis que, lentement, je tourne mon visage vers Mickey.

Nous sommes assis côte à côte, silencieux, et nos esprits se libèrent enfin de toute cette tension oppressante. Je parle tout haut, un peu pour moi :

— C'est dingue, ce truc de macumba...

Il enchaîne :

— On n'y croyait pas. Pourtant, t'as vu, c'est fou...

Nous restons pensifs. Mais ses yeux ont accroché les miens. Comme surpris de m'avoir là, à côté de lui, si près, il ne détache pas son regard du mien. Un court instant, je me sens prise au dépourvu, mais, vite, je me joins à lui, pour une communion immobile, sans parole et sans geste, propre à ceux qui se connaissent et se devinent. Encore lucides, attentifs, nous goûtons à cet instant de bonheur si particulier qui monte et nous enveloppe avec une lenteur infinie.

Il s'est approché de moi. Sa main effleure mes doigts. Son genou gauche s'appuie tout doucement sur le mien. Contact presque insensible à travers la toile épaisse du jean que je viens d'enfiler pour me réchauffer. Je m'attarde sur ce torse d'homme moulé dans une chemise délavée. Je frôle ses bras souples et bronzés qui ne veulent pas encore s'ouvrir pour m'enlacer.

Nous nous appliquons à retenir ce moment où s'éveille le désir de tendresse, avant même la première caresse. C'est l'instant miraculeux où l'amour délicieusement incertain n'est encore qu'une promesse de plaisir.

Puis Mickey, dont les beaux cheveux châtains adoucissent le visage, se penche vers moi, emprisonnant mes poignets qu'il a saisis au passage pour les plaquer dans mon dos. Mes seins ne peuvent pas échapper au contact de son corps. Je ne pense à rien d'autre qu'à cette douceur câline, à ces épaules rondes. Un peu étouffée, comme privée de respiration, je cherche à retenir mon souffle. Mais déjà ses lèvres se posent à la naissance de mon cou, passent sous ma chevelure, reviennent sur ma joue. J'ai la bouche fermée. Il la contourne, retardant à dessein l'instant de la conquérir. Je sais que dans quelques secondes ses lèvres rencontreront les miennes. J'ai fermé les yeux. Devançant sa conquête, je libère son attente en mordillant ses lèvres. Il force notre désir partagé, m'emportant dans un long baiser où se mêle le goût de nos deux vies.

Je libère mes poignets de son étreinte et, glissant mes mains sous sa chemise, je commence à lui caresser le dos. Il se redresse, prend mon visage entre ses paumes et, sans cesser de me regarder, sans un mot non plus, il se penche une autre fois. Mes yeux se troublent de ces autres yeux si proches. Baignés par le crépuscule encore tiède, nous nous laissons envahir par la tentation merveilleuse et souveraine de nos corps, à laquelle nous allons obéir et céder.

Il me serre un peu plus fort. J'emprisonne son buste en ceinturant sa taille de mes bras. Il rit, grogne tendrement, puis se lève et m'entraîne dans le berceau de ses bras, jusqu'à l'intérieur du bateau...

Tout est sombre, ou plutôt, je ne sais pas. Je ne sais plus. Déjà, il est revenu contre moi et mon sang bat dans les tempes. Sa cuisse appuie sur mes jambes. Son genou se glisse entre elles. Je crois que ma tête roule sur le drap comme pour dire non...

Chapitre 10

ADIEU « JYDARTHA »...

Saint-Georges de l'Oiapoque. C'est la Guyane et c'est la France : une mairie, une poste et des compteurs bleus flambant neufs fixés tant bien que mal aux cabanes faites de planches. La plupart des habitants de cette région sont la résultante du « marché d'ébène » pratiqué il y a quelques siècles. Des Noirs, mais aussi des Blancs, venus par les mêmes bateaux, mais logés à l'étage supérieur. Puis il y a ceux à qui toutes les terres d'Amérique du Sud appartiennent. Cheveux noirs, peau brune et lisse, yeux brillants de fierté et de vie, le corps longiligne et musclé, le rire aux intonations musicales et le sourire plus précieux que tout l'or du monde : les Indiens, maîtres de l'Amazonie tout entière.

Sur le Ouanari, affluent de l'Oiapoque, « Railovy » et « Jydartha » sont amarrés le long de la berge. Les mâts s'emmêlent dans les épais feuillages et les lianes possessives. C'est là que je les vois pour la première fois. Ils passent sur leurs pirogues, silencieux, réservés, distants, n'ayant besoin de rien ni de personne, de retour de la pêche ou de la chasse, le fond de l'embarcation rempli de fruits et de racines. C'est le coup de foudre ! Je suis fascinée.

L'Amazonie est immense et abrite des dizaines d'ethnies (Jivaro, Yanomami, Piro...). C'est alors que commence pour moi une autre aventure qui va me conduire, après quatre années, jusqu'à ce coin de forêt où je déciderai de construire ma maison.

Après trois semaines à Cayenne, nous quittons la Guyane française pour les Antilles. A la Martinique, je retrouve Fabrice, mon jeune frère. Il vit là depuis deux ans avec sa femme et ses deux bébés, Céline et Margaux. Il s'est installé en bord de mer, combinant la profession d'anesthésiste-réanimateur avec le bonheur de vivre dans un univers de douceur et d'évasion tropicales. Il y savoure les charmes de la coopération, ce qui est nettement plus agréable que de traîner ses guêtres dans la cour poussiéreuse d'une ville de garnison...

C'est la nuit de Noël. J'avais prévenu Fabrice de mon arrivée imminente ; mais impossible au départ de Cayenne de préciser le jour et l'heure. Le jour passe encore, mais l'heure... Mes parents ont débarqué de l'avion à Fort-de-France pour que nous soyons, pour une fois, tous réunis à l'occasion des fêtes.

« Jydartha » accoste au ponton de Sainte-Anne, dans le crépuscule d'un ciel pastel. Mickey qui a mouillé « Railovy » quelques heures avant moi, me fait de grands signes et me rejoint en godillant à bord de son annexe.

J'amarre le bateau sommairement. Nous nous retrouvons sur le quai, tout joyeux. Je l'embrasse au coin des lèvres et l'entraîne par la main vers la première cabine téléphonique. Je cours en serrant dans l'autre main une poignée de pièces de un franc... J'avais déjà prévu de garder cette monnaie depuis Cayenne. La première cabine est cassée. C'est bien la France... Même au Brésil, où la pauvreté fait la loi dans la rue, il n'y a pas ce genre de vandalisme gratuit.

La seconde est la bonne. Fabrice décroche. Reconnaît ma voix instantanément :

— Mine ?

— Baby.

Il m'a toujours appelé Mine, étant incapable, tout enfant, de prononcer Jé-ro-mi-ne... Et moi, incapable de dire Fa-brice, je restais sur un Fa-by que maman m'a poussée à transformer en un pittoresque Ba-by...

— C'est bien toi ? T'es arrivée ? T'es où ?

— Sainte-Anne.

— Je viens.

Et il raccroche. Je reconnais bien Fabrice. Je ne l'ai pas vu depuis trois ans. Nous avons hâte de voir ce que nous sommes devenus. Je ne sais pas où il habite. Cinq minutes de voiture ? Un quart d'heure ? Une heure ? Je n'en sais rien. Je n'avais qu'un téléphone et une vague indication : quelque part, dans le sud... Une heure plus tard, alors que je m'affaire à bord, après m'être changée, j'entends résonner ses sabots bretons sur le ciment de la jetée.

Un petit baiser sur la joue.

— Ça va ?

— Tout va bien.

— C'est Mickey là-bas ?

— C'est lui sur " Railovy ".

- - Bon, on y va ?

Mais maman est là aussi. Sans savoir du tout la longueur du trajet, elle a grimpé dans la voiture déglinguée et à supporté les soixante minutes de secousses. Deux ans qu'elle ne m'a pas serrée dans ses bras ! Qu'elle n'a pas vu mon visage. Nous essuyons une petite larme d'émotion.

Je prends Céline dans mes bras, toute blonde et bronzée, ensommeillée mais tout heureuse de m'offrir un gracieux sourire d'enfant. Je ne l'avais vue que dans son berceau, juste avant mon grand départ.

Mickey se présente, ouvert et souriant. Pas de problème. On s'entasse tous dans la 2 Cv brinquebalante direction Sainte Luce. Fabrice habite face à la mer, sur l'anse de Mabouyas.

Enfin Mabouyas. La maison de Fabrice est au bord de la plage. Mickey, les mains dans les poches, s'est mis un peu en retrait, se laissant taquiner par Céline, déjà conquise...

Papa est en contrebas. Il me crie de le rejoindre, au moment crucial de la cuisson des langoustes. Il interpelle Fabrice pour remettre un peu plus de champagne au frais. Il demande que, vite, on mette un couvert de plus... Après avoir fait les présentations, j'entraîne Mickey auprès du sapin de Noël qui ploie sous les bandes multicolores et les bougies allumées. Je dépose tous les cadeaux que j'ai rapportés pour chacun d'eux, du Brésil ou de Guyane : tissages, poupées, chemises bariolées, un coffret de bois précieux pour mon père, un hamac brodé pour ma mère...

Il y a une telle rupture entre ma vie, ma solitude, seulement partagée avec Mickey, et le brouhaha joyeux, que je ressens soudain une grande lassitude. Je tombe dans les coussins profonds d'un fauteuil en osier. Et tout au long de la soirée je me laisse porter par la douce euphorie de fête et de retrouvailles.

⁂

« Jydartha » est maintenant sagement mouillé au pied du bungalow, « Railovy » à ses côtés. En quatre ans de tribulations océanes et après les sortilèges de la macumba, le bateau a souffert : mât, pont, voiles jaunies d'embruns, sont affaiblis de mille griffures.

Le soleil se couche derrière le rocher du Diamant et ta silhouette, « Jydartha », se découpe en ombre chinoise. Le vent s'empare de ta mâture et fait sonner les drisses contre l'aluminium, comme un appel dans la nuit, un chagrin qui monte dans la tiédeur tropicale.

Je vais te quitter, mon bateau. Mickey m'a convaincue : il juge dangereux de me laisser aller seule sur ce petit voilier fatigué. Il est formel : « Jydartha » n'est plus en état de naviguer. Et Mickey, lui, n'est visiblement pas en état d'attendre les quelques mois nécessaires aux réparations.

Je souffre, écartelée entre deux amours... Je t'ai bâti de mes mains, « Jydartha », et j'ai laissé beaucoup de moi accroché ça et là. Il n'est pas une vis, pas un boulon, qui ne soient marqués de mes empreintes. Pas une couche de plastique ou de peinture qui n'ait emprisonné l'odeur de ma peau, pas un centimètre carré de toi qui ne soit imprégné de l'énergie que j'ai dépensée pour te donner la vie.

J'ai des projets, mais sans toi. Nous allons partir, Mickey et moi, pour l'Amérique du Sud et c'est « Railovy », ton ami de voyage, qui va nous emmener jusqu'au continent qui va s'ouvrir à mes nouveaux rêves : marcher à travers les terres vierges et les montagnes andines.

Ici, tu seras en sécurité. Fabrice est aussi un marin. Tu lui apporteras un peu des bonheurs qu'ensemble nous avons si intimement partagés. Attends-moi mon bateau...

Un matin, je fais mes adieux, laissant un frère ravi d'être promu capitaine. Mickey met cap au large, « Railovy » nous emmène vers d'autres rivages. Je ne veux pas regarder en arrière. Je ne peux pas, de peur de sauter à la mer et de nager vers cette coque marine qui, confiante, se balance gentiment sur les vagues. Les larmes inondent mon visage et, déjà, les voiles claquent dans la brise, « Railovy » sort du lagon, heureuse, elle, de retrouver la mer.

Adieu « Jydartha ». Je t'aime. Je ne sais pas encore, à cet instant, que plus jamais tu ne seras à moi.

***

Nous sommes en route pour Trinidad qui se prépare à plonger dans le délire du carnaval. Quelques escales jalonnent notre traversée : Sainte-Lucie, Saint-Vincent, les Grenadines. Certes, Mickey est gentil, mais je ne suis plus le maître à bord... A Port of Spain, pendant trois jours et trois nuits, je me jette dans la danse. Enivrée de musique, je sillonne les rues de la ville confondue dans la foule bouillonnante. Mon cœur blessé par l'abandon de « Jydartha » résonne des sambas, merengues, biguines et salsas. Je me laisse dévorer par la folie générale. Des millions de gens habillés des costumes les plus élaborés, ou plus simplement peinturlurés à même la peau, ruissellent de sueur, ivres de rhum et de ganja. Ils s'abandonnent dans une même frénésie. Je danse jusqu'au plus total épuisement. Je m'écroule dans le parc central, sur l'herbe, m'endors et récupère une heure ou deux. Je me réveille affamée, pars à la recherche d'un cornet de poisson frit et me replonge instantanément dans mon carnaval. Alors, je prends le pas des steel bands ou défile derrière un groupe de musiciens. Mon visage est bronzé, mon allure est celle de quelqu'un des tropiques. Balançant ma jupe rouge, ample et légère, je me prête naturellement aux « roulés-collés » caractéristiques des danses d'Amérique Latine, avec cette liberté toute instinctive autorisée pendant la durée des festivités.

Je ne manque pas de cavaliers. Ils voient en moi une danseuse, une vraie. Comme il y en a quelques-unes au centre du groupe. Toutes, nous nous donnons à fond dans une grande faena rythmique, pour l'amour de la danse, sans arrière-pensée... Ici, on repère vite les petites allumeuses qui ne font qu'un tour et puis s'en vont... Et si, par hasard, un chasseur de filles insiste trop lourdement, se méprenant sur le sens de mes ondulations, je me sais assez forte et déterminée pour, d'un sourire, d'une pirouette, de quelques mots bien appuyés, le dérouter suffisamment devant tout le monde pour qu'il oublie déjà... De plus, ma réaction attire souvent une autre fille de ma trempe, peut-être confrontée aux mêmes problèmes, et au bras l'une de l'autre, nous ne craignons vraiment plus rien.

Mickey a confiance et nous avons décidé de participer, chacun à notre façon, au grand étourdissement musical. Et nous nous donnons un rendez-vous, plusieurs fois par jour auprès de l'un ou l'autre des orchestres juchés sur les plates-formes arrière des camions. Déjà, au Brésil, j'avais compris toute la magie sensuelle de la danse. A Bahia, je m'étais laissé envoûter par le mouvement de cette foule devenue incontrôlable, quand, esclave consentante, elle s'offre tout entière à la musique qui l'étreint.

J'ai le rythme au fond de moi. Et je me lance au cœur du

tumulte, étonnante de force, d'ardeur et de spontanéité. Au bout de trois jours, je n'ai plus de peau sous les pieds. Mangeant peu, ou pas, j'ai fondu sous le soleil de Trinidad, dépensant toute mon énergie, sans réserve, afin de ne pas perdre une seconde de la fête.

Puis, la fièvre retombe et la ville se réveille avec la gueule de bois, les rues sont balayées, nettoyées de cette exubérance passagère. L'ordre établi se rétablit. Les magasins s'ouvrent, les marchés reprennent la rue et les employés, d'un pas traînant, prennent le chemin du bureau.

A Trinidad, plus rien ne va vraiment bouger... jusqu'à l'année prochaine.

*
**

« Railovy » franchit les Bouches du Dragon, étroit passage entre un cap vénézuélien et la pointe de l'île de Trinidad. Des dizaines de voiliers prennent la mer en l'espace de quelques heures et l'océan s'illumine de tous leurs feux de signalisation. J'en compte quarante.

Soudain, sur notre gauche, une fusée rouge éclate dans le ciel... Son petit parachute lui permet de planer un instant, puis, rapidement, pique vers l'eau noire qui l'engloutit. J'attends, scrutant le ciel, qu'un deuxième signal vienne confirmer cet appel. Je me tourne vers Mickey :

— T'as vu ? Tu crois que c'est sérieux ?

— Oh ! tu sais, c'est pas rare d'en voir péter une ou deux pour Noël ou le 14-Juillet, alors après le carnaval...

— Ouais, t'as raison, mais s'il y en a une autre, on y va...

— D'accord, mais regarde, il y a, au moins, vingt bateaux entre lui et nous. Et puis, je suis incapable de localiser celui qui a balancé sa fusée...

Le doute s'est pourtant installé dans mon esprit. Légèrement troublée, je mets un moment à oublier l'incident. Notre navigation se poursuit toute la nuit et « Railovy » confirme ses qualités de coursier. J'ai tout loisir d'admirer sa carène et la merveilleuse efficacité de son plan de voilure. Elle remonte, un à un, les voiliers qui font route devant nous. Cap sur le phare de Grenade. Au matin, nous atteignons le mouillage de Prickly Bay, où notre ancre tombe par six mètres de fond. Cette petite régate nocturne nous a placés troisième. « Railovy » a gratté dix-huit coques de son gabarit, entre dix et douze mètres. Mickey, très fier de son enfant — lui aussi a construit son bateau de ses propres mains —, savoure sa performance, pendant que je me jette à l'eau. Et je plonge, me laissant couler avec volupté dans l'eau transparente du lagon.

Tout paraît calme, mais mon attention est vite attirée par une patrouille en armes qui surveille la plage. Un homme, à la jumelle, observe les voiliers nouvellement arrivés. Presque aussitôt, à peine débarqués, nous apprendrons que ce sont des « marines ».

En octobre 1983, il y a cinq mois, deux mille Américains étaient parachutés sur l'île. L'armée grenadine se bat sans grande conviction, même si quelques soldats retirent leurs uniformes et, en civil, se mêlent aux Cubains pour organiser la résistance. Du côté des Américains, cette simple bagarre se transforme en mini-guerre.

Les marines se retrouvent vite six mille, tant la nécessité d'un engagement réel se fait sentir. Ils amassent les prises de guerre : armes et munitions soviétiques et chinoises. Et... de bons cigares de La Havane. Quelque temps après, en parlant avec la population, je m'aperçois que les Américains n'ont pas envahi un pays où régnait la liberté.

A Saint-Georges, capitale de l'île, des inscriptions peintes à la main témoignent de la gratitude de la plupart des habitants : « Viva U.s.a. ! » Depuis 1979, les habitants de Grenade vivaient dans un climat de peur, d'embrigadement et de mensonge.

C'est Maurice Bishop qui avait pris le pouvoir le 14 mars 1979, avec l'aide des troupes castristes. Il avait su se faire aimer du peuple, modérant le plus possible certaines ardeurs totalitaristes. Il aimait son pays, mais, comprenant qu'il était en train de devenir une simple colonie de Castro, il tenta de réagir. Trop tard. Et son assassinat, il y a cinq mois, révolte la population et déclenche la guérilla.

***

L'île de Grenade est quadrillée par les forces yankees. Dans le ciel, tournoient les hélicoptères de l'U.s. Navy et descendent presque au ras des flots, s'immiscant jusque dans l'intimité de nos cabines. Partout des soldats. Des marines et des bérets verts. Les routes sont à eux. En petites patrouilles, ils sillonnent jusqu'aux chemins de terre les plus perdus.

Souvent, cheminant entre Prickly Bay et Saint-Georges, ils me croisent. Un sourire : « Hello », et j'embarque. On pousse un sac et quelques pistolets-mitrailleurs pour me faire une place à l'arrière. On parle peu. Ils sont décontractés. Sympas. Je suis ravie de faire mes vingt-cinq kilomètres en un quart d'heure. Ils me déposent avant l'entrée de leur camp, aux portes de la ville.

Nous restons trois mois à Grenade. La plupart du temps, isolés, sur la plage de l'un des îlots déserts, au sud de Prickly Bay. Nous vivons d'un rien et de mille choses : on joue, on plonge, on nage, on pêche, on répare, on peint, on coud les voiles, on entretient la mécanique du bord, on escalade les rochers en donnant la chasse aux crabes, on fait un concours de langoustes, on ramasse le bois sec pour les faire cuire sur la plage, on joue à la guitare, on chante, c'est génial...

Un jour de plongée, je ramène une raie-ange de vingt-cinq kilos. Fort opportunément, quelques voiliers viennent d'arriver sur notre îlot. Et tout le monde aura sa part... C'est la fête, mais quelques cinglés de la chasse sous-marine froncent les sourcils, vexés qu'une petite bonne femme, de cinquante kilos toute mouillée, ait pu ramener une telle pièce.

Nous ne sommes pas seuls dans notre paradis. En route pour Saint-Georges. Un trois-mâts superbe est au sec, en carénage sur le slip-way. Une bande de Nordiques, aux cheveux blancs décolorés par le soleil, s'affairent avec leurs outils autour de la coque.

Après le déjeuner, Mickey et moi restons à bord, à paresser, un livre à la main. Tout à coup, un grondement sourd nous fait sursauter. Quelque chose à dû exploser à terre. Instantanément, je pense à un attentat, la guérilla couve toujours. J'ai à peine le temps de sortir sur le pont qu'une sirène déchire le silence lourd d'angoisse qui vient de succéder à la détonation.

Le trois-mâts, c'est lui, est vautré sur le quai ! Sous son poids colossal, le slip-way s'est effondré. Sur le bateau des coastguards américains, amarré à un ponton, c'est la mobilisation générale. Une vingtaine de marins, tee-shirt et pantalon blancs, s'activent dans une manœuvre bien ordonnée. Dans un enchaînement parfait, qui semble réglé à la seconde près, ils se précipitent. Deux d'entre eux sautent sur le roof supérieur, libèrent un canot, qui chute à l'eau. Deux autres sautent à bord et déjà un troisième leur tend un moteur hors-bord qu'ils fixent immédiatement sur le plateau arrière. Le bidon d'essence suit. On branche, on amorce, on démarre. Passant au pied de l'échelle de coupée, ils embarquent au passage deux autres camarades qui portent trousse médicale et matériel de réanimation. Tout cela est impressionnant de rapidité et de précision.

Mickey et moi, nous bondissons à notre tour dans l'annexe. Plus calmement, nous rejoignons le lieu de la catastrophe. Et c'en est une... Voir ce bateau centenaire, merveille de l'architecture navale d'autrefois, couché sur le flanc, blessé cruellement, en partie éventré... Les Ricains s'affairent, mais apparemment pas de blessé, du moins dans le corps de ces grands Vikings accablés, mais leur cœur doit saigner.

Que faire ? Rien. Plutôt partir que rester là, bras ballants, voyeurs inutiles et encombrants. Nous verrons si, plus tard, nous pourrons leur offrir une aide quelconque...

⁂

En mai 1984, « Railovy » reprend la haute mer, toujours aussi fière et aussi belle. Je pense souvent à « Jydartha ». Il me manque terriblement. Comme c'était bon de partir toute seule avec lui, de quitter Mickey en attendant la joie de le retrouver... J'ai un petit coup de cafard, mais déjà, dans le matin clair, les Testigos se détachent sur l'horizon. Plus tard, sous le soleil de midi, nous nous engageons entre deux récifs et je comprends, au pied de ces montagnes miniatures, d'où leur vient le nom de Testigos : les Témoins. Elles se dressent comme des sentinelles balisant la route des galions chargés d'or. Combien de conquistadores ont vérifié leur position, ici, aux portes du Venezuela !

Grâce à « Railovy », dériveur intégral, nous profitons parfaitement de ces îles. Nous pouvons approcher le nez sur la plage, ce qui nous permet de l'abriter de la houle du large et de rester plusieurs semaines. Pour les quillards, la côte n'offre pas ou plus d'abris. Elle est rocheuse, sauvage, écrasée de vent, battue par les vagues. C'est ce qui protège cette terre d'être envahie par les touristes des mers. C'est ce qui protège aussi les tortues et les iguanes.

Deux jours après notre arrivée, nous repérons un varan qui monte le long d'un tronc d'arbre pour sa sieste quotidienne. En milieu d'après-midi, je ne le vois plus. Mickey et moi, curieux et excités à l'idée de nous lancer à sa recherche, débarquons sur la plage. Ses traces se perdent bien vite au milieu des buissons d'épineux. Mais nous poursuivons notre exploration, intrigués et attirés par les dunes abruptes que nous escaladons dans de grands éclats de rire.

Notre investigation nous conduit de l'autre côté de l'îlot sur la plage au vent, où s'écrasent les gros rouleaux du large. Pataugeant dans les flaques que la marée descendante vient d'abandonner, je glane, rêveuse, insouciante, quelques coquillages, porcelaines et minuscules grains de café. Machinalement, je suis des traces dans le sable. Etrangement, elles remontent vers les dunes. Je les suis toujours. C'est très bizarre. Je tombe enfin sur une zone où le sol a été complètement brassé, retourné sur un rayon de plus d'un mètre. Je comprends : « Ah ! oui, c'est formidable. C'est une maman tortue. Elle est venue, du fin fond de la mer ; traînant son gros ventre, se hissant péniblement à la force de ses nageoires jusqu'à un endroit sûr, abrité, inaccessible à la marée la plus haute. »

J'appelle Mickey : « Viens, viens, viens voir ! Regarde. C'est la saison des pontes. Si l'on restait ? On se cache là, derrière les arbustes, on ne dira rien, on ne fera pas de bruit. Tu veux ? »

Il rit. Il est d'accord. Il se marre tout le temps de ma spontanéité, de mon plaisir simple à adorer la vie. On a la pêche et on se couche dans le sable en attendant la tombée du soir. Il fait très doux.

Allongée sur le dos, je regarde la pleine lune. Main dans la main, nous rêvassons, tout est tendresse, douceur, beauté, plénitude :

— Tiens, tu as vu Orion, comme il est penché... on avance déjà dans la saison.

— Et Sirius, tu as vu ? Elle est tellement brillante ce soir. Quelle luminosité !

Nous sommes sur notre planète, chez nous. Je crois que je somnole un peu. Je sens qu'on me serre l'épaule, presque un peu fort. Je réagis d'un mouvement vif. Il me retient : « Chut ! » Et à voix basse, il me chuchote : « Il y en a une qui monte »

— Une quoi ?

— Chut ! Tais-toi...

Il est impératif. J'émerge enfin de ma somnolence. Là-bas, à une trentaine de mètres, une masse noire rampe sur la plage, éclaboussée de clair de lune.

Tout est silence. Seul le roulement de l'océan accompagne l'animal dans son terrible effort. Enfin, parvenue au plus haut de la plage, elle commence à creuser. Longtemps, profondément. Elle s'arrête de temps en temps pour récupérer. Creuse encore. Puis se retourne et, face à la mer, commence une laborieuse et douloureuse ponte. Je ne vois pas bien. Je crois qu'elle pleure. Je regarde Mickey. Nous sommes l'un et l'autre complètement bouleversés. Rampant sur les coudes, nous cherchons à nous approcher davantage, nous avançons d'un mètre encore, en prenant garde, surtout, de ne pas la déranger.

Puis, elle recouvre, enfin, ses œufs de sable qu'elle avait rejeté sur les côtés, dissimulant le mieux possible l'endroit. Dans quarante jours, grâce à la chaleur du soleil, vont éclore, ici même, des centaines de bébés.

Elle repart, épuisée, retrouver la mer, sans doute heureuse d'avoir accompli son œuvre et trouvé un endroit tranquille, un nid protecteur, une cachette sûre.

J'aimerais être là dans quarante jours. J'aimerais tellement assister à la naissance en chaîne, voir ces joujoux tortues émerger de leur dune, pagayer, gauchement, jusqu'à l'océan. Je chasserais les oiseaux qui tenteraient de les en empêcher...

Deux jours plus tard, je viens surveiller la tranquillité de mes futurs protégés. Stupeur, le nid a été pillé, violé, le berceau est vide. J'ai mal au ventre, je suis écœurée... Les œufs de tortue sont vendus très cher au marché noir de Caracas pour leurs vertus... aphrodisiaques. Nul.

***

A Testigo Grande, quelques baraques aux planches délavées abritent des familles de pêcheurs. J'ai assisté, un matin, à la mise à mort d'un banc de bonites. Ils les avaient encerclées, acculées au fond d'une petite baie et la battue a commencé. Je passe rapidement sur le carnage, démesuré par rapport aux besoins vitaux des insulaires. Ces tonnes de poissons sanguinolents s'entassent au fond des bateaux. Ils partent les vendre à Carupano, à deux heures d'un 200 Cv hors-bord plein gaz et c'est ainsi que, dans ces mêmes baraques, s'empilent d'inutiles chaînes stéréo, réfrigérateurs, congélateurs, sèche-cheveux et presse-purée, qui attendent désespérément un groupe électrogène en état de marche.

C'est l'un de ces pêcheurs qui nous a raconté une histoire incroyable. Un jour, il a recueilli un naufragé à bord d'un canot pneumatique, il y a environ deux mois, peut-être trois... Il ne sait plus. Le type dérivait depuis des jours et des jours. Seul. Sans nourriture. Largué sur l'océan et perdant presque la raison. Il l'a sauvé d'une mort certaine. A bout de forces, il passait trop au large des Testigos pour espérer revenir vers elles et être aperçu. Cauchemar absolu.

Il se souvient encore des premiers mots du rescapé. Seul à bord de son voilier, il a été attaqué par des pirates alors qu'il quittait Trinidad, au dernier soir du carnaval. Il a bien tenté de demander du secours, mais... on l'a jeté par-dessus bord. Et dans un sursaut d'humanité inespéré, l'un des agresseurs lui a lancé son radeau de sauvetage.

Mickey se tourne vers moi :

— La fusée rouge !

— Ah ! là, là, tu te rends compte ? On était là et on n'était pas les seuls... Quelle connerie de se faire pirater au milieu de quarante voiliers !

— Il a dû paniquer le mec.

— Mais tu te rends compte qu'on était au moins quarante ?

— C'est incompréhensible... Ouais, mais rappelle-toi, il faisait nuit noire. Tous les gars étaient pétés, crevés à cause du carvanal. Tu penses bien que les pirates sont tombés sur le bateau le plus isolé. Ça aurait pu être nous...

— Et une fusée rouge qui vient d'on ne sait où, un soir de fête, au milieu de tous ces bateaux, comment veux-tu qu'on s'y retrouve ?

— Il n'a pas eu de bol, hein !

— Ouais, c'est moche.

***

Le Venezuela, beaucoup de choses, mais ça ne serait jamais bien dit. Comment expliquer ce fossé entre la pauvreté des campagnes, les favelas qui assiègent Caracas sur les collines dénudées et le centre ville exubérant, témoignage d'une nouvelle richesse sans racines ni éducation ? Richesse fondée sur la découverte providentielle du pétrole : l'or noir a brûlé les cervelles d'humbles opportunistes devenus tout-puissants. Et, tout au long des côtes, des marinas luxueuses où s'entasse un étalage des bateaux les plus grands, les plus gros, les plus opulents ou les plus rutilants. Quel gâchis !

Nous fuyons Caracas pour rejoindre en une nuit les Roques (1). Nous y retrouvons le calme et l'isolement, la fécric des plongées sous-marines. Six semaines à jouer les Robinson. Puis, les Aves (2) : même spectacle, même solitude, les oiseaux en plus, par milliers. C'est le grand show des pélicans. Des heures durant, je reste, à l'avant du bateau, à les observer et à m'émerveiller de leur pêche miraculeuse. Celui-ci décolle lourdement, à la manière d'un Canadair, déformé par son gros ventre rond. Il plane, scrute les flots et, métamorphosé en une fusée filiforme, pique et se plante dans la mer tel un javelot. Il disparaît pour ressortir dans un grand tourbillon d'écume, les ailes écartées, un poisson en travers du bec. Aussitôt, les mouettes se précipitent. Elles se posent sur son dos, sur sa tête, lui font du bec à bec pour lui arracher sa proie. Elles s'y mettent à deux, à trois, à dix. Il ne dit rien, le gros pataud, rentre les épaules et guette le dixième de seconde opportun pour engloutir le poisson, sans que l'une de ces criardes étourdissantes ne puisse le lui ravir.

Dans ces îles coraliennes posées à fleur d'eau, reposent entre vingt et cent mètres de fond les vestiges des galions qui se sont écrasés, de nuit, aveugles, sur les récifs.

L'or des grands d'Espagne, retour des pillages à Panama, a coulé là, sans que personne ne sache exactement où. Les recherches s'avèrent délicates. Les coraux ont recouvert les épaves et les requins, tigres et marteaux, des grands fonds rôdent.

Bien que nous ayons quelques idées, la recherche de l'or ne me

(1) *et (2) : îles désertes en pleine mer caraïbe au large des côtes du Venezuela.*

passionne pas. Mickey non plus. Nous avons mieux à faire. Nous sommes en quête d'un lieu sûr où laisser « Railovy ». Nous passons par Bonaires, puis accostons à Curaçao. Là, nous apprenons la fin de la fameuse et sinistre histoire de piraterie. Les voleurs se sont jetés à la côte, à l'est de l'île, abîmant sérieusement le voilier. Récupéré par les autorités, il est amarré, cabossé, pissant la rouille, au quai d'honneur de Willemstadt, sous contrôle douanier. La pancarte « For sale » indique clairement que son propriétaire en est revenu de la navigation à voile !

Parfois, au large des côtes d'Amérique du Sud, il n'est pas rare qu'un caboteur s'approche de « Railovy ». L'équipage tente de deviner combien nous sommes à bord ou bien si le look du voilier annonce un propriétaire fortuné.

Plus d'une fois, j'ai le cœur qui bat, qui s'accélère, quand l'un d'entre eux nous rattrape doucement au moteur et plus encore lorsqu'il se détourne pour nous croiser d'un peu trop près.

La plupart du temps, la reconnaissance est sans suite, sans conséquence fâcheuse. Mais je sais bien qu'il suffirait d'un indice encourageant, prometteur, tentant, pour que de simples pêcheurs se métamorphosent en pirates sans scrupules.

Chapitre 11

LE BUS S'ARRÊTE, UNE ROUE DANS LE VIDE

En novembre 1984, « Railovy », désarmée, va attendre sagement notre retour à Spanish Water, lagon intérieur de l'île de Curaçao. C'est Paul, notre nouvel ami, natif de l'île, qui la protégera. Le ferry-boat qui traverse Curaçao jusqu'au Venezuela nous dépose sur un grand débarcadère en ciment, à dix kilomètres de la ville, où commencent les tracas douaniers. Un premier autobus nous dépose à Caracas, un deuxième nous emmène jusqu'à Puerto Ordaz sur le bord de l'Orénoque, aux portes de la forêt vierge. Une longue route et plusieurs jours nous séparent de la prochaine frontière. Nous cheminons vers le Brésil. Après Puerto Ordaz, le dernier point de chute civilisé s'appelle El Dorado. Un nom qui laisse rêveur ! Des hommes partent de cette ville, toujours à pied, un lourd chargement sur les épaules (nourriture, armes pour la chasse mais aussi pour se défendre, outils pour établir un campement) à la conquête de l'or. Ils s'enfoncent seuls dans la forêt, le long des cours d'eau, là où chacun d'eux va peut-être trouver le filon qui assurera son bien-être pour le restant de sa vie. Certains n'en reviennent pas, d'autres se font tuer au retour par ceux qui trouvent plus aisé et moins risqué de les voler.

Dans ce décor de Far West boueux et habité d'hommes barbus à la mine patibulaire, notre souci actuel est de trouver une place dans le 4 × 4 qui assure le passage de la Grande

Savana. Il n'y a qu'un départ par jour et il faut réserver la veille, mais ce départ n'est possible que si les huit places sont occupées. Il faut une journée pour parcourir les 200 kilomètres qui nous séparent de notre destination. Les routes sont inexistantes sur la majeure partie du trajet. Ce ne sont que chemins cahoteux, à peine déboisés, parsemés de roches énormes, qui font penser au lit d'un torrent. Le paysage est magnifique. Dans la forêt, nous slalomons entre les arbres, si gros que trois hommes se tenant la main ne pourraient en faire le tour. Nous débouchons dans la Savana, plaine verdoyante et jalonnée de toutes parts de plateaux surélevés à plus de mille mètres. Sur leurs versants abrupts comme des murs, où la moindre racine ne peut s'accrocher, ruissellent d'innombrables sources et cascades. L'une d'elles, « Le saut de l'ange » est, jusqu'à présent, la plus haute chute du monde. Elle s'élance dans les airs sur plus de 980 mètres avant de toucher le sol. Les collines alentour aux courbes douces et harmonieuses ressemblent à un jardin anglais, contraste saisissant avec les roches lisses qui surgissent soudain des profondeurs de la terre, coiffées d'une jungle imposante et désordonnée. J'aimerais rester quelque temps ici, tant l'ambiance naturelle de l'endroit est empreinte de pouvoir magique. L'organisation surnaturelle du paysage m'apporte une sensation de bien-être absolu.

Profitant d'une panne de la camionnette qui nous trimbale depuis l'aube, je m'éloigne, heureuse de cet arrêt inespéré. Surveillant du coin de l'œil le chauffeur qui s'agite sous le capot, je croise les doigts pour que le problème mécanique lui échappe et que nous soyons contraints de passer la nuit ici même.

Mais bientôt une pétarade m'écorche les oreilles, suivie d'un nuage de fumée noire, signalant l'imminence du départ.

De nouveau, tous entassés dans l'engin, nous nous éloignons, laissant derrière nous ce paradis terrestre. Sur ma droite, rebondissant entre les arbres, des rayons de lumière préparent en grande pompe le coucher du soleil. La majesté du spectacle, malgré les cahots du chemin, le vacarme du diesel et les vitres du véhicule maculées de boue, me va droit au cœur, alors qu'au fond de moi je ressens l'irrésistible appel de la forêt.

Notre conducteur est soucieux, car la nuit ne va pas tarder. Au bout d'une ligne droite, se dessine en contre-jour une cahute au bord de la route. Puis une barrière et une grande bâtisse sur la gauche... des silhouettes casquées portent des fusils-mitrailleurs. Nous apprenons qu'il est strictement interdit de voyager de nuit à cet endroit. Le chauffeur gare le 4 × 4 et cinq hommes en uniforme nous encerclent. Lentement, chacun des passagers descend et leur présente document ou passeport. Suit une fouille systématique et minutieuse de la voiture et de ses occupants. Ils ne trouvent rien et cela les rend furieux. Alors que nous nous croyons sur le point de repartir, un nouveau venu, sorti du bâtiment principal, se présente. Casquette enfoncée jusqu'aux yeux, bottes de cuir et multitude de galons. Deux soldats réagissent mécaniquement à son imperceptible clignement des yeux et entourent les passagers, sauf moi qui suis une femme. Ils les obligent à pénétrer dans une pièce sans fenêtre. J'attends à l'extérieur en compagnie d'une sentinelle. Un calme inquiétant règne. La présence de ces uniformes ne m'empêche pas de lever la tête vers le ciel déjà sombre pour admirer une dernière palette de couleurs. Vingt minutes plus tard, mes compagnons de route ressortent enfin de la fouille, la chemise au vent.

Nous nous engouffrons sans demander notre reste dans la Land Rover et j'ai à peine le temps de claquer la portière que notre chauffeur a déjà démarré. Nous sommes un de plus, car un jeune douanier malade a pris place à l'avant. Il profite de la voiture jusqu'à Santa Helena, la ville-frontière.

Après une nuit passée dans un dortoir pour voyageurs fauchés, il nous faut de nouveau nous soumettre à un contrôle de police. Encore une bonne demi-heure de perdue avant de nous présenter à la frontière brésilienne. Un dernier fonctionnaire me regarde m'éloigner à regret, l'air méchant, sans doute déçu de n'avoir rien trouvé sur moi. Il y a une centaine de mètres à parcourir à pied entre les deux postes. Soulagée de ces tracasseries, je me dirige d'un pas joyeux vers un bureau peint en rose et d'où s'échappe un air de samba. Quel contraste avec le Venezuela si chicaneur ! Un jeune homme, assis nonchalamment sur un coin de bureau, le képi posé là, lit son journal en battant la mesure. M'apercevant soudain, il se redresse légèrement, me souhaite le bonjour et baisse le volume de sa radio. Tandis que je remplis quelques formulaires, il jette un coup d'œil distrait sur la photo de mon passeport, vérifie la validité du visa et, tout en appliquant quelques vigoureux coups de tampon, m'apprend qu'il a toujours rêvé de découvrir Paris ! « Bienvenue au Brésil », me dit-il enfin. Il m'a à peine rendu mes papiers qu'il se replonge déjà dans sa lecture apparemment passionnante. Un gros titre barre toute la première page. Je vois en lettres capitales le nom de Flamengo : Zico est à l'honneur. Pas de doute, c'est bien le Brésil et sa folie du football ! Coup de chance, je porte un tee-shirt rayé rouge et noir, les couleurs de Flamengo, le club des pauvres de Rio, et le douanier ne vit que par l'idole du club : Zico. Sans le savoir, je porte les symboles de son cœur. Il fait spontanément de moi la supportrice acharnée que je ne suis pas encore...

Brésil, ô Brésil ! Je suis tellement heureuse de te retrouver ! Tu m'avais envoûtée de tous tes sortilèges, de ta macumba, injuste châtiment. Mais j'ai tout oublié, submergée par la joie de retrouver ton sourire, ta gentillesse, ta musique, ta rage de vivre... Pendant deux mois, Mickey et moi traversons le bassin amazonien en remontant les fleuves de Boa Vista jusqu'à Manaus. Nous empruntons des pirogues sur le rio Branco et de petits caboteurs sur le rio Negro. Les membres du comité pour la réélection du gouverneur de l'Etat de Boa Vista acceptent de nous prendre à leur bord, sur une barge de huit mètres. Nous nous installons sur le toit. L'intérieur, en fait la cale du bateau, sert de salle des machines, de cuisine et provisoirement d'étable pour les vaches qui ne savent pas encore qu'elles vont être sacrifiées pour la fête, le soir des élections. Enfin, au milieu de

Jéromine en Bretagne. Coucher de soleil à la veille de larguer les amarres d'avec ma terre et de tous les miens.

18 mois. L'été à Saint-Raphaël. Et déjà un petit look indien...

A Decize, chez mes grands-parents. Mon père m'a hissée dans mon cerisier favori : mon premier arbre.

1957. J'ai trois ans. Sur les épaules de mon père, auprès de ma mère, je jette un œil au-dessus du monde.

« Jydartha », 9,20 m. Le voilier que j'ai construit moi-même. Le plein d'eau aux îles du Cap-Vert.

Cap sur le Brésil, en solitaire. En sortant de la Casamance, le vent fraîchit. Il faut réduire la toile.

Victoire et drame à Cabedelo. J'ai atteint le Brésil, mais on va me voler Kaya, mon siamois.

Travaux d'entretien et réparation de voiles après trois semaines d'une traversée éprouvante.

J'ai pris un « ange de mer » ! Stupéfaction des pros de la plongée !

Maundao. Le pire m'attend : « Jydartha » est ensorcelé.

Cette tortue allait mourir. Je l'ai libérée d'un filet perdu dans lequel elle était captive. Elle repartira vers les profondeurs.

Pérou, 1987 : vingt-sept jours de marche en jungle tropicale à la recherche de l'arche d'or des Incas.

Les méandres de l'Apurimac. Ici se croisent guérilleros et planteurs de café ou... de coca.

Shirampari, l'aîné du clan de Parijaro. Le fleuve est en crue. Il faut ramener du poisson, rare en saison des pluies.

Shiriapo : 150 mètres de large, 60 mètres de hauteur. Une cascade éclaboussée de soleil au cœur de la selva.

Ma case à Parijaro. J'aime m'asseoir au bord du fleuve, contempler les étoiles et m'endormir en paix.

La pêche au barbasco, une racine vénéneuse, qui servira à piéger les poissons qui nourriront la famille.

Mickey, la peau cuivrée comme celle d'un Indien, dirige sa balsa dans le courant, au milieu des tourbillons du Cutivireni.

Origa prépare le pearantsi, bière locale à base de manioc, qui va fermenter 24 heures dans les calebasses.

Ce jour-là, j'ai répondu à l'invitation de Barriti. Je l'ai suivi à la pêche jusqu'au pied de la grande cascade.

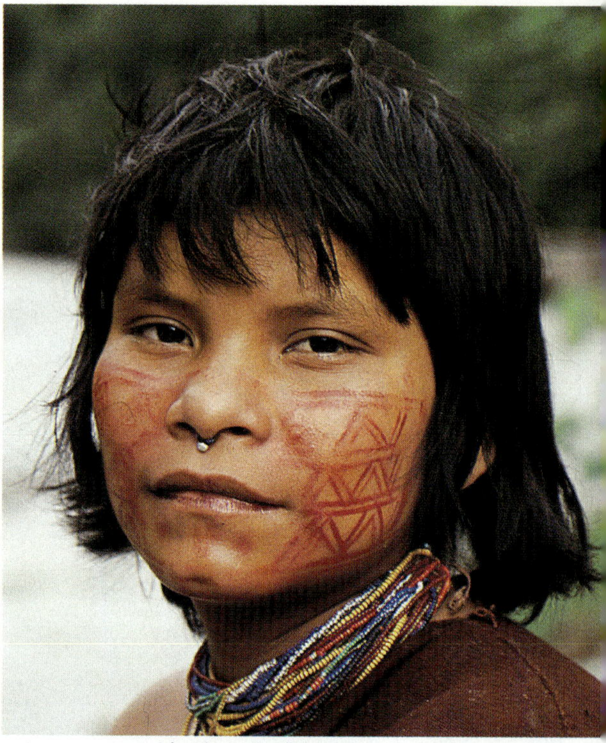

Ashaninca de la montagne, tu n'avais jamais vu une peau blanche... Quel âge as-tu Shama ?

Barriti, très concentré, retaille une pointe de flèche cassée cette nuit durant la chasse.

Elle est là, devant moi, l'arche d'or des Incas !

Chaveta ornée de trophées de chasse.

« Notomi » (mon fils). Comme toutes les mères, Chactao ne quitte pas son enfant avant ses deux ans.

Après avoir filé le coton, on tisse les cushmas (tuniques) en se racontant les dernières nouvelles.

Et toujours des scènes joyeuses, comme l'apparition de ce petit elfe plein de vie !

Shama et son jeune frère Piroto. Le rire ashaninca s'envole comme une musique cristalline dans le ciel de la forêt.

Jéromine devenue Chaveta. Quelque chose me dit : « Tu n'as plus rien à faire ailleurs. Tu peux poser ton sac. Tu peux ouvrir tes bras, cette fois, pour de bon... »

ce capharnaüm, des femmes, des hommes et des enfants, supporters du candidat ou simples voyageurs s'entassent les uns sur les autres.

Le jour, sur ce toit en tôle, c'est la fournaise, la nuit, ce sont les pluies diluviennes. Au moins, on respire ! Dans la cale, tenir plus de dix minutes relève du prodige. L'odeur de bouse de vache se mêle à celles, âcres, de transpiration. De subtils effluves de réchaud à pétrole, un « délicat » parfum de diesel qui s'ajoutent « harmonieusement » aux odeurs des bébés criards qu'on lange et qu'on change. Le tout fermentant dans la chaude ambiance de ces latitudes tropicales...

Nous débarquons à Manaus. La saison des pluies ne nous permet pas de remonter le fleuve plus avant. Les orages risquent de rendre impraticable la Transamazonienne que nous devons emprunter pour rejoindre la Bolivie. Mais il en faudrait plus pour nous décourager. Il n'y a qu'un départ par jour et, de surcroît, il faut faire la queue pendant vingt-quatre heures pour espérer obtenir une place dans l'autobus. Celle-ci n'est vendue qu'une heure avant le départ. Après deux essais infructueux, nous décidons de camper sur place et quittons notre modeste pension de famille pour nous installer avec duvet et provisions devant la grille du guichet. Nous ne sommes pas les premiers puisque trois personnes attendent déjà aussi stoïquement. Rapidement, au cours de la matinée, la file s'allonge et vers onze heures du matin, le bus du lendemain est déjà plein. Cela n'empêche pas des dizaines de personnes de prolonger à nouveau la queue. Résignées.

Après cette longue attente, c'est l'inévitable bousculade au moment de l'embarquement, des cris et des pleurs. Le voyage va durer plusieurs jours. La route est complètement défoncée. Il n'y a même plus de route : il s'agit plutôt d'une interminable saillie boueuse volée à la forêt, dans laquelle s'enlise le bus. Il pique du nez, s'englue et refuse d'aller plus loin, le ventre collé à la glaise... Tout le monde descend. Soit par les portes si elles émergent au-dessus de la mélasse, soit par les fenêtres. On enlève ses chaussures avant de sauter dans la boue jusqu'aux genoux. Les femmes poursuivent à pied, tandis que les hommes, tous unis pour le salut commun, soulèvent avec une énergie farouche le bus embourbé. Le chauffeur qui appuie comme un malade sur l'accélérateur, est le seul à rester à son poste. En patinant, les roues envoient des jets de boue liquide aux volontaires pour l'aventure... En achetant son ticket, tout candidat au voyage sait qu'il a payé pour en baver.

Lorsqu'il est impossible de faire bouger le car trop profondément planté dans la mélasse, il faut attendre. Attendre qu'un camion assez téméraire croise notre chemin. Il nous arrive de le guetter pendant des heures, trempés, frigorifiés à l'intérieur du véhicule sur lequel une pluie drue vient s'écraser. Enfin, une lueur bienfaitrice apparaît dans la nuit. Tout le monde bondit à l'extérieur, brandissant des élingues, des cordes, des câbles et tout un matériel d'assistance. La porte avant a disparu, car nous l'avons arrachée la nuit dernière lors d'une précédente remise à flot. Par moments, la « route » longe dangereusement le lit du fleuve et rien ne nous sépare du gouffre dans lequel bouillonne une eau en furie. Un peu plus loin, nous devons à nouveau nous arrêter, une roue dans le vide, surplombant le fleuve furibond. Je me suis extraite par une vitre et, profitant d'un rayon de soleil, je sèche mon corps affamé et fatigué. Ce voyage en enfer dure trois jours et trois nuits. Nous atteignons Porto Velho vidés, exsangues, le jour même de Noël. Enfin !

L'un de nos compagnons de route nous invite à fêter ce jour de fête chez lui, dans une favela. Il habite avec son amie dans deux petites pièces. Nous accrochons nos hamacs dans celle qui sert de cuisine. C'est un beau Noël. Mickey et moi, nous décidons d'aller acheter du vin et de quoi faire des crêpes. Dans les ruelles, des gamins nous invitent à faire brûler quelques feux de Bengale. Nous nous sentons mieux car dès notre arrivée, nous avons pu nous laver. En fait de douche, il s'agit de seaux de pluie soigneusement récupérée et précieusement conservée, que nous nous versons sur la tête derrière une très sommaire palissade.

Je me sens bien. Pour rien au monde, je n'accepterais de troquer mon existence actuelle contre une autre. Pourtant, dans quelques jours, il nous faudra emprunter à nouveau cette route infernale qui nous conduira jusqu'à Guajaramerime, ville-frontière avec la Bolivie.

Cela fait maintenant une semaine que nous sommes arrivés dans ce trou. J'en ai marre, nous tournons en rond. Ici, c'est le « cul de Bob », le cul-de-sac, la fin du monde, le néant. Un fleuve sépare les deux pays, le rio Mamoré. Pourtant, rien dans le paysage ne semble les séparer. Et la limite entre ce qu'il est permis de faire d'un côté et ce qui est interdit de l'autre est aussi floue que cette frontière. Les contrebandiers semblent être les maîtres du monde et la police, complice, bakchich oblige, ferme les yeux. Il y a des choses étranges à observer, à comprendre. Pour sortir d'ici, il n'y a que trois solutions : faire marche arrière (il n'en est pas question !), prendre un petit avion de brousse et faire un saut de puce de deux ou trois cents kilomètres pour franchir la forêt (mais nous n'avons pas les moyens), embarquer sur un bateau qui remonte le Mamoré jusqu'à Trinidad. Cette solution paraît difficile vu le nombre ridicule de bateaux circulant sur le fleuve et le refus catégorique des capitaines de nous embarquer. Pourquoi ?... Nous sommes maintenant bloqués depuis huit jours. Vite, un bateau ou nous allons crever, ici, d'ennui.

***

Nous devons solliciter, convaincre, nous battre pour tenter de trouver un embarquement. Enfin, à force de persuasion, nous réussissons à vaincre les plus extrêmes réticences d'un type qui semble très affairé sur ses deux barges à moteur accouplées l'une à l'autre.

L'atmosphère qui règne à bord du « Popeye » — c'est son

nom — est bien étrange... Nous naviguons, les deux bateaux solidement amarrés afin d'unir leurs efforts pour remonter le courant, violent en saison des pluies. Je me suis installée avec Mickey sous le roof de la barge de gauche, fixant nos hamacs dans le peu d'espace qui nous est imparti, coincés entre des planches empilées et le plafond. Nous vivons allongés ou accroupis en permanence, profitant des rares instants où la pluie cesse pour aller nous déplier et délasser dos et jambes sur le pont supérieur. Les jours passent, sans joie. Sauf quand Mickey, se rabattant sur la guitare du capitaine, donne l'aubade pour tuer le temps à la grande satisfaction de l'équipage. Cela n'améliore pas la cuisine pour autant : elle est infecte. Après le bain de boue, c'est le bain de graisse.

La forêt que nous longeons nous est interdite. Le bateau ne s'arrête jamais. Il ne semble avoir qu'un but : foncer. Vers où ?

La pétarade incessante des deux moteurs qui résonnent jusque dans les têtes, nous coupe du monde musical de la forêt. Mais si nous n'entendons pas les cris des animaux, nous les voyons distinctement. Beaucoup d'entre eux, poussés par la curiosité, attendent le dernier moment pour s'enfuir dans les fourrés. Les grands singes noirs sont les plus démonstratifs. Ils s'enfuient, comme à regret, se catapultant de branche en branche et je peux suivre leur fuite à l'ondulation des arbres. Parfois, un tapir ou un fourmilier assoiffé remonte précipitamment une berge, s'enfonçant dans les sables d'un versant effondré. Souvent, nous approchons les hérons campés sur un arbre mort. Ils ne s'envolent que lorsque nous sommes là et Pedro, capitaine déboussolé par une éternité de navettes sur le rio, dégaine sa pétoire pour faire d'inutiles cartons. J'ai horreur de voir ces grands oiseaux blancs s'abattre, cruellement blessés, dans les courants qui les engloutissent malgré leurs efforts désespérés pour survivre. Les canards sauvages s'ajoutent au tableau de son pitoyable tableau de chasse. Par chance, les grands perroquets bleus trouvent une inexplicable grâce aux yeux de ce minable exécuteur. Je suis dégoûtée par ce mec infâme.

Je ne me sens pas bien sur ce convoi perdu au fin fond de l'Amazone avec ce cow-boy détraqué qui brûle ses cartouches sur tout ce qui bouge. Je me surprends à ne pas faire de mouvement brusque. Et lorsque je lui demande la raison de ce déchaînement contre les oiseaux, il me reprend par un grand éclat de rire, sans même aucune agressivité. Ce qui me paraît pire encore. Je sens intuitivement que je ne fais pas le poids. En somme, où suis-je ? Il n'y a rien, ici, que le fleuve en crue, la jungle intimidante et sans issue, un bout de ciel lourd de nuages qui vont déverser bientôt une nouvelle pluie diluvienne.

Mickey trouve les mots pour me calmer : pas la peine de faire trop de bruit ! Nous ne savons pas à qui nous avons affaire dans cette galère...

Enfin, un matin, les moteurs ralentissent et nous accostons en bordure de ce qui ressemble à un pré. Sur un chemin qui descend jusqu'à la rivière, un groupe d'hommes et de femmes, l'air effrayé, s'écartent soudain pour laisser passer deux cavaliers. Sûrs d'eux, arrogants, pistolets à la ceinture et cartouchière autour du ventre. Mais qu'est-ce que c'est que ces nouveaux cow-boys ? Tandis que les peones hagards, les traits ravagés, déchargent les fûts de deux cents litres entreposés sur l'autre barge, j'observe le manège des deux hacienderos, montés à bord du « Popeye » et maintenant en grande discussion avec notre capitaine. Je n'ai aucun mal à saisir l'objet de leurs propos animés : notre présence, qu'ils jugent indésirable. Mais ce sont les « autres » qui attirent mon attention. Les femmes sont maigres et en haillons, une pleine fournée de gosses accrochés à leurs guenilles, les hommes aux muscles noueux ont le visage émacié et la plupart les pieds dans un état épouvantable. Cette troupe « d'esclaves », noyée dans un nuage de mouches et de moustiques, se gratte les jambes recouvertes de piqûres écorchées à gestes las et résignés. Nous sommes en plein moyen âge ! Médusée, je détourne mon regard trop pénétrant. Autre choc : une charrette est tirée par deux jeunes garçons. Dégoulinante de sang, elle laisse des traînées rougeâtres sur le chemin. Ils apportent des quartiers de viande. Une vache vient d'être abattue pour notre arrivée. Les mouches, délaissant un instant les « morts-vivants », se ruent sur les pièces sanguinolentes...

Là-haut dans la cabine, la tension semble tomber mais de sérieux éclats de voix m'inquiètent. Les bidons débarqués sont pleins de benzine. Les arbustes que je distingue derrière, au loin, sont des plants de coca, tous ces peones sont là pour en piétiner les feuilles macérées dans le diluant. J'ai tout compris et j'ai subitement très peur.

Nous sommes dans le monde de la cocaïne et, visiblement, nous sommes de trop... Que vont-ils décider ? Nous éliminer, en nous tuant tous les deux ? Assassiner Mickey et me réduire au servage ? Me séquestrer et profiter de moi jusqu'à ce que la mort me délivre ? Ou encore m'offrir en prime pour la récréation de leurs « contremaîtres » brutaux et repoussants ?

Un court instant, toutes ces pensées noires s'entrechoquent dans ma tête. Et, saoulée par ce voyage pesant, ne pouvant rien faire d'autre, je retourne, comme pour me cacher, m'écrouler dans mon hamac. Mickey se sent obligé d'intervenir. Mais, prudemment, il attend le départ, qui semble tout proche. En effet, Pedro donne le signal du départ. Les hommes larguent les amarres et les patrons de la plantation, remontés sur leur cheval, s'éloignent sans nous jeter le moindre regard.

Quelles instructions ont-ils laissées à Pedro ? Doit-il nous jeter au milieu du fleuve ?... Mickey, cette fois, ne tient plus. Tout cela a assez duré. Il prend les devants, monte jusqu'à la cabine du capitaine, l'air faussement décontracté. Il a eu le réflexe de décrocher la guitare et c'est sur une note qu'il veut gaie, qu'il fait irruption au poste de pilotage. Surpris par l'intrusion de Mickey, Pedro se montre embarrassé, plus gêné que méchant. Sans doute investi d'une mission qu'il ne veut peut-être pas remplir, il fait semblant de s'intéresser à nous.

Tout a l'air de se jouer maintenant. Je me sens devenir paranoïaque en observant l'équipage qui semble n'attendre qu'un ordre.

Tout à coup, la tension chute. Mickey ressurgit. Pedro à ses côtés. Ils rient et entonnent, comme deux vieux copains, une chanson du folklore bolivien. Souriant, encore timidement, je suis bien persuadée que nous l'avons échappé belle. De quoi ont-ils parlé ? De rien ! Dans ce « corps à corps » silencieux, seule les énergies vitales des deux hommes se sont affrontées. Mickey a gagné.

Dix jours de voyage incertain, parfois pénible, toujours tendu, mais le soulagement non dissimulé d'être toujours en vie... Ainsi s'achève notre odyssée de bateau-stop dans un monde flou et visiblement hostile.

Chapitre 12

SUR LES TRACES DU PEUPLE INCA

Nous débarquons non loin de Trinidad, le courant est trop fort. Impossible de lutter. Nous devons parcourir à pied sur des sentiers marécageux les dix derniers kilomètres, par chance guidés par quelqu'un du pays.

De Trinidad à Cochabamba : une heure et quart d'avion, notre nouveau déplacement éclair. En fait d'éclair, faute de météo positive, la radio de l'aéroport nous oblige à rester en rade pendant vingt-quatre heures !

La Bolivie, la vraie, commence bien ici, à Cochabamba, au cœur d'une agréable et fertile vallée, à 2000 mètres d'altitude. Foïsonnant de fruits et de légumes, celle-ci est baignée de soleil et cernée de tout côté de pics montagneux. Cette petite ville jouit d'un climat merveilleux, alliant la chaleur tropicale, le jour, à un froid sec et reposant durant la nuit. De plus, ses environs offrent de fantastiques escapades en montagne, dans des coins complètement sauvages, à l'abri des circuits touristiques. Notre plus grande joie consiste à quitter la ville à pied, puis, une fois en rase campagne, à monter dans le premier camion et aller là où il va, tout en calculant le temps que nous mettrons approximativement pour le retour.

Aujourd'hui, nous sommes partis pour la journée marchant sur un chemin de terre qui serpente à travers la montagne. En bas, la ville miroite au soleil.

La température a fraîchi, mais la cadence de notre pas nous permet de ne pas avoir froid. L'après-midi s'annonce très belle, l'air est vif, le ciel lumineux, le temps est si clair que j'ai l'impression de pouvoir toucher du bout des doigts les sommets. Chemin faisant, nous croisons des bergères gardant d'immenses troupeaux de moutons, assises dans l'herbe, noyées dans leurs jupons multicolores. Elles s'accroupissent pour abriter leurs jambes nues, rougies par le froid. De jeunes garçons sont aussi allongés dans les fourrés, couchés sur le dos, ou adossés contre des rochers, coiffés de bonnet de laine cachant leurs oreilles, les pieds chaussés de sandales faites de lanières de cuir. Souvent, je devine leur présence, lorsque j'entends courir dans le vent un air de flûte, quelques notes cristallines, empreintes de mélancolie, en parfaite harmonie avec la paix profonde et absolue qui règne ici.

Moi aussi, j'ai envie de m'asseoir, de filer la laine et d'en faire des pompons pour orner les oreilles de mes moutons. Mais je n'ignore pas, lorsque la température descend trop bas, que la bise aiguisée comme un coutelas fait trembler les prairies. Les bergers se protègent dans de petites huttes en pierre dans lesquelles ils se glissent en rampant, brûlant des morceaux de tourbe pour ne pas mourir de froid.

L'univers ici semble « vibrer ». Rien ne vient troubler la paisible existence des êtres vivant sur ces terres. Le cycle naturel de la vie suit son cours. Chacun apprend à survivre en économisant son énergie. Çà et là, quelques pierres plates empilées l'une sur l'autre servent de barrière fictive entre deux « propriétés ». Elles sont davantage des gardiens infatigables, protecteurs muets, symboles probants d'une sorcellerie andine. Un bruit de moteur me sort de ma contemplation, un camion gravit péniblement les lacets interminables qui sillonnent la montagne. Je distingue dans la benne une petite animation, cela doit être un mariage. Musiciens, familles, invités et le jeune couple ont déjà commencé les réjouissances, buvant, mangeant, battant du tambour et sonnant des cuivres qui sont toujours en grand nombre dans les orchestres boliviens. Vingt minutes plus tard, ils s'arrêtent devant nous. Ils nous proposent aussitôt de nous joindre à eux. « Si, si, como no ? » (pourquoi pas ?)

La chicha, collante et poisseuse, déborde des verres. Boisson alcoolisée à base de maïs, elle réchauffe le cœur et le corps. La température diminue rapidement ; je suis glacée. Après l'effort de la marche, l'absence soudaine d'exercice et l'altitude qui augmente me sont fatales. Tout le monde a mis son poncho, ou sorti une couverture. Mickey et moi, nous nous accrochons à la ridelle arrière. Bien cramponnés de nos deux mains, nous résistons aux ruades du camion qui risque à tout moment de nous balancer par-dessus bord. Nous grelottons, mais sans perdre le sourire.

Les lamas ont remplacé les moutons, ce qui rend le paysage encore plus magique. Tout le monde chante, claque des mains, pousse des hurlements de joie. Riant de plaisir, je me glisse dans la fête. Nous sommes au sommet, à la « cumbre », col séparant les deux versants. Sur le plateau, des lacs se sont formés, aux eaux claires, bordés de plaques de glace scintillantes. Nous sommes à plus de 5 000 mètres, et au-dessus de moi, 2 000 mètres de roches nous contemplent, libres, fières, majestueuses... Je suis saoulée par l'action combinée de la chicha et de l'air, ivre de paysages et de ce vent glacé qui viole les narines, emplit les poumons sans leur apporter suffisamment d'oxygène. La route est plate, elle traverse un vallon tapissé d'une herbe rase d'un vert éclatant ; de petits chevaux broutent autour des sources, la crinière en bataille et la queue balayant le sol au gré de l'humeur changeante du vent.

Devant une maison en pierre, recouverte de grandes dalles mousseuses, les mariés et leur cortège font une halte. Une vieille dame, dont les longues nattes noires sont fixées avec des fils de couleur, nous vend du fromage de brebis et de la bière. La fête reprend un peu de vigueur et les musiciens redémarrent de plus belle. La journée est bien avancée et je réfléchis car nous sommes beaucoup trop loin pour rentrer à pied. Nous ne trouverons jamais une voiture pour nous ramener en ville. Nous n'avons pas d'autre choix que de continuer avec nos fêtards. Où allons-nous atterrir ? Je l'ignore.

Soudain, le cortège, qui commence à être sérieusement ivre regagne le véhicule. Nous redémarrons et rapidement redescendons sur l'autre pente. Je reste sans voix, tant le paysage est extraordinairement beau. Là, dévalant d'un sommet, une cascade rebondit sur les méplats rocheux pour se perdre un peu plus en contrebas dans les premières hautes herbes des prairies, puis un petit torrent prend le relais, courant dans la campagne, bientôt parsemée d'eucalyptus odorants.

Nous ne sommes toujours pas arrivés. Notre véhicule va de moins en moins vite, retardé par des éboulis qui coupent la route. Alors que nous atteignons une petite vallée, recouverte de maïs et de toutes sortes de céréales ondulant sous les caresses du vent, le chauffeur s'engage dans un minuscule sentier sur la gauche. Cela sent la fin du voyage. Mais un « derumbe » (éboulis), cette fois beaucoup trop important, nous empêche de passer. Peu importe, il semble que nous ayons enfin touché au but. Titubant, se soutenant les uns les autres, hommes et femmes parcourent à pied la courte distance qui les sépare encore d'une petite maison. Les mariés sont chez eux ! Suivis de toute la troupe, ils dansent tout le long du chemin. Qu'ils sont beaux, dans leurs habits de noces, en costumes chatoyants, tournoyant au milieu des prés verts bordés d'arbustes en fleurs, jaunes et roses !

Mais il est temps de les quitter. La nuit va rapidement tomber et la noce va certainement virer à la beuverie. Nous sommes déjà tombés dans de telles embuscades. Les Boliviens et leurs femmes, à chacune de ces festivités, mettent huit jours à dessoûler. Un minuscule village se dresse à mi-pente. Nous nous éclipsons, dans l'espoir d'y trouver un endroit où dormir.

Après une descente vertigineuse, il nous faut encore traverser un torrent. La nuit tombe et la brutalité avec laquelle l'eau dévale sur les rochers ne me dit rien de bon.

Mickey s'engage le premier, s'enfonçant immédiatement jusqu'à mi-cuisse. Hélas, il n'y a pas d'autre solution. Je dois le suivre à tout prix si l'on veut pouvoir trouver un refuge dans ce village que je devine à peine derrière une rangée d'eucalyptus. Il faut d'abord traverser un fleuve de boue avant de nous risquer à passer la rivière. J'ai soudain peur. Tout devient sombre et le ciel est chargé comme il devait l'être avant le déluge. Miraculeusement sauvés de cette boue mouvante, il nous reste à affronter ce flot furieux. Arc-boutée, les muscles tendus à craquer, j'avance millimètre par millimètre, résistant aux dizaines de kilos de pression qui cherchent à me précipiter dans le courant. Plusieurs fois, je me sens perdue, prête à me laisser emporter vers une mort certaine. De rocher en rocher, l'autre rive approche. Pour finir, aidée par Mickey qui me tend une branche morte, je franchis enfin les deux derniers mètres de ce cauchemar.

Cette fois, il fait nuit noire. Pas une seule lumière ne provient de ces maisons dont les silhouettes à peine visibles se dessinent dans l'ombre. Nous suivons à tâtons un chemin de terre qui, soudain, se dérobe sous mes pieds. J'en peux plus... La route s'est effondrée, supprimant d'un seul coup l'accès au village. C'est dur. Un gouffre immense donnant droit sur le rio, cinquante mètres en contrebas, remplace la surface plate sur laquelle nous marchions. Et la pluie commence à tomber. Faut réagir ! Tailladant à l'aide d'une branche des marches dans cette falaise de glaise, je crée un dangereux passage sur les quelque trente mètres de chemin inexistant. La soirée n'est pas finie... Les premières maisons sont en ruine. Personne... Enfin, une femme, pourtant terriblement effrayée par notre apparition dans la nuit, nous offre un lit et une soupe chaude...

Epuisée, je m'endors, mais au milieu de la nuit, un coup de tonnerre me fait me dresser d'un seul coup sur ma paillasse. Nous sommes dans une pièce basse de plafond, au sol de terre battue, où une caisse en bois renversée sert de table et sur laquelle est collée une bougie. Je cherche à tâtons la boîte d'allumettes et la flamme, qui maintenant éclaire le décor, ajoute encore un peu plus de mystère à l'endroit où nous nous trouvons. J'ai froid. Ecrasée sous le poids de trois ou quatre couvertures, lourdes et épaisses, tissées à la main avec de la laine de lama, je me sens cependant en sécurité. Des cataractes d'eau dégringolent sur le toit recouvert en dalles de pierre et je suis étonnée de leur efficace étanchéité. Deux fenêtres enfoncées dans des murs d'au moins quatre-vingts centimètres d'épaisseur apparaissent par instant, en deux rectangles aveuglants, me laissant supposer la puissance de l'orage.

Le bruit est assourdissant. Juste sur nos têtes, des explosions d'une telle vigueur rendent impossible le moindre dialogue.

⁂

Au petit matin, le soleil est revenu, mais de toute la nuit il n'a pas cessé de pleuvoir une seule minute. Le torrent que nous avons traversé hier soir doit être absolument infranchissable et pour combien de temps ? Je n'ose pas l'imaginer.

Notre hôtesse a un fils qui, ô merveille, parle un peu d'espagnol. C'est une bonne nouvelle, car notre connaissance du quechua étant plus qu'élémentaire, il eût été difficile d'expliquer que nous n'avons sur nous que très peu d'argent, mais pourtant terriblement faim et froid, étant en principe partis de Cochabamba par un après-midi ensoleillé et pour quelques heures seulement. Peu à peu, le garçon nous apprend qu'il existait un pont qui a été emporté par le torrent l'année précédente. Il arrive à nous faire comprendre que les villageois qui, d'ailleurs, désertent presque tous les lieux pendant les pluies, ont construit une passerelle à l'endroit le plus étroit de la rivière et que, traverser comme nous l'avons fait, est totalement exclu. Nous sommes contents de l'apprendre ! Et nous saisissons mieux cette atmosphère d'abandon angoissante ressentie hier soir.

Au milieu de la matinée, notre nouveau copain nous conduit à quelques lieues du village, là où un étroit canyon a permis de poser en travers des deux falaises quelques troncs d'arbres. Vingt-cinq mètres environ séparent les deux rives.

Des branches bien feuillues, jetées par-dessus ce passage artisanal bétonné avec de la boue, complètent l'assemblage. Un petit groupe attend. Quelques femmes assises, habillées de leurs six ou sept jupes de laine, le buste bien serré dans deux ou trois corsages bariolés, discutent, un bébé accroché à un sein, ou dormant emballé dans une pièce de tissage chamarré. Jetés en travers des épaules de leur mère, ils y gagnent ainsi en contact permanent avec l'indispensable sécurité maternelle.

Personne n'a l'air particulièrement pressé de s'engager sur ce semblant de pont suspendu. Un à un, pourtant, ils se décident, prenant seuls, tour à tour, la responsabilité de leur passage.

Le torrent, contrarié par ce lit soudainement étriqué, rugit, tandis que ses eaux bouillonnantes rebondissent, lançant des gerbes d'écume sale sur ses parois lisses et brillantes. J'aime ce vide qui croit nous happer déjà, alors que la construction végétale tremble sous chacun de mes pas. Il faut rester bien au centre, ne pas s'arrêter et avancer régulièrement en regardant droit devant soi. Le vacarme et l'accélération du rio ont tendance à m'attirer. Mais ce léger vertige est autrement plus agréable que le bain de boue et de furie de la veille. Jusqu'au soir, nous marcherons, atteignant presque la cumbre, avant qu'un minibus nous ramasse pour rejoindre Cochabamba.

Pendant quatre mois de Bolivie, je me suis gavée de montagnes, de vallées, de marches au bout du monde, de contacts avec un peuple extraordinairement attachant. Que de nuits imprévues après des heures sur des sentiers déserts ! Mon hamac d'Amazonie brésilien se retrouvait attaché aux poutres d'une petite maison en pierre, à quatre mille mètres d'altitude ou plus... Combien de troupeaux de lamas observés pendant des éternités sans jamais me lasser ! Que de fêtes aussi, de marchés colorés où, souvent, l'argent n'existant pas, on troque. Chacun propose sa production personnelle en échange de celle d'un voisin, vivant à une altitude différente : ici, on cultive le maïs, plus haut la pomme de terre, plus bas la quinoa (une céréale andine).

La Bolivie est l'un des trois pays les plus démunis au monde. On y vit réellement comme chez nous, avant le moyen âge, avec tout ce que cela comporte de souffrance, mais aussi de force et d'instinct de survie. Pratiquement tout appartient à ce que notre civilisation appelle « l'autrefois » : les routes, les maisons, l'absence d'eau courante et d'électricité, l'analphabétisme à 80 %, les commerçants abusant des gens manquant de la notion la plus élémentaire du calcul ou d'une idée de prix. Les transporteurs, chauffeurs de bus et de camions, règnent en maîtres absolus et fixent des tarifs à la tête du client. Ils surchargent les véhicules à 100 % de plus que le nombre de places autorisé, faisant voyager pendant douze heures trente personnes debout ou quarante entassées comme du bétail à l'arrière d'un énorme Volvo, en plus, bien sûr, du chargement de pommes de terre.

Enfin, il y a la musique, les condors et la « pacha mama ». La musique, c'est partout, tous les jours, les flûtes, les tambours, les orchestres qui, pour n'importe quelle occasion, défilent dans les villages où tout le monde danse dans la rue, ivre mort.

Les condors, eux, ce sont les sommets, l'espace intemporel, le silence des froides altitudes, le ciel insondable animé de leurs vols majestueux. Ces oiseaux, les plus grands du monde, proches des deux mètres d'envergure, si peu attrayants posés sur leurs pattes, sont, dans le vent, le symbole même d'une tranquille et puissante liberté. D'un coup d'aile, ils atteignent les neiges éternelles pour redescendre en piqué dans une vallée plus clémente.

C'est à Charasani, hameau où de père en fils on devient chamane médecin, que j'ai vu les plus beaux. Est-ce pour cela que les sorciers, récolteurs de plantes, ont fait de cet endroit leur fief privilégié ? Plus que tous, ces hommes honorent la pacha mama, cette mère nourricière qu'est notre planète tout entière. Tout vient du mariage de la Terre avec le Soleil, nommé Inti, le Père créateur. Et il n'est personne qui, avant de boire son premier verre, n'en verse quelques gouttes sur la terre battue du bistro, de la maison ou même sur le sol en ciment des demeures un peu plus riches. Une offrande symbolique à la Terre.

Habitant moi-même de nombreuses semaines sur les flancs de la montagne surplombant Cochabamba, j'ai merveilleusement ressenti cette notion de maternité terrestre. Depuis, je ne l'ai jamais oubliée, gardant en moi cet amour sans limite pour cet amalgame de matière qui tourne autour du Soleil. Je suis nourrie aujourd'hui encore par le souvenir brûlant de mes courses en montagne, alors que tout mon être, galopant corps et âme sur les sentiers, tantôt rejoignant les prairies pour me rouler dans les herbes odorantes, tantôt partant pour de folles équipées vers les hauteurs, je devenais l'un des éléments de cette nature sauvage.

Remontant vers le nord, nous quittons la Bolivie pour rejoindre le Pérou, longeant la rive droite du Titicaca. Le lac est en crue, ce qui entraîne encore de nombreux contretemps propices à de nouvelles aventures dans ce site d'une rare beauté. Nous ne savons plus où regarder. Nous ne pouvons plus quitter des yeux ni les eaux bleues ni les pics neigeux inondés de soleil.

Un jour, enfin, nous entrons au Pérou après quelques débats houleux avec l'unique douanier bolivien qui veut absolument nous faire payer un visa de... sortie du territoire. C'est une chose assez rare, bien sûr, mais que j'aurais pu croire si ledit personnage n'avait pas tenu pendant cinq bonnes minutes mon passeport à l'envers !!!

Cela valut à Mickey et à moi une bonne crise de fou rire, peu recommandé aux postes-frontières. Cet excès d'expression joyeuse ne valut tout de même pas celui qui nous prit une fois à bord de « Railovy ». C'était en arrivant aux Testigos au large du Venezuela. Nous avions offert un thé à l'homme en casquette monté à bord pour les formalités officielles. Ce dernier, peu habitué aux gringos, et aux voiliers, fort intimidé, absorbé par l'examen de divers documents, commença à remuer le sucre dans son verre avec son stylo-plume... S'apercevant de son erreur, il persista, imperturbable. Troublé, mais gardant toute sa contenance, il s'ingénia à nous faire croire que cela était tout à fait naturel. Passées les dix premières secondes, n'ayant pas osé regarder Mickey de peur de la catastrophe, j'éclatai littéralement. Mickey aussi. Le douanier, sans se démonter, posant dignement le stylo, but et, nous gratifiant d'un merveilleux sourire, nous avoua qu'il adorait le thé anglais... Les larmes aux yeux, je mis un sacré bout de temps à reprendre mon calme.

Chapitre 13

COCAÏNE ET SENTIER LUMINEUX

Puno, Cuzco, Machu Pichu, Ollan Tay Tambo, Quillabamba, Quiteny. C'est la route qui longe l'Urubamba, fleuve témoin de la splendeur des Incas, dont la capitale portait le pseudonyme de « nombril du monde » : Cuzco.

A l'origine, les Incas ne formaient qu'une petite tribu de la région de Cuzco. Leur premier souverain et fils du Soleil, le légendaire Manco Capac, aurait régné au début du XIIIe siècle. Il eut douze successeurs qui, tous, cherchèrent à agrandir et à embellir ce fabuleux empire, le Jahuantinsuyu (l'Empire des Quatre Régions), qui s'étendait dans la région des Andes, depuis le sud de la Colombie jusqu'au centre du Chili. Dirigé d'une poigne de fer par une administration omniprésente, le pays, bâti sur des contrées particulièrement inhospitalières, connut la prospérité et l'abondance. Les paysans indiens passèrent maîtres dans l'art d'aplanir les terrasses de culture sur les flancs des montagnes, de creuser des canaux, des tunnels ou de construire des ponts. On cultivait la pomme de terre, le riz andin (quinoa), le maïs, le haricot, le piment, l'avocat. Le culte du Soleil, Inti, véritable religion d'Etat, cimentait l'unité d'un empire composé d'une multitude d'ethnies. Tous parlaient le quechua. De Cuzco à Quito, soit 2400 kilomètres, les informations circulaient sur un réseau routier très développé grâce à un système de relais humains extrêmement efficace. Les messagers, les chasqui, se transmettaient tous les cinq kilomètres des messages oraux. L'empire, prospère, et à bien des égards en avance sur le monde occidental, s'effondra pourtant en 1533. Il aura suffi pour cela d'une guerre fratricide entre les deux héritiers au trône inca et de l'arrivée sur le sol de l'empire d'un aventurier assoiffé d'or, Francisco Pizarro. Jouant habilement et même attisant les haines réciproques des deux frères Huascar et Atahualpa, Pizarro n'eut aucun mal à faire main basse sur un pays miné par la guerre civile.

Atahualpa est fait prisonnier. Détenu dans un cachot à Cuzco, il n'a qu'une idée en tête : acheter sa liberté. Pizarro lui offre un marché : qu'Atahualpa fasse remplir sa chambre d'or et de pierreries et il sera libre. Dans tout le pays, des messagers se mobilisent pour amasser la rançon. Ce fabuleux magot, réuni en trois mois de collectes massives, ne sauve pas Atahualpa. Le 29 août 1533, il est garrotté sous les yeux de Pizarro, face à une foule de sujets, apparemment indifférents.

Cette histoire tragique m'émeut alors que je parcours les montagnes andines, de ruines en ruines, sur les traces de ce peuple éteint. Ce n'est pas un circuit touristique comme les autres. Ici, les pierres ne demandent qu'à témoigner.

A partir de Quillabamba, tout change. Il n'y a plus de gringos, il n'y a plus de route, il n'y a plus d'électricité, mais le fleuve, la forêt, la chaleur, les moustiques, l'inconnu, l'Amazonie.

Après quelques jours d'attente, nous montons dans la pirogue d'un groupe de colons qui partent prospecter en vue de choisir un terrain à défricher et en demander aux autorités, comme cela se fait, le titre de propriété. Leur compagnie est peu agréable. Ces métis d'Espagnols et d'Indiens des montagnes vivent mal leur situation de « sang mêlé ». Agressifs à l'égard des Indiens qu'ils méprisent, serviles vis-à-vis des patrons blancs qu'ils craignent et jalousent, ces êtres déracinés et complexés se révèlent de troubles compagnons de voyage. Et malgré la splendeur que je découvre encore et encore à chaque détour du fleuve, le voyage est pesant. D'ailleurs, peu soucieux de ce qui peut nous arriver, ils nous débarquent froidement dans un village indien, construit autour d'une mission. Mickey est fou de rage, mais ne va pas trop loin. Il sait qu'ils bondiraient au moindre prétexte, trop heureux de l'occasion pour se servir de leur fusil à pompe. Ce qui les a retenus d'aller trop loin, j'en suis sûre, c'est la présence d'une très jeune femme avec laquelle j'avais eu le bonheur de sympathiser. Nous sommes à Timpia, sur la rive droite de l'Urubamba, quelque part entre la forêt tropicale et le ciel.

Plusieurs heures, nous restons là en bordure de la mission, assis sous un arbre qui croule sous de gros fruits jaunes : des pamplemousses. Nous nous gavons de leur jus délicieux en espérant que quelqu'un vienne à nous. Mais rien. En fin d'après-midi, je me dirige vers un long bâtiment recouvert de tôle ondulée pour tenter de demander l'hospitalité. Un homme glacial, suspicieux, m'annonce qu'il ne se sent pas du tout concerné par notre histoire. Du genre : « Couchez où vous voudrez, mais pas chez moi, et mangez ce que vous trouverez, mais pas à ma table. » Drôle d'accueil pour un missionnaire.

Le « saint homme » me raccompagne jusqu'à la clôture et met fin à notre conversation. Je retrouve Mickey bavardant avec un homme habillé d'une grande robe de coton brun, parlant à peine l'espagnol, mais expliquant à grand renfort de gestes que nous pouvons le suivre.

Ramassant nos sacs à dos, nous voilà partis, alors que tous les bruits de la forêt saluent déjà la nuit qui vient, sur un petit sentier qui mène à une clairière. Il y a là de quoi manger et dormir. Nous sommes les invités des Machingengas.

Après plusieurs jours, nous nous rendons compte qu'aucune autre pirogue ne passera jamais par ici. Il nous faut construire un radeau, fait en rondins de balsa, bois extrêmement léger, qui flotte parfaitement. Je sais bien qu'il nous faudra dix à quinze jours de descente sur le fleuve avant de trouver un autre point civilisé d'où nous essaierons de rejoindre Atalaya.

Aidé d'un natif, Mickey n'a qu'une idée en tête, construire le radeau qui nous sortira d'ici. Nous avons pleinement conscience d'attaquer une authentique expédition de survie : il nous faudra supporter simultanément la chaleur accablante, mais aussi les nuits glacées, les tourbillons géants à la périphérie desquels le radeau de balsa peut tourner pendant des jours et des nuits jusqu'au risque d'être aspiré et digéré par le fleuve, les courants, les rochers, les rapides et... la faim. Nous n'avons quasiment rien à emporter.

La fièvre tropicale m'a foudroyée. Je reste allongée dans mon inséparable hamac, ne pouvant pas tenir cinq minutes debout sans perdre connaissance. Je ne vois pas passer les heures, n'ayant plus notion de rien, vivant un délire halluciné. Mais le père missionnaire, ayant eu vent de nos activités et peut-être plus particulièrement de mon état, apparaît un beau matin. Il annonce l'arrivée de l'avion de brousse reliant une fois par mois la mission avec le reste du monde. Moyennant 40 dollars chacun, il nous offre de prendre la place d'un sac de café et de nous permettre de partir pour Satipo, petite bourgade de planteurs à 250 kilomètres de là.

Mickey, immédiatement, est décidé. Il ne veut pas prendre le risque de descendre, pendant deux semaines au moins, l'Urubamba accompagné d'un cadavre paludique ! En fait, je vais beaucoup mieux. A bord du Cessna, une heure et demie durant, nous découvrons avec émerveillement la jungle à perte de vue. C'est une forêt de montagnes entrecoupée de gorges profondes, aux torrents brisés de multiples cataractes. Notre cap est plein ouest et nous traversons dans sa largeur toute la cordillère de Vilcabamba.

A Satipo, dans la poussière de la terre battue, nous faisons immédiatement connaissance avec Diego de Almenara, venu par hasard à l'aéroclub. Stupéfait de tomber sur deux étrangers, une compréhensible curiosité le pousse à entamer la conversation. Rapidement séduit par nos diverses aventures et plus particulièrement par la toute dernière, ce jeune Péruvien nous héberge chez lui. Au cœur de cette petite ville de planteurs de vingt mille habitants, qui vit au rythme de la spéculation internationale sur le café et le cacao, Diego habite un bungalow aux fenêtres sans vitre, fermées par des moustiquaires, protégé du soleil tropical par l'ombre bienfaisante d'un arbre centenaire.

Diego est de Lima. Fils de la capitale, il a depuis dix ans abandonné la ville. Pour sa passion : la forêt. Il vit à Satipo, en bout de route, là où tous les colons se disputent les marchés du café, cacao, oranges, bananes. Ils y achètent ainsi tout ce dont a besoin leur famille isolée dans la forêt, souvent à plusieurs jours de marche du village. Alors que déjà s'esquisse entre nous une réelle amitié, Diego nous fait le grand honneur de nous promettre de nous conduire en forêt.

Et bientôt nous redécollons pour rejoindre en quarante-cinq minutes la mission franciscaine de Cutivireni, au pied de la cordillère de Vilcabamba.

Il fait très beau. La lumière est violente en ce début d'après-midi, et le bleu métallique du ciel tranche sur le vert profond de la forêt que nous survolons. En quelques minutes nous avons laissé derrière nous les cultures d'orangers rectilignes et propres, les chemins de terre qui sillonnent les collines reliant les « chacras » (plantations) les unes aux autres. La forêt règne en maîtresse absolue. En avant de l'appareil, le soleil fait miroiter les eaux d'un rio immense. Nous descendons doucement vers les méandres et les bancs de sable de l'Ene-Apurimac, appelé plus en aval l'Ucayali, qui, une fois grossi du rio Maranon, deviendra l'Amazone. La mission du padre Mariano Gagnon a été brûlée il y a cinq ans par un groupe indéterminé surgissant de la nuit, tirant à la mitrailleuse et saccageant tout : colons, narco-trafiquants ou terroristes... ? Les uns ou les autres, les uns et les autres, ou tous réunis... Quién sabe ? Le padre a, peu à peu, tout reconstruit.

La mission vient tout juste d'être terminée, et inaugurée en grande pompe, en présence de personnalités du gouvernement péruvien et de nombreux amis de Mariano. Mais, depuis, des menaces de mort pèsent toujours sur lui. On les doit à ceux qui rêvent d'envahir les terres fertiles de la vallée.

Il y a seize ans, le padre débarquait ici pour fonder cette petite mission. Nous sommes cernés par la forêt, là, toute proche. Mariano nous offre l'hospitalité pendant vingt-quatre heures, dans son minuscule îlot de confort perdu en pleine jungle amazonienne. Le padre Mariano Gagnon, homme remarquable, a bien du mal à maintenir à l'écart tous ceux qui se pressent autour de la dernière communauté indienne ashaninca, encore totalement vierge de contacts avec la civilisation.

Ces familles, demeurées dans la forêt loin des rivières navigables, sont répertoriées, mais refusent, ou n'ont nul besoin, de s'intégrer culturellement ou matériellement. Elles ne sont pas hostiles, bien que la presse péruvienne s'est fait l'écho cette année de quelques attaques par flèches empoisonnées (dans la région de Iquitos). Gagner la confiance des natifs et les aborder demande du tact, beaucoup de temps et une profonde expérience. La moindre erreur est fatale et bien des imprudents ont payé de leur vie leurs maladresses. En septembre 1964, une expédition disparaissait totalement dans la région du Piroeme. Cette communauté ashaninca est la dernière et la seule à ne pas être envahie par la colonisation. Ceci grâce à la présence de la mission et à la détermination du padre. Partout ailleurs, les natifs ont été chassés de leurs terres par les colons (Indiens quechuas descendus des Andes au climat difficile) qui ont défriché de façon anarchique des milliers d'hectares, détruisant la forêt et provoquant une érosion dramatique des collines déboisées, supprimant du même coup les réserves de chasse naturelles d'où les natifs tiraient leur alimentation.

***

En 1980, le gouvernement péruvien décide subitement d'implanter un développement agricole en forêt tropicale. Il promet des prêts bancaires à tous ceux qui descendraient de leurs montagnes andines pour défricher et cultiver du terrain. Bélaunde, à l'époque Président du pays, suscite une véritable migration. Vingt mille personnes envahissent les vallées et les environs des grands fleuves !

Depuis cette époque, l'Indien quechua arrive en région tropicale avec femme et enfants. Courageusement, il commence à défricher une parcelle de jungle. Au bout de deux mois de travail acharné, il part à pied pour Satipo afin de déclarer son labeur et recevoir son titre de propriété. L'administration lui conseille alors de continuer sa plantation et de revenir dans quelque temps. Il s'en retourne déçu, un peu plus pauvre encore. Trois mois plus tard, notre paysan repart pour la ville. Après quinze jours de marche et de démarches, sa seule récompense n'est qu'une promesse de plus : « Revenez dans trois mois. » Le prêt bancaire n'est encore qu'un mirage. La réalité pour lui, c'est que sa famille déracinée, non acclimatée, crève de faim, de fièvre, d'isolement et de paludisme.

Deux années passent, environ. Rien n'a bougé. Tous les Quechuas se meurent dans la moiteur de la saison des pluies. Le gouvernement péruvien, pris dans le tourbillon politique, économique et social, ne sait pas comment tenir ses engagements. Dans cette atmosphère de désespoir surgit soudain un « homme providentiel »... Il remonte debout, à l'avant d'une pirogue à moteur, le fleuve Apurimac. C'est un Colombien massif, la face ronde barrée d'épaisses moustaches noires. Avec ses hommes, il fait le tour de toutes les chacras (plantations) ouvertes sur les berges du fleuve. Il rend visite à chacun de ces pauvres cultivateurs bouffés par la maladie et la misère. Il les réconforte, distribue généreusement médicaments et nourriture. Tout en les mettant en confiance, il leur glisse subtilement de cultiver un peu plus de ces petites plantes de coca que le Quechua utilise naturellement pour sa consommation personnelle. Depuis toujours en effet, les Indiens de l'Altiplano consomment la coca, mâchant les feuilles rondes revigorantes, qui protégent du froid et coupent la faim.

Le voyageur leur conseille de tripler la production. L'air de rien, sans y attacher d'importance, il leur confie un peu d'un mélange tout préparé, expliquant rapidement comment il suffit de laisser macérer les feuilles et qu'il passerait dans deux mois exactement, tel jour, à telle heure, afin de récupérer la poudre blanche qui reste au fond du bocal. Les remerciant de ce service, il ne manquera pas de leur donner un peu d'argent... Histoire de les aider.

Ces paysans, au bout du rouleau, font ce qu'on leur suggère et le jour dit, à l'heure annoncée, le type est là. Décontracté, sous des yeux à la fois effrayés et incrédules, il pose sans compter une liasse de dollars sur la table en rondins, sale et poisseuse. Alors, d'un ton un peu plus ferme, il demande que le planteur double sa production. Rendez-vous deux mois plus tard. La fabrication de la « base », d'où l'on extrait la cocaïne, est amorcée. Convaincu facilement par ce troc miracle, le paysan quechua laisse tomber son café et ses oranges. Il y a des mois qu'il se tue en vain pour un objectif qu'il ne pourra pas atteindre.

C'est ainsi que les Colombiens prennent le monopole de cette culture clandestine tout le long du rio Apurimac, du Ene et du Tambo. Aujourd'hui, de petits avions hyper-performants atterrissent sur de minuscules terrains en herbe pour ramasser des centaines de kilos de base, permettant donc dans des laboratoires, clandestins eux aussi, de produire la cocaïne...

Dans cette même zone, sur les versants que domine Ayacucho, se regroupent aussi les partisans du Sentier Lumineux. On les connaît comme une organisation d'inspiration marxiste. Ils comptent environ 15 000 hommes. Ils sont dirigés depuis 1970 par leur fondateur, un ancien professeur de philosophie de l'université de Huamanga à Ayacucho, Abimaël Guzman.

Le Parti communiste péruvien-Sentier Lumineux (P.c.p.-S.l.) a commencé à faire parler de lui le 17 mai 1980 en mettant le feu aux urnes et aux registres électoraux du village de Chushi, à la veille d'élections qui devaient marquer le retour à la démocratie après douze ans de régime militaire. Une première action spectaculaire suivie bientôt de beaucoup d'autres : enlèvements de notables, de « traîtres », de commerçants à la richesse exubérante. On estime généralement qu'en huit ans d'une guerre civile sanglante, il y a eu 10 000 victimes, des paysans d'Ayacucho pour la plupart. Comme tous les militants électrisés, les membres du Sentier sont totalement dévoués à leur chef. « Nous obéissons à tout, parce que notre chef a tout synthétisé sur la pensée du marxisme-léninisme-maoïsme. Il a clairement dit que nous étions " la quatrième épée de la révolution mondiale ". »

Ce mouvement de guérilla n'a eu aucune peine à s'implanter dans un pays en plein marasme économique, où augmente sans cesse la misère des paysans déracinés, des Indiens « déculturisés » qui réclament la répartition des terres des immenses coopératives agricoles.

Aux actions « pacifiques » des premières heures, succèdent, à partir de 1982, une série de massacres et d'attentats sanglants : assassinats de paysans « réfractaires ». Mais comme dans toute guerre civile, les innocents, pris entre deux feux, paient cher leur présence. Comment calmer les esprits entre une guérilla prête à mourir, l'arme à la main (« Le seul chemin est celui des armes. Personne ne peut nous abattre », déclarent fièrement les jeunes militants du Sentier Lumineux), une armée déroutée au milieu de toutes les violences, un pouvoir affaibli et une paysannerie affamée ?

Cependant, depuis l'arrivée au pouvoir du jeune Président Alan Garcia, les choses ont sensiblement changé. D'abord, dans un premier temps, celui-ci renonce à écraser la guérilla. Et tend la main aux rebelles en leur proposant une sorte de trêve. Garcia veut créer une commission de la paix, développer les régions contrôlées par la guérilla et « moraliser » l'armée. Mais son programme plein de bonnes intentions échoue. Le Sentier Lumineux refuse tout dialogue. Le Président est même victime, le 7 juin 1986, d'une tentative d'assassinat ! Pourtant, sur le terrain, le mouvement révolutionnaire semble moins présent dans la région d'Ayacucho. En revanche, il aurait étendu son influence dans d'autres provinces, notamment en zone tropicale, là où la forêt lui procure un abri idéal...

L'inactivité, le chômage de tous les étudiants d'Ayacucho nouvellement instruits, vivant au cœur d'un monde paysan pauvre et mis à l'écart, sont le creuset idéal à la macération de cette subtile alchimie révolutionnaire.

⁂

Laissant la mission, Diego, Mickey et moi nous enfonçons alors dans la forêt, traversant cinq fois le Cutivireni, séparé en plusieurs bras juste avant son embouchure, là où il se jette dans le Ene Apurimac. Je suis émerveillée, sans voix, éblouie, séduite.

D'abord intimidés, les enfants puis les adultes s'approchent, rient, font leurs commentaires. Ils ne sont que sourires! Vivacité, énergie, pur-sang en liberté, baignant dans le plus parfait bonheur de vivre, intrigués mais ravis de notre présence. Heureusement, ils ne sont pas trop effrayés car ils connaissent Diego depuis longtemps.

En plus de ce tout premier contact avec les Ashanincas, il y a le théâtre naturel de cette forêt vierge, immense, inconnue, remplie d'animaux que nous apercevons sous des arbres de plus de soixante mètres de hauteur, ou s'enfuyant dans cette cathédrale de verdure. Nous restons deux semaines et je suis prise sous le charme. Il faut partir aujourd'hui, mais je suis déjà sûre de revenir.

De retour à Satipo, nous prenons le bus. Direction Lima. Toute la nuit, le vieux Mercedes de la compagnie « Los Andes » nous secoue les tripes.

A l'aube, nous nous arrêtons aux portes de Lima. Il est trop tôt : la ville est en état d'urgence et le couvre-feu n'est levé qu'à six heures. Enfin, nous nous engageons sur un immense boulevard. Tout est gris, triste et cafardeux, le brouillard étouffe la lumière qui pourtant essaie de s'infiltrer jusqu'aux maisons en terre et en tôle qui pullulent sur les collines environnantes.

Pendant plus d'une heure encore, nous roulons dans une banlieue de bidonvilles, puis les bâtiments en brique rouge se font de plus en plus nombreux et le bus nous abandonne enfin à la Victoria, quartier populaire grouillant d'une activité fébrile. Nous restons quelques jours à Lima, ville froide et particulièrement pluvieuse en ce mois de juillet 1985, puis de bus en camion, traversons tout le Pérou et l'Equateur, pays plus modernisé, mais qui n'a pas la beauté grandiose de celui que nous venons de quitter. Enfin, c'est la Colombie et, de nouveau, le Venezuela, au terme de cette odyssée routière en dix étapes et trois semaines, afin de rejoindre la côte où le ferry-boat nous ramène à Curaçao.

Chapitre 14

J'ATTENDS LE TOUBIB TROIS JOURS : JE VAIS MOURIR...

Ce périple harassant n'aurait dû durer que onze jours. Mais, la fièvre tropicale qui m'avait déjà abattue deux mois plus tôt, à Timpia, sur le rio Urubamba pendant la construction de notre radeau, resurgit à Machala, non loin de Cuenca, en Equateur.

Je la sens bien me talonner, m'engourdissant plusieurs heures chaque jour, m'emprisonnant dans une léthargie anesthésiante.

Mickey s'en rend compte. Il serait raisonnable de se reposer. Mais je ne veux rien savoir : nous n'avons presque plus d'argent. Il est urgent de rentrer à Curaçao, de retrouver le bateau. Nous avons une idée : créer une petite activité de charters pour touristes américains, très « middle class ». Je suis vraiment préoccupée par la réalisation de ce projet absolument nécessaire pour subsister.

Mickey insiste pour s'arrêter. Malgré ma lassitude extrême, je me force à continuer. Je ne veux pas rester un jour de plus à Machala, ville sans âme où je viens de passer la nuit sans plus aucune réaction, anéantie par une nouvelle poussée de fièvre. Dans cet hôtel sordide, aux odeurs de graillon imprégnées jusque dans les murs, aux sanitaires bouchés par des colonies de cafards répugnants, aux cris des enfants qui se pourchassent sans fin dans les cages d'escalier, mon moral chute à son tour. Je ne veux pas me laisser aller. Je me crois suffisamment requinquée pour poursuivre la route jusqu'à Cuenca.

Ayant présumé de mes forces, je m'accroche pour résister aux six heures de chaos. Je ne tiens plus sur mon siège. J'ai envie de me laisser glisser à terre, de m'allonger sur le sol de l'autobus, sale, souillé, graisseux, maculé de toutes les boues des chaussures. Plus rien ne m'importe. Je me sens partir. Enfin arrivés, Mickey me traîne en dehors du véhicule. Dehors, je ne peux quasiment plus marcher. C'est lui qui portera mon sac à dos jusqu'au premier hôtel.

Pour moi, tout se passe encore dans un clair-obscur. Une réception, un couloir, deux étages pénibles, une chambre, un lit enfin : je m'écroule. Mickey ramène sur moi les couvertures. Mais je les rejette. Je suis brûlante, bouillante. Jamais je n'avais supporté une telle fièvre. J'en ai encore à peine conscience. Je dois m'endormir ou quelque chose comme ça. Je sens Mickey à côté de moi, il me tient. Je ne sais pas pourquoi... Quelqu'un parle aussi, je crois que c'est ma voix. Je ne comprends rien...

A l'aube, c'est comme une trêve. Je me sens mieux. J'ouvre les yeux dans cette petite chambre : Mickey est sur le lit d'à côté, tout habillé, en travers. Endormi profondément.

Mon esprit est lucide. Le calme règne autour de moi et en moi. Il n'y a pas de bruit. Il doit être très tôt. Avec difficulté, je m'assois sur le bord du lit, me lève. « Hou là là, ça ne va pas très fort... » Je me dirige vers la porte, j'ai envie de sortir prendre un peu l'air.

Ça me fait du bien. Je me cramponne à la rambarde du balcon qui surplombe le patio sur lequel donnent toutes les chambres. J'ai fait une quinzaine de mètres : quelle idée ! Je ne tiens vraiment pas debout. Je suis incapable de rester tranquille ! D'un seul coup, je réalise que les vingt pas qui m'ont conduite si loin de mon lit, vont me coûter très cher. Tout se voile. Je vais tomber. Je sens que je pars. Attention : éviter la rambarde ou je vais basculer dans le vide ! Je ne vois plus rien. Je cherche pourtant encore à m'éloigner du balcon et ma tête cogne le mur... Le carrelage est glacé. J'ai froid. Combien de temps suis-je restée ici, inconsciente ? Je veux me lever, partir.

Je rage. Je peste contre moi-même : qu'est-ce que je fous là ? Je fais vraiment n'importe quoi... C'est le silence. Tout le monde dort. Je repars, fais quelques pas, retombe. Tout est noir, le carrelage est toujours aussi froid, j'ai encore la volonté de repartir. Qu'elle est loin cette chambre ! Je retombe et même scénario. Enfin, ma porte. Je m'écroule à ses pieds, en m'accrochant à la poignée. Mon poids la pousse. Elle cogne le mur. Mickey se réveille en sursaut : « Mais qu'est-ce que tu fabriques ? »

Il vient, me ramasse, me repose sur le lit. Je suis trempée : « Cette nuit, tu nous a fait une corrida ! Et les toubibs, y'en a pas un qui veut bouger, la nuit, dans ce pays », râle-t-il. Mais il se calme immédiatement : « Il va venir cet après-midi, t'en fais pas ! »

Le toubib en question mettra trois jours à venir. Pendant tout ce temps, je délire. C'est le cinéma permanent... Très, très beau, doux, pastel. Je vis dans un dessin animé. Pas malheureuse pour deux sous : il y a là tous les animaux de Walt Disney et des personnages tout en couleurs, en grandes robes à crinoline, leurs cavaliers, des chevaux, des bateaux... Je suis enchantée. Je n'ai aucune conscience de la gravité de mon mal. Et je me plais à raconter à mon compagnon, attentif, qui reste presque toujours à mon chevet, en articulant à grand-peine, les scènes qui défilent dans ma tête.

De temps en temps, il m'abandonne, faisant un tour dans la ville pour déjeuner, acheter quelque chose qui pourrait me faire envie, mais je ne mange rien.

Le médecin est venu ce matin. Analyses diverses, examens : le lendemain, interloqués, nous apprenons que je n'ai rien ! Etonnant... Il m'a pris la température : j'oscille constamment entre 39°5 et 40°7. Mais pour lui, je n'ai rien. Les examens disent : elle n'a rien... Donc, je n'ai rien...

Je reste deux jours encore avec ma fièvre et mon rien, puis j'émerge doucement. Je redescends d'une lointaine planète. Revenant à la vie, je me rends compte qu'une semaine vient de passer... sans moi. J'étais où ? Mon corps était là, sans doute, brûlant, mais mon esprit ?

Mickey rentre d'un tour dans le centre. Machinalement, il jette un œil vers moi, répond à mon sourire. Il a l'air fatigué. Mais il me regarde encore, fronçant les sourcils, attendant un signe de ma part. Je lui adresse un autre sourire : « Salut ! » Sans un mot, il s'approche : « Ça va ? » Il s'assoit sur le bord du lit et réalise que je suis bien revenue sur terre.

Il pousse un soupir profond et d'un seul coup j'ai peur : je reviens de loin. Et il me raconte toute cette semaine : l'hôtel, les voisins, le toubib... Sa bagarre pour qu'on me garde ici, alors qu'on voulait déjà m'envoyer dans un hôpital (équatorien !). Il me raconte comment, après le passage du médecin, les gens chuchotaient qu'un esprit m'habitait. Quelle folie ! Et cela me rappelle ce type, cette ombre, vers laquelle j'ai tendu la main, l'autre jour, sur le balcon, la distinguant à peine dans ma vision trouble. C'est vrai, au fait, qu' « il » n'a pas bronché. Et si c'était pour ça ? Encore, encore la superstition, les sortilèges, la macumba... Où vont-ils chercher tout ça ?

Je crois tout simplement que je me dirigeais sereinement vers la mort, m'éteignant dans des rêves en technicolor, sans souffrir et sans regret.

Mais je suis de retour. Une semaine de convalescence et nous reprenons le voyage. Le 14 juillet, nous sommes de nouveau à Curaçao. Et nous faisons fête à « Railovy ».

⁂

Plus un centime en poche. Pendant un an nous allons travailler : charter et plongée sous-marine. Quelqu'un me manque : c'est « Jydartha ». Je suis pressée d'aller le chercher en Martinique. Je m'échappe. Fabrice, mon frère, ne m'attend pas. Il est tout surpris de me voir débarquer... « Jydartha » est vendu ! L'encre de la signature n'est pas encore sèche. La promesse de vente est faite... M'avait-on bien comprise quand je l'avais laissé ? A-t-on voulu ne pas me comprendre ?

Je tombe malade. Il me manque une partie de moi-même. Je traîne entre ma découverte de la plongée sous-marine en Martinique et mon entreprise de charters à Curaçao. Mon admiration pour « Railovy » ne peut remplacer mon amour pour « Jydartha », l'estime que je porte à l'excellent skipper qu'est Mickey, ne peut compenser mon besoin d'être seul maître à mon bord. Et soudain, pour moi, la Terre est trop petite et la mer est trop grande... Ma déprime m'éloigne doucement de Mickey. On ne se perd pas, nous travaillons côte à côte, mais il partira avant moi, pour une nouvelle virée sur la terre sud-américaine en solo.

Je fais assez d'argent pour repartir au Pérou durant l'été 1986. En débarquant de l'avion, je reste deux jours à Lima ; le temps d'organiser mon voyage pour Satipo. Je veux faire le trajet de jour n'ayant rien vu l'année dernière. J'avais pris, de nuit, l'autobus préhistorique qui fait la route en dix-huit heures. Lima est toujours la même, froide et brumeuse, et quand un rayon de soleil arrive enfin à traverser le rideau opaque, les orphelins de la rue s'endorment sous un arbre dans les parcs publics. Produits inutiles, sans ressource, ils sont des centaines dans la ville à disputer aux chiens errants les poubelles des beaux quartiers. Dès que l'ombre envahit la ville, ils se mettent en quête de quelque chose à voler et ils marchent au hasard pour ne pas mourir gelés dans l'anonymat de la nuit. Mais à minuit, le couvre-feu les oblige tous à se terrer dans leur bidonville, les soldats envahissant alors de toutes parts la capitale. Jusqu'à l'aube, les chars sillonnent tous les quartiers. Les militaires tirent à l'aveuglette, au moindre bruit venu de nulle part, et tous les « barrios » résonnent du bruit de la mitraillade. Au matin, dans la banlieue, on ramasse quelques cadavres, des oubliés, des sans-logis, des ivrognes incapables de retrouver à temps leur taudis. Dans l'obscurité, il y a aussi ceux qui agissent en secret, déterminés et efficaces. Ils posent leurs bombes et presque chaque nuit une boutique, une banque, une administration explosent. Il est à peine 22 heures quand la lumière s'éteint. On cherche une bougie, comme on le fait depuis des mois. Aujourd'hui, c'est un pylône qui a sauté ou peut-être l'une des centrales électriques. Les journaux du lendemain annoncent les dégâts et les morts : policiers, militaires ou terroristes... Le Sentier toujours là, toujours présent.

Je quitte ce cauchemar ; je suis venue, moi, pour retourner en forêt. J'ai trouvé une voiture, quatre passagers à l'arrière, deux à l'avant, plus le chauffeur. C'est le grand luxe. Pour une fois, les portières ferment et les vitres se remontent, mais les sièges sont complètement défoncés, le tableau de bord inexistant et le changement de vitesse maintenu en place avec du fil de fer. La journée est belle et nous démarrons très tôt.

Le propriétaire fait un détour par le marché aux voleurs, où l'on trouve tout un tas de bric-à-brac. Sans même descendre, il demande à un gamin s'il aurait un enjoliveur pour le pneu avant droit, ressemblant à ceux qu'il a à l'arrière : « Como no señor ! » (Bien sûr !) et il disparaît avant de revenir triomphant, brandissant l'objet au-dessus de sa tête. Il reçoit 250 intis (22 francs), s'éloigne sourire aux lèvres et nous redémarrons ! Pour nous apercevoir, dix kilomètres plus loin, arrêtés pour faire de l'essence, que l'enjoliveur arrière gauche avait disparu ! Fou de rage, le chauffeur est bien obligé de se rendre à l'évidence : on le lui a volé. Il n'avait qu'à descendre de voiture...

Chemin faisant, nous traversons des villages. Là, de petites maisons aux balcons immenses encadrent une place unique, lieu de rendez-vous de tous les gens du pueblo. Ici, c'est un bistro, annoncé par sa pancarte publicitaire « Los Angeles », construit dans la poussière de la route, au milieu de gravats et de ruines. Plus loin, un restaurant, « El condorito » (Le petit condor), sans doute la nostalgie des Andes. Nous croisons de nombreux camions peints de toutes les couleurs et portant tous un nom inscrit en gros sur le fronton de la cabine : « Siempre con Dios » (Toujours avec Dieu). Ça vaut mieux. Ou bien : « Mi cholita »

(Ma petite amie). Avant de quitter la vallée, nous nous offrons un verre dans un hameau fleuri. Des grappes folles de couleurs dégringolent des façades, tandis que les parfums les plus divers prennent d'assaut mes narines, violemment, sans se soucier du trouble que font naître en moi toutes ces odeurs enivrantes. Fermant les yeux, je me revois en Bolivie, un an auparavant.

La violence de mes souvenirs envahit tout mon être. Je m'oblige à résister aux émotions démesurées qui montent en moi. Pourtant, déjà submergée, je ne peux que m'abandonner au plaisir de me donner tout entière à mon passé. Seule, au milieu de tous ces gens vivant dans ce pays, je me sens pourtant forte et à ma place.

Le voyage me permet de puiser dans un registre infini de paysages sans cesse renouvelés. Je suis là, n'attendant rien en particulier, profitant de chaque minute qui passe, comme si elle était la dernière de ma vie. Je ne connais plus la déception, l'enthousiasme, car je n'attends rien. Je me laisse seulement saouler, immerger dans ce long fleuve tranquille que forme désormais mon existence.

Un gamin me tire subitement de mes réflexions matinales, en me tendant une petite menotte sale. Il a une adorable frimousse et la rondeur de ses joues luisantes me prouve qu'il ne meurt pas de faim. Mais je ne me fais pas d'illusion. Je suis occidentale donc riche à ses yeux... Il resserre son petit poing sur la pièce et décampe rejoindre les copains. Je lui ai donné un inti, c'est-à-dire dix centimes. Aujourd'hui, au marché noir, un dollar en vaut soixante, et demain sûrement plus. Ce pays vit dans un climat d'insécurité permanent et aux Senderos vient s'ajouter un risque sérieux de guerre civile.

Si la mendicité est très pratiquée en Amérique du Sud, je suis pourtant gênée par la modicité de mes gestes répétés. Je ne peux pas distribuer les dollars et les piécettes que je donne çà et là valent si peu qu'aux Champs-Elysées personne ne se baisserait pour les ramasser. Pour ces gosses en guenilles, en revanche, cela représente un apport sympathique. Pour les gringos, il n'y a vraiment aucun mérite à donner l'aumône et il est très malsain de s'imaginer, comme certains touristes, que l'on a de la grandeur d'âme en agissant ainsi.

Il fait bon. Très bon. Un vent léger éveille doucement la journée. Se mêlent aux parfums des fleurs, des odeurs de charognes... Poules écrasées, chien, ventre en l'air, gonflé, cadavres puants, jalonnent le chemin où passent si peu de voitures. Ici, les animaux croient encore que la route leur appartient. Ils ne savent pas que derrière les phares rôde la mort. Nous roulons de nouveau. Un camion nous dépasse, nous noyant d'une poussière qui n'en finit pas de tourner dans les airs et noie la route d'un dangereux tourbillon poudreux.

Notre chauffeur, aveuglé, évite au tout dernier moment de gros blocs de pierre qui sont tombés sur la voie pendant la nuit. Tout le monde semble se connaître, car de joyeux coups de klaxon retentissent chaque fois que l'on se croise ou que l'on se double. Ici, on ne conduit pas, on fait la course, on fonce à tombeau ouvert, sans se soucier de l'abîme qui nous guette bras tendus, prêts à nous offrir quelques centaines de mètres de chute libre dans le rio qui rugit en contrebas. L'air est plus vif. Je ne perds rien du paysage qui m'entoure. La vieille guimbarde s'essouffle dans les côtes et met tout son cœur de diesel fatigué à réduire, kilomètre après kilomètre, la distance qui nous sépare du col. Là, sur la droite, une petite chapelle nichée dans un creux de rocher rappelle aux voyageurs les dangers qu'ils encourent. Des bougies dégoulinent le long des quelques marches qui mènent à une Vierge peinte en bleu, son regard fixe tourné vers l'horizon, deux roses en porcelaine à ses pieds.

La route serpente entre deux falaises escarpées, nous surplombant de plus de 300 mètres. Dans ce désert de rocs et de pierrailles, rien ne semble exister, hormis des volutes de poussières tourbillonnant dans le vent. Tels de gigantesques serpents, des traînées de boue descendent de la montagne jusqu'au fond de la vallée, témoignage desséché de la saison des pluies. En face, de petits sentiers, accrochés aux flancs de la pente, contrastent étrangement dans leurs façons rectilignes avec l'aspect cahotique du terrain. De gros nuages s'accrochent à mi-pente, me frustrant du plaisir de contempler les sommets. Un peu plus loin, de larges méplats rocheux se dressent par endroit, immobiles spectateurs de la désolation alentour. J'imagine cependant de petits êtres tranquilles dormant dans des grottes sous des éboulis, satisfaits de leur condition, merveilleusement adaptés à leur monde. Ils sont des centaines, araignées, lézards, scorpions, petits rongeurs à peupler cette contrée inhospitalière. Mais bientôt apparaissent des touffes d'herbe, comme de grosses têtes hirsutes, décoiffées par la brise qui s'est levée peu à peu. Une fumée blanche s'échappe d'un abri, se tordant sur elle-même, torturée, immédiatement happée par le vent. Ce vent règne ici, maître des lieux, inspectant son domaine de trois à sept mille mètres d'altitude, nerveux, dévalant des sommets, glaçant tout sur son passage, ou bien, au contraire, doux et caressant, faisant onduler la toison des moutons et les jupons des bergères. Là, d'épaisses couches de roches surgissent soudain d'une pente herbeuse, blessant le regard qui s'abandonnait sur les pastels d'une prairie d'altitude. Que cette terre sauvage est belle !

Nous atteignons la cumbre (le col). Le chemin débouche sur un immense plateau. Çà et là se sont formés de petits lacs, les uns vert émeraude, d'autres très bleus et transparents. Ils égayent de leur damier de couleurs les longs bandeaux de prairie que déroule la vallée à perte de vue. De petits parterres mousseux font le gros dos, gonflés par une source secrète, semblables à de grosses éponges gorgées d'eau.

Les lamas, les alpagas s'en vont par petits groupes mouchetant cette nature immobile de leur pelage chamarré. Ils se regroupent le soir en troupeaux afin de s'abriter derrière des murets de pierre sèche. Nous sommes à 5 000 mètres. Je titube : je suis enivrée par la force des 1 800 mètres de pics et de rocs qui me dominent encore. C'est le manque d'oxygène. Sous l'emprise de ces paysages majestueux, dévorant du regard cette rosée spirituelle qui jaillit des montagnes si proches, je suis envoûtée.

Deux silhouettes avancent péniblement. Je ne sais pas si, eux, sentent les vibrations du monde, mais pliant l'échine sous le poids d'une charge énorme, ils progressent, s'arc-boutant sur leurs jambes. Ils acceptent avec fatalité leur destin d'effort, de souffrance et de réalité brutale. Couples quechuas, gens pressés d'accomplir leur besogne, ils rejoignent leur maison, petite hutte de rocaille et de terre flanquée là, dominant la planète de leur sommet. Plus loin, le charme est rompu. Un bistro où l'on peut boire quelque chose de chaud, manger de la soupe ou un morceau de lama grillé dans la braise, a été bâti à l'aide de fûts de 800 litres, ouverts et mis à plat, de sorte qu'ils forment alors de larges tôles. Mises bout à bout, elles font d'efficaces coupe-vent, bien que laids, sinistres et... bruyants. De l'autre côté du chemin, subsistent les pans de murs d'un village oublié, glacé par la neige des temps mauvais, écrasé par les montagnes qui, à perte de vue, se croisent et se recroisent, jusqu'à se perdre dans l'infini d'un bleu limpide.

Nous repartons déjà pour redescendre cette fois sur l'autre versant de la cordillère des Andes. Rapidement, je découvre de petits villages, entourés de cultures en terrasses, qui ressemblent à de gigantesques pièces montées, laborieusement fabriquées par des générations de « pâtissiers cultivateurs ». La terre ocre, rouge par endroit, est très fertile, car ce versant, beaucoup mieux exposé, permet la production de quantité de céréales qui, tout au long de l'année, colorent la vallée, depuis le vert tendre des jeunes pousses jusqu'aux longues tiges blondes des moissons d'été.

A Tarma, ville construite au fond du vallon, poussent les premiers eucalyptus. Pour des raisons sentimentales, souvenir de Bolivie, cet arbre m'est plus cher que tous les autres. Il est le premier à annoncer la fin de l'alti-plano, qui cède peu à peu la place à la forêt.

Il fait doux. Le soleil est à son point culminant et l'eucalyptus frissonne sous la brise qui se perd dans les branches. Sur le bas-côté, des petites filles aux longs cheveux noirs tressés en deux nattes parfaites, gardent quelques vaches paresseuses, en filant la laine. Des bébés noirauds, emmaillotés dans des chiffons multicolores, dodelinent de la tête au rythme du pas maternel. Petits paquets vivants, ils sont couchés en travers du dos sécurisant qui, pendant deux ans, sera leur unique univers. Beaucoup de femmes font des dizaines de kilomètres à pied, lourdement chargées de leur dernière récolte, qu'elles vont vendre à Tarma. Des « papitos » solitaires, le pantalon de laine blanche serré aux chevilles par des lanières de cuir, les croisent. Ils reviennent du marché, le mulet à vide trottant derrière eux, avec la fierté du devoir accompli. Le maître n'a pas besoin de tenir le licol de celui qui est son indispensable compagnon.

Les sourires sont peu fréquents sur ces visages marqués par le soleil, le vent et surtout la misère. Soumis depuis des siècles à une obéissance sans limite à l'Inca, puis à l'Espagnol, ils ont gardé, citoyens pauvres mais libres, cet air triste de résignation. Les choses évoluent pourtant très vite et, à Lima, où une classe intellectuelle sait tenir des discours, les regards se remplissent de haine et les bouches affamées crient vengeance. Le peuple attend son heure, et comme un abus passé n'aura su engendrer qu'un abus futur, l'avenir apparaît très sombre.

Nous descendons plus encore. La route devient épouvantable, défoncée constamment par les pluies. Soudain, le chauffeur freine brusquement, un camion est couché en travers du chemin, son train avant arraché sous le choc gît vingt mètres plus loin. Des centaines de sacs éventrés, éparpillés dans la poussière témoignent de la force de la collision. Un peu plus loin, c'est un pont qui a sauté. Un acte terroriste qui remonte à plusieurs mois. Des semaines durant, le trafic fut interrompu pendant que l'on en construisait un autre, en toute hâte. Fait de rondins, de planches, étayé de quelques poutrelles en ferraille, ce pont ne permet pas de se croiser. En outre, il ne supporte pas de grosses charges. Avant de s'engager, notre chauffeur fait son signe de croix... C'est rassurant ! Le décor a bien changé et les montagnes sont maintenant recouvertes d'une végétation de plus en plus dense. Nous longeons le rio peu rempli en ce mois de mai, début de saison sèche. Souvent, nous contournons un amas de terre et de gravats, parfois d'énormes pierres trop lourdes pour avoir été écartées du chemin. Lorsque le ciel se charge de nuages, que les orages éclatent, les routes sont totalement impraticables, coupées chaque jour par un nouvel éboulement. Les eaux provoquent des chutes de rocs qui écrasent tout sur leur passage. Un département comme celui de Junin, vers lequel nous nous dirigeons, peut se retrouver ainsi coupé du monde pendant des semaines.

Enfin, après dix heures de route, nous entrons à La Merced...

La voiture n'ira pas plus loin. Ce qui suit ne s'appelle même plus une route. Il reste environ cent kilomètres pour arriver à Satipo. Pour les faire, il faut compter de quatre à six heures en plus. Il fait presque nuit, j'espère pourtant encore trouver une camionnette pour ne pas dormir à La Merced, ville sans intérêt.

J'ai hâte d'en finir avec cet interminable voyage.

Un homme, debout derrière un 4 × 4, annonce à haute voix les derniers départs de la journée.

— Tarma, Tarma, deux personnes, Tarma.

— Pengoa, une personne, Pengoa.

— Satipo, Satipo, une personne, départ immédiat.

Je ne me le fais pas dire deux fois.

Attrapant mon sac à dos, je suis déjà assise, le prix de mon passage à la main, 400 intis. Trois fois le prix. Ils n'ont vraiment pas le sens de la mesure. Mais tous les transporteurs en Amérique du Sud font leur propre loi. Tu paies ou... tu restes !

Nous démarrons enfin, alors que la nuit tombe. Après des dizaines de coups de frein brutaux afin de laisser passer un autre véhicule en sens inverse, ou déblayer la chaussée, des centaines de coups de volant pour éviter les ornières et les bosses, des milliers de cahots et de bleus, nous entrons avant minuit à

Satipo. Je suis heureuse, heureuse, alors que je me dirige dans l'obscurité en direction de la maison de Diego : lumière, Pat Metheny et son jazz-rock au maximum du volume, « odeur agréable », il est là. Dans quelques jours, nous irons là-bas en forêt où vivent les Ashanincas.

Deuxième partie

L'appel de la forêt

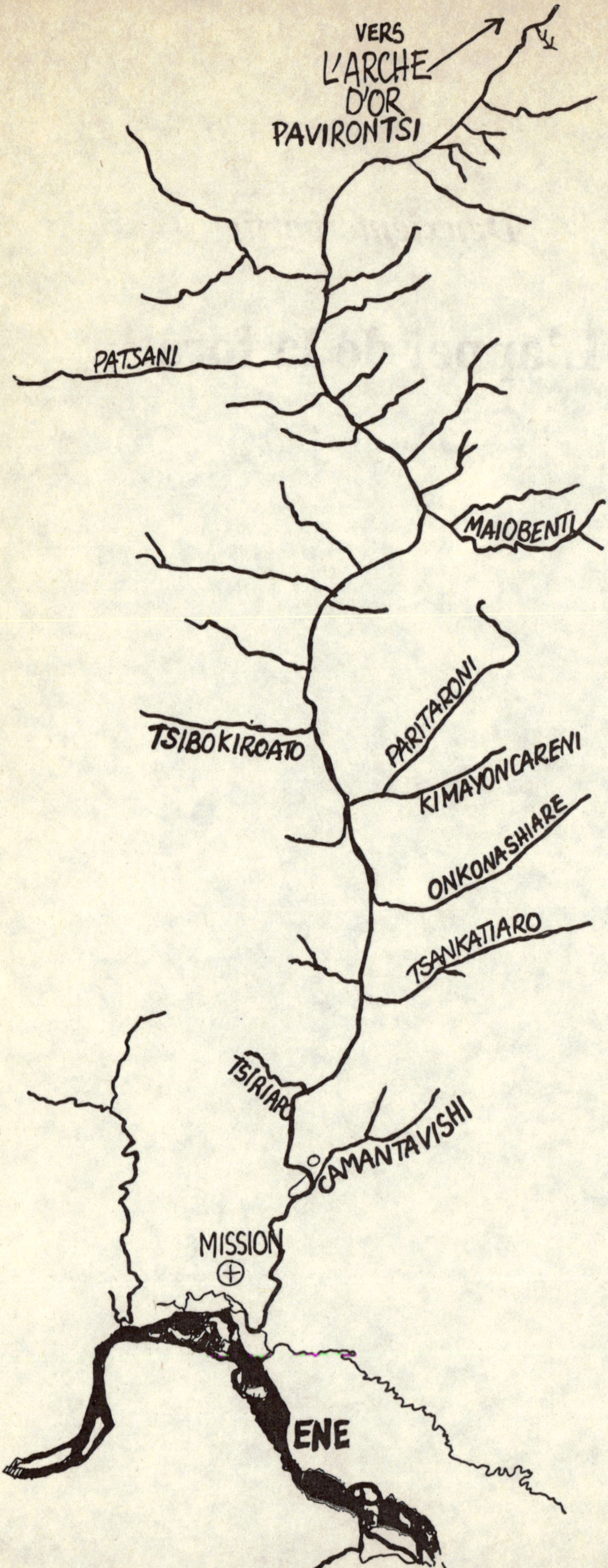

Le rio Cutivireni et ses nombreux affluents, qui nous mènera à Pavirontsi, l'arche d'or des Incas...

Chapitre 15

L'ARCHE D'OR DES INCAS

Quel âge as-tu Shama ? Tu ne sais pas. Tu ne le sauras jamais... Tu es née dans la jungle péruvienne, quelque part au bord du rio Cutivireni. Ici, le temps est un déroulement intemporel, sans heure, ni jour, ni année. Il y a seulement la vie. Moi aussi j'ai appris à tout oublier dans le « monte », cette jungle montagneuse, avec toi à mes côtés, vivant la moindre seconde de ces moments intenses qui ne sont qu'étonnements, efforts, joies, découvertes, repos et silences infinis...

Je passe des semaines en compagnie de mes amis ashanincas. Mickey, revenu au Pérou, m'accompagne. C'est avec eux ou seule que je parcours pendant des jours et des jours la forêt. Parfois pour rejoindre la mission, parfois simplement pour le plaisir d'aller contempler une nouvelle cataracte.

Je commence à m'intéresser à l'existence d'un immense pont naturel dont de rares documents font mention et qui le localisent quelque part dans la cordillère de Vilcabamba.

C'est Diego, le premier, qui m'en parle. Il tient à nous faire partager sa curiosité à propos d'une légende qui court dans tout le Junin. On raconte, autour de Satipo, que la route qui menait de Cuzco, capitale inca, au Païtiti, ville mystérieusement évanouie quelque part dans la selva, passe par la cordillère de Vilcabamba. Notre Vilcabamba !

La légende veut que, fuyant l'Espagnol et Pizarro, l'Inca

Atahualpa donna l'ordre de protéger le trésor de son peuple. Tandis qu'on emplissait d'or sa cellule dans l'espoir de le faire libérer, une autre partie du trésor prenait la route, aujourd'hui inconnue, du Païtiti, « la ville aux toits d'or ». On raconte aussi que sur cette route, enfouie même dans les souvenirs, se trouve un pont. Un pont naturel en pierre qui enjambe le profond canyon où coule un torrent.

Diego, fouillant dans la bibliothèque du padre Mariano Gagnon, tombe sur un projet : la réactualisation du « plan péruvien », remis à jour par Rizo Patron, ancien ministre de l'Environnement. Ce projet voulait créer une autre Brasilia, mégapole surgie de la jungle. Il tomba dans l'oubli. Lors de cette étude, la force aérienne péruvienne, avec le concours des Nord-Américains, a pris de nombreux clichés de toute la zone.

Mariano avait été mis au courant des vues des promoteurs de cet ambitieux projet, car l'emplacement idéal du futur aéroport de cette mégapole imaginaire n'était autre que la mission du padre.

Rizo Patron, après une étude minutieuse de tous les clichés, signalait, sans pouvoir en déterminer la position, une ombre troublante. De ce constat, il déduisait l'existence possible d'une formation naturelle par-dessus un rio.

Un troisième indice complète notre recherche. Chaque soir, à la veillée, allongée auprès de Shama, j'écoute. Diego, qui parle bien l'ashaninca, fait avancer l'investigation pas à pas en traduisant simultanément mes nombreuses questions. J'ai acquis assez de vocabulaire pour continuer seule. Mickey, de son côté, parcourt la forêt, élargissant notre cercle d'amis. Après des semaines de contact et d'observation, Shirampari, l'aîné du clan de Parijaro, me livre ce que nous attendons depuis si longtemps : là-bas, très haut, avant les plus hauts sommets, il y a un pont.

Les confidences de Shirampari nous laissent imaginer que l'arche se trouve quelque part sur le rio Cutivireni. Notre rio ! Et nous passons encore des jours et des nuits à glaner des renseignements — parfois contradictoires — sur la « Tierra incognita » qui se trouve au-delà de la zone que nous connaissons déjà. Lentement, laborieusement même, nous dessinons une carte approximative, inscrivant des noms inconnus, ajoutant les rios, les chutes d'eau, les chemins imaginaires. Puis, un jour, notre source de renseignements se tarit. Les Ashanincas n'avaient jamais dépassé une certaine frontière. Ni personne, d'ailleurs.

Nous sommes fin septembre. Il fait beau, seuls les sommets de la cordillère sont masqués par un chapeau de nuages. A la mission, nous attendons l'arrivée du Cessna 206 qui, pour la première fois de la saison, va nous emmener hors de la forêt. Je m'assois dans l'herbe à côté de Shirampari, qui a tenu à nous accompagner. Je déplie notre carte aux contours imprécis. Pancho s'est assis en face de moi. Il vit ici avec le padre et possède quelques notions d'espagnol. Alors que, distraitement, je suis du doigt le dessin du rio, Shirampari intervient. Il m'aide et mémorise tous les noms de lieux et de sites qu'il connaît. Il me les montre sur la feuille de papier.

Tandis que je prononce le mot de Macamaira, affluent du Cutivireni, point ultime avant l'inconnu, Shirampari pose son index sur les zones vierges de ma carte. Il m'explique en ashaninca que c'est bien là qu'un pont se trouverait. Mon ami ne l'a jamais vu, mais son grand-père ou son oncle — il ne sait plus trop — lui en a parlé, il y a longtemps déjà. Je reste, pas encore sûre d'avoir bien compris, et demande à Pancho la confirmation en espagnol. Shirampari insiste :

— Si, si, un pont !

— Mais, comment un pont ? Petit ? Grand ?

— Immense, explique-t-il.

Et se retournant vers le bâtiment contre lequel nous sommes adossés, il s'en sert comme échelle de mesure. A suivre ses gestes, l'arche doit être gigantesque. Mon cœur bat à tout rompre. S'agit-il de notre objectif ? L'avion ne va pas tarder à décoller. Je veux en avoir le cœur net et aller voir tout de suite. J'apprends à Diego, arrivé entre-temps, l'incroyable nouvelle. « Entendu, allons-y immédiatement, si le pilote a assez de carburant, offrons-nous un vol de reconnaissance ! »

Nous nous l'offrons ! Déjà nous survolons le Cutivireni. Shirampari est avec nous dans l'avion, c'est la première fois. Du haut du ciel, il n'a aucun mal à reconnaître les torrents et les cascades, les villages qui défilent sous nos yeux.

Je ne sais pas ce qu'il ressent en voyant pour la première fois sa terre de si haut. J'admire son courage et sa facilité de s'adapter aux situations les plus extrêmes. J'agis de la même façon en le suivant aveuglément dans le « monte ». Nous volons maintenant depuis vingt minutes. Nous avons passé Camentavishi, Sancatiaro, Parijaro, Shibocijuato, Mailloventi, Patsani, Macamaira...

Shirampari se tourne vers Diego, annonçant : « Aka, te nioteri » (Ici, je ne sais plus). J'ai les yeux rivés au sol, agrippant de mes mains le dossier du siège devant moi, sur lequel est assis mon ami ashaninca. Je sens palpiter mon sang, écho intérieur d'une tension que doit exprimer mon visage. Mais le pilote refuse d'aller plus loin. Devant nous, en effet, le ciel est complètement bouché. Les montagnes se dressent face à l'appareil, nous interdisant le passage. Je le supplie de poursuivre un peu encore. En bas, toujours rien. Nous devrions y arriver, il doit être là maintenant, mais le pilote mal à l'aise vire brusquement, inclinant terriblement l'avion. Je pousse un cri : il est là ! Là, exactement sous notre carlingue. J'en étais sûre.

A bord, c'est le délire ! Nous poussons des cris de joie en nous tapant sur l'épaule, frappant en cadence dans nos mains. Un tour, deux tours, le temps de faire des photos. Il est là, en dessous de nous, fièrement à cheval sur le rio, recouvert d'une épaisse végétation. Cette première reconnaissance est une découverte capitale. Il s'agit sans aucun doute possible du plus grand pont naturel du monde : Pavirontsy.

Pas question, hélas, de nous y rendre maintenant. La saison des pluies commence et le Cutivireni sera bientôt impraticable.

Nous prenons immédiatement la décision de nous y rendre en juin prochain, lors de la saison sèche.

Je quitte le Pérou, retournant aux Antilles, afin de skipper le « Flying Deutschman » de ma société de charter. Je dois, en effet, renflouer mon compte en banque.

Et, début mai 1987, l'aéroport de Lima assiste une fois de plus à mon embarquement avec armes et bagages. Quelques semaines après une première entrée en forêt, je retourne à la capitale avec Diego pour y accueillir un photographe, Claude. C'est lui qui doit couvrir le reportage de l'expédition.

***

Juin 87. Nous attendons un hélicoptère que, à Lima, nous avons loué aux F.a.p. (Forces aériennes péruviennes). Nous voulons prendre des photos et, surtout, déposer des vivres tout le long du rio Cutivireni. L'hélico doit venir d'Ayacucho, base aérienne la plus proche de notre zone. Le département d'Ayacucho est depuis longtemps décrété en état d'urgence. Il y a là une base militaire chargée de contrôler l'évolution du Sentier Lumineux.

Enfin, ils arrivent. Le pilote est accompagné d'un technicien et pendant que ce dernier refait le plein de l'engin, nous expliquons au capitaine ce que nous souhaitons faire. Tout semble en ordre. L'atmosphère se détend. Après le décollage, nous ouvrons la porte de l'appareil. Je reçois le vent en plein visage : plus rien ne me sépare du spectacle qui défile sous mes yeux. A quelques centimètres de mes pieds, c'est le vide. La forêt s'étale, belle, immense, un monde vert lumineux, que quelques arbres en fleurs tachent de couleurs éclatantes. Un peu plus loin, le rio Ene déroule le serpent argenté de ses eaux calmes qui descendent vers l'Amazonie profonde.

Une petite case au bord de l'eau, une cataracte qui dégringole sur 280 mètres : je reconnais Parijaro. Le pilote fait un tour, deux tours et se pose sans problème. Toute la plage semble être montée dans les airs. En quelques secondes, Mickey, aidé du militaire, dépose les deux premiers sacs de provisions. A partir de cette limite, aucun de nous n'a jamais pénétré plus avant sur le rio. Un peu plus tard, sur la droite, débouche un profond défilé : ce doit être Maiobenti. L'appareil monte le long de falaises abruptes, restant stationnaire devant une cascade, fait un tour sur lui-même : 360° d'un paysage des plus fous défilent sous mes yeux. Le fleuve bouillonnant et écumant avant de s'extraire d'un étroit canyon, se calme, ensuite s'élargit entre deux plages de galets. Le pilote descend doucement restant en stationnaire à 50 centimètres d'un sol sablonneux couvert de cailloux. Nous laissons une deuxième charge dans un nuage de poussière. J'essaie de graver dans ma mémoire tous les détails du parcours. Devant nous se détachent les sommets les plus élevés de la cordillère, le paysage cette fois a bien changé et après avoir laissé un troisième paquet, nous reprenons de l'altitude. Le rio est terriblement fermé et nous volons à plus de 200 mètres du sol, mais il reste deux caisses à déposer. Je ne quitte plus des yeux le cours d'eau ; d'une seconde à l'autre nous devrions arriver au pont. J'ai décroché ma ceinture et, cramponnée à la porte ouverte je l'aperçois, énorme masse de roches enjambant le fleuve. Le pilote fait plusieurs passages : impossible de descendre. Des deux côtés, les arbres immenses de cette forêt tropicale réduisent encore la distance entre les deux montagnes. Il faudra lancer la caisse au bon moment entre la forêt et le torrent furieux. Mickey et le copilote poussent la lourde charge qui bascule dans le vide. Quelques secondes après, la caisse s'écrase sur un énorme rocher, rebondit sur un autre, cette fois complètement disloquée. Les planches s'envolent dans toutes les directions et nos sacs de vivres sont engloutis par le rio. A bord, c'est la consternation. Les minutes passent, il reste un dernier chargement. Mickey recommence le même scénario. Cette fois c'est réussi, le choc est moins violent, les paquets roulent sur une dalle de pierre sans tomber dans la rivière. Nous filmons et photographions les cascades tout au long du chemin de retour. L'hélicoptère nous dépose à Camantavishi à quelques heures à pied déjà de la mission. Cela nous évitera uniquement de traverser le rio, qui, à son embouchure, est large et profond, avec nos sacs à dos et tout le matériel photo...

Ce soir, nous nous endormons tous les quatre, sous un toit de feuillage, couchés sur des nattes, la tête emplie d'images folles, les oreilles encore bourdonnantes, enivrés d'émotion et de fatigue. Loin de toute trace de civilisation, plus rien ne compte que de vivre avec bonheur ce nouveau monde où nous attendent l'aventure et la découverte.

***

Il a plu toute la nuit, une grosse pluie qui s'écrase en rebondissant sur le toit de palmes avant de s'écouler dans le sillon profond creusé tout autour de la maison. Les cases n'ont pas de murs. Ce ne sont que des abris sous lesquels habite toute la famille. De grands feux brûlent jour et nuit pour cuisiner, se réchauffer et éloigner les animaux sauvages.

Avant même les premières lueurs de l'aube, nous sommes réveillés par des rires et des conversations, et quand le soleil entre en scène, la vie bat déjà son plein. Ce matin, nous partons pour Shiriapo, puis il nous faudra atteindre le village de Sancatiaro pour y passer la nuit. Nous traversons le fleuve en radeau de balsa, fait de plusieurs rondins attachés les uns aux autres par des lianes et des bandes d'écorces fraîches qui restent très souples.

Nous remontons un petit torrent, l'eau à mi-cuisse, luttant contre un courant assez violent. La végétation est très dense et les arbres se rejoignent quasiment à certains endroits pour former une voûte par-dessus nos têtes. Des plantes de toutes sortes ont poussé çà et là au milieu du cours d'eau sur d'énormes rochers. Deux heures après nous sommes presque à Shiriapo, j'aperçois déjà les quarante mètres de chute à travers un rideau de feuillage. Le photographe est le dernier. Je le vois hésiter avant de s'élancer vidéo à la main, le Canon autour du cou... Manqué ! Il disparaît, un instant submergé, avec caméra et appareil photo...

Nous avons marché tout l'après-midi. Sancatiaro est en vue. Déjà connus au village nous sommes accueillis comme le veut la coutume avec du pearentsi : une boisson faiblement alcoolisée faite à base de manioc et mise à fermenter grâce à la salive que les femmes y ont ajoutée, en recrachant dans la marmite des morceaux d'une sorte de tubercule violet, préalablement longuement mastiqué. C'est bon, énergétique et super-désaltérant, surtout après une longue marche en forêt toujours harassante. Les enfants se pressent autour de nous, les moins timides faisant l'inventaire complet de mon sac à dos. C'est une véritable pagaille, mais tout retrouvera sa place une fois leur curiosité satisfaite.

Sur un gros feu, Diego a mis notre marmite à chauffer. Alors que je pars me baigner au rio, Mickey prépare sa moustiquaire. Il craint les pihiri, ou vampires, très nombreux à venir autour des dormeurs, et particulièrement friands de son bout du nez. Un lobe d'oreille ou un doigt de pied dépassant d'une couverture font aussi l'affaire. Il est fréquent de se réveiller avec une coupure, faite comme au rasoir : une plaie qui a malheureusement une mauvaise tendance à s'infecter.

Après le dîner, tout le monde regagne son coin pour dormir. Je suis couchée sur un plancher légèrement surélevé fait de larges écorces. C'est frais et confortable. Pourtant, je ne trouve pas le sommeil. J'écoute les bruits de la forêt toute proche, ce concert de mille insectes, entrecoupé de cris d'oiseaux de nuit ou d'un quelconque animal que je ne saurais pas définir. De petites flammes dansent encore autour des braises et se répercutent en ombres chinoises sous le toit de la case, rajoutant encore un peu de mystère à cette pénombre émouvante.

⁂

— Quitailltiri Jéromine.

— Quitailltiri Diego.

Et il me tend une calebasse de pearentsi, en guise de thé citron.

Rien ne presse, il est 5 heures du matin. Assise près du feu, j'observe face à moi un jeune garçon, debout, bien campé sur ses jambes, se réchauffer au-dessus du feu. Habillé de sa cushma, sa silhouette enveloppée de fumée se détache, irréelle, sur un ciel encore plein d'étoiles. Que c'est bon de n'avoir que l'instant à vivre, de goûter à fond la seconde qui passe, sans même se soucier si elle sera suivie d'une autre et d'une autre encore !

Il est temps de partir. Après une dernière calebasse, je suis un peu saoule ; douce ivresse qui passera bien vite en suant tout le long du chemin. Comme une vraie Ashaninca, j'ai maquillé mon visage. Les natifs se peignent tous les jours ; les femmes y apportant un soin tout particulier, maîtresses dans l'art de souligner d'une ligne ou d'un point leur beauté naturelle. Deux adolescents nous accompagnent. Nous venons de quitter le sous-bois après une dernière descente à pic sur la rivière. Cela fait plus de deux heures que nous marchons ; sur le terrain sec, les chaussures accrochent bien. Mon tee-shirt est trempé et de grosses gouttes ruissellent le long de mes tempes. La selva commence où s'arrête le rio. Il n'est pas un mètre carré qui ne soit recouvert d'eau ou de verdure. Il faut se frayer un chemin de rochers en arbres, couchés en travers de la route puis d'arbres en rochers, recouverts d'une mousse humide et glissante, redescendre dans la rivière pour remonter encore sur un tronc rejeté sur le côté par la dernière crue.

Notre attention se développe d'heure en heure. Tout en marchant rapidement, nous devons choisir à chaque pas le caillou, la branche où poser le pied ; s'il faut, à cet endroit, passer dans l'eau ou escalader les rochers, ramper et se glisser sous un arbre mort ou bien grimper par-dessus son énorme masse, pleine de fourmis et de feuilles pourries. Evaluer correctement la difficulté de chaque instant nous fatigue tout autant que l'effort musculaire. Après une petite pose j'emboîte le pas de Pascual, fils de Shirampari. C'est tellement plus facile, mais il faut tenir le rythme parce que, lui, s'envole ; petit homme de la jungle agile comme un cabri, libre comme le vent, fluide comme le Cutivireni qui s'écoule tranquillement comme sa vie au pied de sa maison.

Il est tard. A 12° de latitude sud, la nuit tombe vite. Il nous reste quelques centaines de mètres à parcourir, et déjà j'aperçois les toits de palmes. Une petite fille remonte le sentier en courant pour annoncer notre arrivée : nous sommes à Parijaro. Andreas est là, toujours souriant, alors que Shama et Origa nous servent déjà de pleines calebasses de bienvenue. Alexandro le sorcier rentre de sa chacra. Les autres arriveront demain. Tout est tranquille. Orega est à la rivière lavant les assiettes du dîner. Claude, lui, s'est éloigné un peu sur la plage, je vois là-bas le faisceau de sa lampe. Soudain, un cri. Il revient aussitôt en boitillant et s'écroule près du feu. Sur son visage se lit une douleur évidente. Un scorpion ! Et de belle taille ! Il l'a coupé en deux, de rage, après s'être fait piquer, et a ramené la queue sur la lame de son couteau. Il a mal et ne sent plus sa jambe. Il n'a vraiment pas de pot. Alexandro s'approche mais n'ose pas ; je l'encourage. Il examine la piqûre puis s'éloigne un instant. Tout en prononçant une formule magique, il coupe des plantes à quelques mètres de nous et, de retour, frotte la plaie avec de grandes herbes. Puis, ayant mastiqué une poignée de petites feuilles rondes, il les pulvérise en soufflant par petits coups secs et réguliers sur la blessure. Le sorcier nous rassure enfin et je le crois. Il y a un tel calme dans son regard et son visage est si paisible. S'inquiéter ne servirait à rien. Ce soir, nous sommes en lisière du monde, entre le fleuve et la forêt. Pour le meilleur et pour le pire, nous avons choisi cette aventure, et comme chaque fois je ressens ici une inexplicable sensation de liberté.

*
**

4 heures 30 : je suis réveillée par les cris de joie qui montent de la rivière. Je distingue à peine les ombres de Shama et d'Orega s'éclaboussant et se jetant dans le courant. Je ferme les yeux pour mieux m'imprégner de leurs rires cristallins. Ils expriment si bien le bonheur ashaninca ! Je ne peux pas résister : délaissant mon duvet, je m'enveloppe dans ma cushma et dévale la petite butte en courant. Que c'est froid ! Toutes deux, étonnées et ravies, me prennent par la main et m'entraînent dans le milieu du torrent.

Ce matin, notre photographe n'est pas trop gaillard, sa jambe est insensible, mais la fièvre est tombée.

La journée passe tranquille, chaude et ensoleillée. Soudain, dans la pente qui surplombe le campement, je devine une silhouette à travers la végétation. Sans être encore totalement sûre de l'avoir reconnue je me penche vers Shama : « Shirampari ?... » « Hari. » C'est lui. Origa nous a rejointes et toutes les trois nous ne le quittons pas du regard. Son fusil à la main, le sarato en bandoulière, il arrive. Le chef de tous, le plus fort et le meilleur chasseur, dans un silence total il s'avance jusqu'à notre abri. Là-haut, à quelques centaines de mètres encore, descendent d'autres Ashanincas.

Ce soir, ils sont tous là. L'air vibre d'une façon particulière. Trois feux immenses brûlent au milieu du camp, la lueur s'en répand loin sous les arbres. Nous parlons du voyage que demain nous entreprenons ensemble. Puis, à plusieurs voix, les filles se mettent à fredonner des mélodies d'un autre âge presque d'un autre monde. Barriti reprend d'une voix forte mais harmonieuse, allongé sur le sol tapissé de feuilles de bananier, les pieds enfoncés dans la cendre chaude. Shama a glissé sa main dans la mienne, alors que tous nous nous endormons dans le ciel sans nuages de la cordillère de Vilcabamba.

Chapitre 16

JE ME SENS IGNORANTE ET PRIMITIVE

C'est le grand jour. Nous dépassons Parijaro. La chute rebondissant à plus de 30 mètres de hauteur crée un vent fort chargé d'humidité formant un brouillard de part et d'autre de la cataracte. Déjà trempés, nous quittons l'ombre des feuillages pour marcher à découvert sous la lourde chaleur tropicale. Origa m'attend au passage du rio ; bien accrochées l'une à l'autre, nous tenant solidement, nous avançons pas à pas pour ne pas perdre notre équilibre : le courant est très violent dans ce torrent étroit qui déboule à toute allure des hauts plateaux du Tonkare. Après quelques éclats de rires de rigueur, Barriti nous récupère une à une, dans un dernier saut de l'ange jusqu'à l'autre rive.

Homme ashaninca, tu ne ressembles à aucune autre race. Mi-homme mi-félin, tu te coules entre les arbres, sans que s'entende le bruit de ton pas. Gomishi, le père de Barriti, marche devant moi, sa fronde à la main. Je retiens mon souffle, chaque fois qu'il vise un oiseau dans les arbres. Raté ! Il se retourne vers moi et d'un regard complice me fait comprendre qu'il était trop petit et son rire cristallin rebondit sous la voûte de verdure.

Les bretelles de mon sac à dos me coupent les épaules ; je fais une halte pour arracher les manches de mon tee-shirt et les enrouler autour des sangles. Claude est tombé, endommageant son appareil, se fêlant un doigt de pied par la même occasion.

Tout pâle il remet sa chaussure, pied et doigt blessé bien empaquetés. La forêt ne lui fait pas de cadeau. Est-il à sa place ici ? Pas question de se plaindre ou de s'arrêter. Nous sommes déjà à cinq jours de la mission et tout le monde va de l'avant. Seul, il ne s'en sortirait pas, rien n'indique le chemin du retour à emprunter et la zone est fréquentée par les jaguars. Il doit serrer les dents et continuer.

Nous progressons péniblement sur de grandes dalles de pierre recouvertes de mousses dangereusement glissantes. Puis le passage est impossible : une falaise devant nous tombe à pic dans l'eau blanche d'écume. Il faut traverser. Gomishi s'est mis à l'eau, tenant d'une main son ballot sur la tête, de l'autre un grand bâton qu'il plante à chaque pas entre deux rochers, pour s'équilibrer dans le courant. Il avance prudemment, indiquant à ceux qui le suivent les endroits les moins profonds. Ils ont de l'eau jusqu'à la taille, mais la vague arrivant sur eux à grande vitesse monte jusqu'à leur poitrine. Mickey chancelle, luttant pour reprendre son équilibre, un bras en l'air, l'autre cramponnant le sac à dos sur sa tête. Alexandro le rattrape à la dernière seconde par le haut de son tee-shirt.

Je suis un peu inquiète, ne me sentant pas assez forte pour résister à cinq nœuds de courant, sur les roches glissantes, dix kilos sur la tête. Mais les filles laissent là leurs paniers, quittent leurs cushmas qu'elles abandonnent au bord de l'eau. Je fais de même, puis nous remontons le torrent, péniblement, de l'eau jusqu'à la ceinture pour cacher notre nudité. Bientôt, nous nous jetons côte à côte dans les tourbillons, buvant toutes une bonne tasse tellement nous rions. Tout à coup, Diego disparaît dans un trou. Pendant quelques secondes, seul son paquetage est visible au bout de ses bras tendus. Tout le monde reste pétrifié sans le quitter des yeux.

Pour les Ashanincas, tout incident est un spectacle. Ils ne se moquent pas, mais savent profiter gentiment de l'occasion pour exprimer leur joie de vivre. Pourtant, le respect reprend immédiatement le dessus dès que quelqu'un est souffrant ou qu'apparaît la mort. Le soleil a glissé derrière la montagne ; la luminosité est plus faible, nous pressons l'allure, mes chaussures trempées s'alourdissent de terre boueuse chaque fois que nous marchons dans la forêt. Je commence à trébucher, suivant Shama, je me fie totalement à la danse de ses deux petits pieds ashanincas larges et sûrs. Je ne vois plus qu'eux. Dans les passages difficiles, elle tient sa cushma entre les dents, gardant les deux mains libres pour s'accrocher, découvrant deux belles jambes brunes et lisses. Tandis qu'elle se repose un instant contre un arbre, tout son corps souple épouse la courbe de la branche sur laquelle elle s'appuie. Petit animal humain, elle ne s'embarrasse d'aucune attitude étudiée et sur son visage fatigué se peint la beauté naturelle d'un être pur.

Enfin, nous arrivons, après un dernier bain du soir. Le village est construit un peu à l'écart et en hauteur de façon à ne pas être inondé au moment des crues.

Ici, les Ashanincas n'ont jamais vu un Blanc. Toutes assises à l'écart de nos compagnons de route, Shama et mes amies m'indiquent le rituel des salutations. L'épouse de Julio s'avance vers nous, les filles répondent quelque chose que je ne comprends pas, timidement, le regard tourné vers le sol. Quel étrange scénario ! La veillée commence, sereine et joyeuse. Une petite fille me donne des bananes, alors que des femmes posent devant nous du caniri et une soupe de poissons. Je crève de soif et de faim, et toutes s'amusent de voir mes yeux briller de satisfaction. Puis, rapidement, allongée à même le sol, je m'endors.

***

« Shama ! ». Elle répond, secoue la tête, s'assied. La journée commence. Tout juste sorti du feu, mon petit déjeuner atterrit sur mon duvet. Je me réchauffe de la fraîcheur de l'aube en faisant rouler ce morceau de manioc brûlant sur mon ventre à travers la toile de mon sac de couchage. Le vent rabat la fumée du foyer dans ma direction, et dans le matin naissant, le village m'apparaît peu à peu comme sortant d'une mer de brume bleutée. Nous partons très tôt. Le paysage est de plus en plus magnifique ; les falaises se resserrent doucement de chaque côté du rio, passant d'un jaune brunâtre au rose le plus clair. Le plateau culminant doit nous surplomber de six à huit cents mètres, recouvert d'une végétation sauvage qui dégringole en grappes folles le long des parois. Plus en avant, les montagnes se croisent et se recroisent fermant de plus en plus l'horizon. Seules Pancha et moi, nous marchons séparées du groupe. Un isolement reposant qui n'est pas fait pour me déplaire. Tout est tranquille. Subitement elle s'arrête, immobile, me montrant sur une pierre un énorme serpent enroulé sur lui-même. Il nous regarde. « Chuchupe ! », lentement, sans le quitter des yeux une fraction de seconde, elle le contourne, m'indiquant impérativement de la suivre. La chuchupe, ou Lachesis Muta Muta, peut atteindre plus de trois mètres, de couleur gris-vert, elle a des crochets extrêmement puissants de plusieurs centimètres. Sa piqûre est mortelle. De plus, l'animal attaque dès qu'il se sent en danger, fait assez rare chez les serpents. Mon amie sait parfaitement tout cela.

Shirampari est loin derrière, profitant de la marche pour chasser et rester à l'affût. Un peu plus tard, nous retrouvons Alexandro et Origa, à l'embouchure d'un affluent du Cutivireni, attendant les autres partis pêcher. Etendus au soleil, nous en profitons pour nous reposer. La pêche a été bonne et nous grignotons tous ensemble de délicieux petits poissons grillés. Puis, je fais quelques pas dans la direction du fleuve, afin de me laver les mains toutes collantes de mon déjeuner. « Kouakasta Jéromine »... (Attention). Barriti n'a pas crié, pourtant je sais qu'il est impératif. Je m'arrête ! Au même instant il a déjà tiré, sa flèche traversant de part en part un serpent vert et jaune, à moins d'un mètre de moi. Comment suis-je assez stupide pour ne pas l'avoir vu ? D'un vert pomme qui saute aux yeux, presque métallique, il est étendu de tout son long sur une pierre blanche comme la neige. « Loro Machaco, me dit-il, kamaki » (mortel). Les serpents pullulent décidément. Nous sommes bel et bien au cœur de la jungle amazonienne et la mort a mille visages, mille astuces pour me taper sur l'épaule, tout à coup, sans que je puisse même avoir le temps de faire un dernier tour de valse. « Pasonki Barriti ». (Merci Barriti). J'ai un frisson dans le dos. Mais son regard s'attarde sur moi, doux et tranquille. Je sais que je ne crains rien tant qu'il est là. Tant que tous ils sont là.

Nous avons marché tout l'après-midi dont de longues heures au milieu du fleuve sur des bancs de cailloux, les deux rives étant impraticables. Le spectacle est fascinant. Là-haut, la cataracte de Kashirobeni (le site de la Lune), dévale quelque 600 mètres de montagne en trois sauts successifs impressionnants. Pendant que les hommes traversent avec le matériel, nous les filles, nous jetons dans le courant pour nager jusqu'à une île trônant au milieu du fleuve, où tous nous passerons la nuit : nous voilà à Maiobenti.

Ce soir, nous dormons à la belle étoile, tous rassasiés, le ventre plein. Car nous avons retrouvé le paquet de nourriture déposé la semaine dernière en hélicoptère ; tout est là, intact. Puis, sans même prendre le temps de manger quelque chose, Shirampari est reparti, seul. Il rentre à la nuit tombée, son gibier sur l'épaule, le visage fatigué. La viande fraîche a ramené le sourire au sein de notre troupe.

Nous avons installé le campement en un temps record. Il ne manque rien. J'admire une fois de plus la rapidité harmonieuse de leurs actes, chaque geste étant utile et efficace. Nous sommes seuls, vraiment loin dans le « monte ». Sur une île, entre deux fleuves grondant et bondissant, à l'abri d'un campement sauvage, perdus au milieu du pouvoir de la jungle.

***

Oranges sauvages et poissons frais : petit déjeuner diététique avant le départ pour Patsani. On attaque la journée par un bain glacé. Au sortir du rio, je reprends pied sur une plage dans un nuage de papillons. Sur ma gauche, une cascade rebondit et rebondit encore, se cache un instant, puis resurgit d'entre les arbres, dévale les rochers, court un moment encore et s'écroule dans le rio. Chaque jour est un peu plus flou, heure par heure le paysage change pour mieux nous enivrer.

Morts de fatigue, Diego et Claude font une pause. Nous nous voyons peu. Comme il se doit, en tant que femme célibataire je vis complètement avec les filles, savourant un bonheur unique, ne perdant pas une seule miette de tout ce que je peux apprendre et découvrir en leur compagnie.

Sous un ciel trop bleu, par une chaleur bien amazonienne, la progression est difficile. Le canyon se referme de plus en plus et le torrent est trop profond pour être traversé à pied. Julio et Alexandro sont déjà dans le monte à la recherche de balsas pour construire un radeau, afin de passer le plus au sec possible tout le matériel. En attendant, Barriti, debout sur un rocher au bord de l'eau, pêche : prêt à plonger, il guette un banc de poissons, gros comme la main. Incroyable ! Chaque fois qu'il réémerge, il en tient un et le jette sur la berge où Pancha le récupère et le tue en le mordant d'un coup sec derrière la tête. Cela me dépasse. Comment peut-il ainsi viser sa proie, plonger, la saisir ?... Un véritable martin-pêcheur ce Barriti ! Je reste, muette d'admiration, sur le bord du rio sans le quitter des yeux. Plus je t'observe Ashaninca et plus je me sens, moi, ignorante et primitive.

Barriti me tend un poisson, accompagné de son habituel sourire, qui me ferait lui donner ciel et terre. S'ils ne lui appartenaient pas déjà...

Je suis seule avec Shama, qui ne me quitte plus. Après la traversée du fleuve, le temps de remettre mes chaussures, tous ont déjà disparu. « Samé » (Allons-y). Nous n'avons pas parcouru cent mètres qu'elle s'arrête de nouveau, observant des traces sur le sol : « Maniti » ! (Jaguar !). De larges empreintes dans le sable indiquent le passage tout récent d'un fauve. Je ne prends pas la chose trop au sérieux mais ma compagne, tout au contraire, hâte le pas. C'est la troisième fois depuis ce matin que nous croisons son chemin ! Rapidement, nous rattrapons le gros de la troupe.

L'après-midi s'étire doucement. Ma compagne de voyage est épuisée ; je ne vaux guère mieux, mais je prends le relais. C'est elle qui me suit maintenant. Toute la journée, elle a ouvert la route, choisissant avec soin les passages les moins pénibles. Nous allons vite, sans pratiquement jamais nous arrêter. Les étapes sont longues. Mais ici, tout est différent. Même si je crois avoir déjà donné le maximum, mes jambes fonctionnent, avancent même, montent et descendent mille et une fois de plus. Tout à coup c'est le grand spectacle. Une bande de singes détalent au sommet des grands arbres. Gomishi les appelle, la paume de la main appuyée sur la bouche, il émet de petits sons aigus, qui ressemblent parfaitement à ceux que font les « oseto » qui sautent sous mes yeux d'une branche à l'autre. Il avance, arc et flèches prêts à tirer, mais nous sommes trop loin et sans se précipiter, les animaux ont vite fait de s'enfoncer plus avant dans la forêt.

Nous nous regroupons à nouveau, avant un passage délicat. Ici le Cutivireni s'écoule dans un bruit de tonnerre. Nous devons traverser en amont de la cataracte. L'eau peu profonde rebondit sur de grandes dalles de pierres mousseuses. Un vrai casse-gueule ! La chute est à une dizaine de mètres sur ma gauche ; le moindre faux pas et c'est la descente sur le plus grand toboggan du monde ! Diego se rattrape de justesse plantant la crosse de son fusil entre deux gros cailloux. Une fois qu'il a traversé, Barriti pose son sac et repasse sur l'autre bord pour nous prendre Shama et moi chacune par une main, tandis que Shirampari aide Origa et Pancha. Quelle galanterie ! La femme indienne est indépendante et sûre d'elle. Mais un homme, même un petit garçon, veillera toujours sur elle s'il y a du danger.

Enfin, Patsani. Les natifs nous regardent avec beaucoup d'attention semblant un peu perturbés par notre arrivée. Nous sommes tous fatigués. Le dîner terminé, je m'installe pour dormir. Deux des filles me rejoignent et se serrent à mes côtés.

⁂

Il fait grand jour lorsque je me décide à ouvrir enfin les yeux. Les hommes sont partis à la pêche. Pancha me prépare du maïs grillé et m'explique que nous restons ici, pour ne repartir que demain très tôt. Quelle bonne idée ! Du coup, ce sera le grand toilettage. Mon maïs terminé, j'entreprends la lessive complète de ma maigre garde-robe puis le savonnage minutieux de ma personne.

Déjà, ils arrivent, portant des dizaines de poissons enfilés sur des branches. Une vraie pêche miraculeuse. Aujourd'hui, c'est la fête. Programme obligatoire : manger, dormir, rien de plus. Personne ne proteste. Le pearentsi coule à flots, mais nos hôtes restent distants, presque effrayés. Leurs visages sont encore plus empreints de cette innocence belle et sauvage, de cette expression d'attention soutenue, que ceux de nos amis de Parijaro.

Le soleil a déjà baissé. J'accompagne Shama ramasser du bois mort ; nous ne voyons plus le village. Le silence est total en lisière de forêt, mais je sens mille présences autour de nous. Nous sursautons lorsqu'un vol de perroquets — « bareto » — passe en criant au-dessus de nos têtes. Ils sont splendides, de très grande taille, bleus et rouges, je les vois parfaitement passer à quelques mètres de moi. Nous rentrons chargés comme des mules. Mais, avant d'arriver à notre case, je trébuche et m'étale dans un fracas de bois sec. Julio vient au-devant de moi riant de tout son cœur et prend la moitié de ma récolte.

Nous dormons déjà depuis quelques heures quand la pluie commence à tomber. Tout le monde se réfugie sous la toiture. Shirampari, Alexandro et Julio se sont glissés contre Diego, qui se fait pousser par Mickey, lui-même invitant cordialement Claude à lui laisser un peu de place… Au bout de dix minutes d'organisation, je me retrouve recroquevillée entre Origa et le bord de la gouttière dégoulinant sous mon nez, en tête à tête avec Barriti. Ce ne sont pas des choses qui se font, mais météo oblige, chacun se rendort tant bien que mal.

Aussitôt levés, nous plions nos affaires. Comme chaque jour, nous marchons des heures durant mais le repos de la veille m'a fait du bien. Mon pas est plus sûr ; j'ai maigri, mais mon corps est beaucoup plus souple et musclé, mieux discipliné aussi. J'ai abandonné bon nombre de gestes inutiles et fatigants. La pluie recommence et les pierres sont autant de patinoires. C'est horrible. Chaque pas est un supplice. Mes chaussures n'accrochent pas sur ces surfaces mouillées et boueuses et, de nouveau, devant nous, se dresse une falaise, il faut encore traverser... L'eau est glaciale.

Deux cataractes dégringolent de la montagne face à moi. Les mots me manquent pour exprimer la beauté et la majesté des lieux. Nous sommes frigorifiés ; il faut avancer pour nous réchauffer. C'est la seule solution. Les filles ne sont jamais venues jusqu'ici, et comme moi elles observent tout avec minutie et prudence. Barriti ne nous quitte plus, les empreintes de « maniti » se multiplient et une attaque est possible à n'importe quel moment. Nous escaladons des blocs de roches monumentaux, obligés de nous entraider les uns les autres. Je fonctionne sur pilote automatique. Je ne pense à rien, avançant machinalement, kilomètre après kilomètre, attendant le moment où l'on va enfin s'arrêter. Mais j'ignore encore combien d'heures il faudra marcher. Une fois de plus, un à-pic nous barre le chemin. Quittant le rio, nous commençons à gravir une pente raide comme un mur. Notre vie ne tient qu'à un fil ou plutôt qu'à une racine. Nous nous agrippons du mieux que possible à tout ce qui pousse contre cette paroi verticale. Mon sac me tire en arrière et je monte le corps plaqué contre la montagne. A la moindre erreur, je m'écrase 150 mètres plus bas.

Au sommet s'étend un large plateau. Diego est là, assis, pâle comme un mort. J'ignorais qu'il avait le vertige... Après une traversée rapide et agréable dans une forêt haute et claire, nous redescendons vers le Cutivireni. Quelle joie d'y retrouver la caisse que nous avions déposée face à l'embouchure d'un affluent du fleuve !

***

La pluie est tombée sans discontinuer durant toute la nuit et toute la journée. Abrités sous une case abandonnée, nous nous occupons à tour de rôle à démontrer nos talents culinaires (haricots au singe bouilli, dindon de montagne aux spaghetti, soupe aux champignons, aux vers de bois). Puis, après un après-midi calme et reposant, chacun reprend sa place pour dormir. La température a considérablement baissé. Nous prenons de l'altitude jour après jour, et l'aube nous retrouve serrés les uns contres les autres, essayant de conserver le maximum de notre chaleur animale.

Chapitre 17

L'ENFER VERT ? J'Y SUIS BIEN...

Le ciel s'est dégagé. Je ne vois pas passer ce début de matinée : parcours habituel et traversée classique. J'avance sans difficulté. Sans doute, l'habitude aidant, suis-je de mieux en mieux adaptée au terrain. Mais mon tee-shirt est tout autant trempé de sueur qu'au premier jour, et le trajet ne s'arrange pas, bien au contraire. Le soleil n'est pas encore très haut que déjà nous nous rassemblons tous au pied d'une pente impressionnante. Nous évitons de nous suivre de trop près, afin de ne pas recevoir, en pleine tête, les pierres et les mottes de terre qui se détachent sous nos pas. Nous mettons plus de trois heures à rejoindre le plateau.

Après un arrêt bénéfique et un repas frugal, machette en main, nous pénétrons cette fois dans la jungle tropicale. La végétation est si touffue que même nos regards ne peuvent traverser le rideau de verdure. Julio, en tête, ouvre mètre à mètre le chemin. Derrière lui, quatre autres coutelas s'agitent en tout sens pour permettre un étroit passage. Des heures durant, la forêt, plantée d'arbres de plus de soixante mètres, retentit du bruit métallique des machettes. Des ronces et des épines nous écorchent partout ; notre progression est lente et pénible ; les moustiques sont à leur aise et d'énormes fourmis ne cessent de me piquer les chevilles. L'enfer vert ? J'y suis. Un serpent noir et brun se tortille dans un amas de feuilles à moins de vingt centimètres de Shama. Paralysée, elle appelle Barriti que je laisse, en m'écartant rapidement, passer devant moi. Dans un mouvement d'une incroyable précision, il lui tranche la tête sans hésiter. Moi, déséquilibrée par son geste, ayant à peine la place où poser mes pieds, je saisis à pleines mains la première branche à ma portée... J'ai envie de hurler. D'énormes épines sont plantées dans la chair, mais la douleur vient surtout de l'acide que produit cette plante vénéneuse. Pancha déjà, retire habilement les aiguilles profondément enfoncées dans mes doigts ; Barriti, sans que j'aie su d'où il la sortait, fait couler sur les plaies la sève jaunâtre d'une plante dont il écrase la tige. Le soulagement est immédiat. Le serpent finit de mourir à un mètre de là, Gomishi coupe en mille pièces la liane qui m'a blessée, tandis que moi, légèrement choquée, je regarde Shama m'essuyer la main avec sa cushma. Comme les événements sont rapides et imprévus dans la cordillère de Vilcabamba ! Je n'oublierai jamais.

Sans une goutte d'eau depuis ce matin : nous avons soif. Des heures encore nous avançons, taillant, élaguant, éradicant cette végétation folle, nous frayant avec peine un chemin.

Depuis l'avant-garde nous arrive un cri de joie : « Nija » (Eau). Les machettes accélèrent et nous débouchons enfin sur un rio miniature. Nous n'irons pas plus loin aujourd'hui. Encore quinze minutes pour gagner un terrain assez plat pour y dormir, puis un bon quart d'heure pour défricher un coin de forêt et nous installons le camp. Nous avons pris soin de ramasser beaucoup de bois sec. Par groupe de deux nous veillerons tour à tour afin d'alimenter les trois foyers disposés en triangle. Des craquements répétés, en dehors du cercle de lumière, signalent la présence de petits curieux ; il y a cependant peu de chance pour qu'un animal dangereux se risque si près des hommes. Mis à part le jaguar qui est capable, sans éveiller personne, d'assommer quelqu'un d'un seul coup de patte et de le tirer sans bruit loin du campement...

Pourtant, je ne suis pas effrayée. Je savoure un bonheur

instantané, éternel, sans passé ni futur. Rien de comparable avec la vie sordide de ces gens qui laissent passer avec dégoût et lassitude les heures du temps, avec le seul espoir d'en trouver une, un jour, qui soit bonne à vivre.

*
**

Le lendemain, nous avons le ventre vide. Origa me tend quelques feuilles, fraîches et acidulées, agréables à mastiquer. Les filles prennent le temps de fureter pour trouver quelques champignons, quelques radis sauvages tandis que Shirampari et Gomishi imitent le cri des singes pour tenter de les attirer. Un arbre gigantesque est couché en travers ; Mariano tel un chat bondit d'un coup sur le tronc ; il décolle les plaques d'écorce pour mettre à jour de gros trous ronds desquels il extrait des vers blancs de la taille d'un doigt. Il les mange crus immédiatement. Shama me guette du coin de l'œil... Pourquoi pas ? Surprise totale ! C'est tout simplement délicieux.

Nous repartons. Que c'est dense ! Tout est entremêlé, pierres, lianes, rocs, plantes et arbres, mousses et feuillages, un fouillis de vert et de brun qui semble vouloir toucher le ciel. Un « capechi » (petit carnivore) détale sous notre nez, déjà il se confond avec les broussailles, invisible aux yeux des chasseurs. Un soleil magnifique se faufile entre les hautes branches et seuls quelques rais de lumière descendent jusqu'à nous.

Penchés sur notre carte, Diego et moi tentons de nous souvenir de l'endroit où nous avons largué les prochains vivres. Il est maintenant impératif de rejoindre la rivière pour ne pas les louper, donc redescendre le long de cette impossible falaise, pour nous arrêter sur un surplomb rocheux qui domine le Cutivireni. Un doute subsiste. Il est probable, d'après Diego, que nous ayons déjà dépassé le lieu où se trouveraient les provisions. Nous n'avons pas le choix : il faut vérifier. Un groupe va donc redescendre en nageant et en marchant le long du fleuve sur une distance suffisante pour nous en assurer.

Bousculés comme des fétus de paille par les tourbillons, ils disparaissent, rapidement masqués par une courbe du torrent. Ce départ brutal me perturbe. Pourtant rien d'autre à faire que d'attendre ici leur retour, chacun s'occupant à sa tâche : nettoyer un coin pour dormir, aller chercher de l'eau, ramasser du bois et couper des branchages, inspecter rapidement les environs pour détecter le gîte d'un fauve éventuel.

Environ deux heures plus tard, ils réapparaissent exténués et bredouilles. Nous sommes là, tous, entre la réalité et la fiction, partageant la même seconde d'éternité et les deux oiseaux tués ce matin par Shirampari.

***

A notre réveil, le chef manque à l'appel. Il a pris son fusil. Origa explique qu'il est parti depuis longtemps. Marchant sans bruit pendant des kilomètres, suivant une trace à peine visible, ou à l'affût dans un arbre, il chasse !

Le soleil est déjà levé quand il revient, un capechi accroché en travers de son dos. Il tranche la liane qui le retient et, fatigué, s'allonge en souriant. Je lui tends sa part des dernières noix que nous avions partagées en nous levant. Les filles se mettent au travail. Et bien vite la marmite bouillonne sur les flammes.

Une fois rassasiés, il nous faut continuer. Le problème de retrouver la charge de nourriture se pose toujours. Nous nous enfonçons jusqu'à mi-mollet dans une sorte d'humus sans doute accumulé depuis des siècles. Le terrain est irrégulier, traversé de petits rios profondément encaissés qui retardent notre avance. Puis sur ma gauche, je pense reconnaître une chute magnifique déjà aperçue d'hélicoptère. Diego veut que nous regagnions le rio pour, comme la veille, rechercher les vivres. Les Ashanincas ne disent pas un mot ; aucun d'eux ne souhaite entreprendre encore cette descente de plus en plus périlleuse. Il s'agit cette fois de s'encorder, le moindre faux pas nous entraînant dans une mort certaine. L'atmosphère est un peu tendue. Shirampari épuisé, n'ayant pas ménagé ses efforts de chasseur la nuit dernière, ne donne visiblement pas son accord. Pour ma part, je suis convaincue. L'heure est grave. La faim nous tenaille et Diego est désemparé. Si je me trompe, ce soir, diète pour tout le monde, sans compter tout le chemin à refaire en arrière. Mickey ne me croit pas tout à fait et attend de ma part plus de certitude. Je ne cherche pas à le convaincre, mais, tendant le bras vers l'amont, je confirme : « Aka » (Par là). Mon cœur bat, car en disant cela je prends une décision capitale. Barriti se lève, un immense sourire aux lèvres. Il me croit : « Samé ». La troupe s'ébranle de nouveau.

Mais où est-il ce pont ? Ce but vers lequel nous tendons depuis des jours et des jours.

La gorge étroite du rio se déroule comme un ruban vers les plus hauts sommets de la cordillère. De la falaise ruissellent des cascades miniatures, faisant se balancer d'un mouvement régulier de larges feuilles jaunes et rouges. Des dizaines de petits perroquets se pourchassent en tournoyant et leurs cris perçants rebondissent contre les parois du canyon.

Puis le paysage est différent. La jungle s'est éclaircie. Un vent délicieux souffle régulièrement et nous cheminons beaucoup plus facilement sur une crête bien dégagée. En tête, Julio nous fait signe de nous arrêter. Pas un mot n'est prononcé ; d'un geste imperceptible, il montre un animal tapi dans les buissons. Je discerne mal une énorme masse de poils noirs, immobile. Soudain la bête bondit, s'élance et s'éloigne à toute allure ; la taille est impressionnante. Peut-être un fourmilier... Je ne sais pas. Notre dîner manqué se faufile déjà loin entre les arbres. Pourquoi n'ont-ils pas tiré ? L'animal étant couché, aucun endroit vital ne devait être accessible. Il n'y a rien à dire de plus, personne n'est déçu ou fâché. Shirampari, resté en arrière, arrive enfin, et Gomishi, lui, mimant l'événement, nous fait beaucoup rire.

Enfin le fleuve ! Mais où est notre caisse ? Toujours rien en vue. Mon estomac gargouille et je lis dans tous les regards une attente, peut-être un peu de lassitude : il nous faut absolument trouver. Le temps se couvre, il fait presque froid. Autour de nous, le spectacle est grandiose, de plus en plus extraordinaire... Une cataracte s'écroule à nos pieds.

Notre petit groupe s'est étiré ; nous marchons vite, poussés par la faim. Nous nous sommes, Barriti et moi, arrêtés un court instant pour reprendre notre souffle et les autres nous ont rapidement distancés. L'endroit est étrange ; séparée en plusieurs bras, la rivière contourne une petite île. Perdus, nous cherchons des traces sur une plage mais à notre plus grande surprise les empreintes de nos compagnons vont dans les deux sens. Quelle pagaille ! Nous ne sommes pas les seuls à chercher. En effet, voilà Diego et Mickey rebroussant chemin. Au même instant, des appels sur notre droite : Shirampari a trouvé.

Les paquets sont là qui jonchent le sol. Quel gâchis ! Tout est dans un triste état. Les conserves sont écrasées, les sacs de riz et de pâtes ont explosé et le tout est nappé de lait en poudre et de flocons d'avoine. Déception bien sûr. Il reste de la soupe, des noix et nous partageons tout de suite les morceaux de chocolat encore mangeables. Le sac de manioc est perdu : tout a pourri. Diego et moi faisons rapidement un inventaire. On peut tenir deux jours. Mais plus haut, comment ferons-nous ? La dernière charge, celle du pont, est tombée à l'eau et nous ne nous faisons pas d'illusions sur les chances de récupérer quelque chose. Mais pour l'heure les treize bouches affamées ont retrouvé le sourire. Plusieurs feux éclairent déjà la nuit, les ravioli mijotent pendant que Mickey finit d'ouvrir des boîtes de thon.

***

Nous commençons la journée, de l'eau presque jusqu'à la taille, remontant avec peine le torrent. Gomishi aide sa fille, Alexandro la sienne, derrière moi Shama se tient à Shirampari, et Barriti ne lâche pas ma main. Mickey est tombé ; il faut une pratique quasi quotidienne pour se sentir à l'aise et des jambes d'acier, habituées depuis l'enfance à courir dans le monte, pour ne pas être renversé par le courant à chaque instant. Diego, lui, s'appuie dans l'eau, ramant avec la crosse de son fusil. Nous sommes épuisés lorsque, enfin, une petite plage de galets réapparaît.

Une brusque explosion résonne au loin ; un bruit surprenant et inquiétant. Les Ashanincas restent immobiles. Lorsqu'un autre coup de canon retentit, tout le monde se plaque contre la paroi. Nous ne distinguons toujours rien. Les minutes s'écoulent et personne n'a encore bougé. Enfin, chacun se détend, de nouveau les conversations reprennent : « mapi » (pierre). Il nous faut très peu de temps pour arriver à l'endroit où a eu lieu l'éboulement. Nous voyons très clairement l'impact des projectiles qui se sont écrasés, à pleine vitesse, sur d'autres roches. Impressionnés, nous le sommes, conscients que la mort vient de nous donner un avertissement sérieux...

La journée est interminable. Nous progressons soit dans le torrent glacé, soit agrippés le long de la falaise du bout des ongles. Les Occidentaux ont quitté leurs baskets pour mieux profiter de la moindre anfractuosité où poser un doigt de pied. Tous nos sens sont éveillés par les jours de marche et les difficultés précédentes, mais certains passages demeurent incroyablement dangereux. Nous sommes tous au-delà de nos limites, seuls face à nous-mêmes, dans ce monde hostile, avec un but bien précis : parvenir jusqu'au plus grand pont naturel du monde.

Le danger, la tension, le désir d'y parvenir sont enivrants. Le manque de nourriture fait aussi un peu tourner la tête, et nous faisons de fréquentes mais courtes haltes.

Malgré les difficultés, chaque pas est un émerveillement. Tout mon corps produit un maximum d'efforts, tandis que mes yeux attentifs volent au passage toutes ces images de paradis terrestre. Le paysage se renouvelle sans cesse. Là, au pied d'une paroi abrupte, surgit une rivière souterraine, vomissant des tonnes d'eau transparente par d'énormes trous béants. Plus loin, une autre cataracte ; puis la falaise tout entière ruisselle de milliers de sources nourrissant des mètres carrés de plantes aquatiques d'un vert pâle où éclatent d'incroyables bouquets de fragiles fleurs roses et mauves. La nature merveilleuse règne en maîtresse absolue des lieux, de par sa beauté, ses proportions, ses mystères et ses dangers. Treize personnes, dont quatre venues de très loin, pénètrent pas à pas dans ce monde inexploré et vierge de la cordillère de Vilcabamba.

J'ai trop relâché mon attention, sans doute à cause de la fatigue accumulée, car soudain je tombe maladroitement sur l'angle d'une pierre. Blessée profondément à la cheville, je ne sens pourtant pas la douleur, comme si l'ordinateur qu'est mon cerveau, refusait de mettre en avant ce genre de petit problème ; il est vrai que ce n'est pas le moment de s'apitoyer sur moi-même. Alexandro s'arrête un instant pour regarder ma blessure et, comme pour conjurer le mal, chante une petite mélopée, accroupi devant moi, les yeux tournés vers la forêt.

Quelques cascades plus loin, quelques traversées impossibles de plus, quelques rires, chansons et chutes sans gravité plus tard, nous retrouvons les premiers morceaux de planches de la caisse éclatée. C'est Shirampari, une fois encore, qui l'a repérée. Son sens de l'observation, son instinct de chasseur sont utiles en bien des occasions. Il a immédiatement sorti d'un trou peu profond un premier sac de provisions.

Rien n'est récupérable. Rien. Une odeur épouvantable s'en dégage. Personne ne dit mot. Il manque encore deux sacs qui ont dû couler profondément. Déjà Diego s'éloigne avec presque toute la troupe. Seul reste un petit groupe contemplant le désastre.

Claude est plongeur sous-marin : à lui de jouer. Fortement assuré avec une corde, il s'élance en amont des débris, plonge et ressort. Dix fois il essaie… Puis, formidable ! il a quelque chose. Mickey se précipite, arrache de l'eau le paquet lourd comme du plomb. Hélas, c'est le manioc puant, gluant de putréfaction, une horreur ! Cette fois c'est le découragement le plus complet. Les Ashanincas s'éloignent, nous laissant seuls. Perché sur un monticule, Mickey, mon ami de toujours, aperçoit tout à coup, légèrement en aval, une masse blanchâtre ballottée par les vagues tout au bord de la rive. Je le vois courir, sans encore rien comprendre... Radieux, il me fait signe. J'ai compris et cours rejoindre Diego et les natifs préparant déjà le campement sur une berge asséchée. Comme hier, de grandes dalles de roche polie nous serviront de lits. J'annonce la bonne nouvelle. « Ça y est on a trouvé le dernier sac. Il y a des boîtes, du thon, des haricots, des soupes... » Mais Shirampari et Barriti ont déjà disparu, partis à la chasse avec arc et fusil.

Il fait presque nuit, lorsqu'ils surgissent de la forêt, deux gros oiseaux à la main. Comme tous les soirs précédents, nous nous protégeons des fauves à l'aide de grands feux. Nous nous endormons par petits groupes à la belle étoile, alors que tournoient dans la nuit les vampires intrigués par la présence de ces curieux animaux : les hommes.

Au réveil, nous décidons de laisser nos affaires. Quelqu'un gardera le camp en cas d'une visite animale. Le pont ne doit pas être loin. Quel bonheur de marcher sans rien sur le dos ! Je me sens des ailes.

C'est Diego qui le voit le premier : masse énorme qui traverse la rivière et que je distingue mal encore, noyée dans la verdure, un trou carré, que l'on croirait taillé par des mains humaines, forme comme un tunnel pour laisser passer le rio.

Voilà le plus grand pont naturel du monde. Ses dimensions sont colossales. Les abords en sont délicats. De nouveau, nous nous glissons, retenus par le bout des ongles, le long des parois surplombant le rio Cutivireni. Sur l'autre rive, il semble que nous puissions pénétrer sous l'arche. Toujours plaqués à la roche lisse et glissante, nous entrons sous le pont.

Le vent s'engouffre dans l'orifice où tout est humide, glacial, ruisselant d'infiltrations. Je tremble de la tête aux pieds, peut-être aussi à cause de l'émotion. Nous avançons comme dans une cathédrale, tous très impressionnés. Sur notre droite, nous découvrons l'entrée béante, immense. Diego a emporté sa lampe électrique et nous nous hasardons à l'intérieur. C'est gigantesque ! Balayant le plafond de son faisceau lumineux, il effraie des oiseaux qui s'envolent en tous sens en criant.

Shirampari semble avoir une idée ; il nous quitte le temps d'un aller et retour à l'extérieur, et revient avec une longue perche se terminant par une large fourche. Gare aux oiseaux ! La faim justifie les moyens. Mais les volatiles représentent pour nous autant de rôtis dorant sur les braises. En moins de vingt minutes, ils en ont attrapé trois. Ce sont des chouettes de très grosse taille. Elles se débattent devant la mort, mais Shama calmement, sans férocité, presque tendrement, leur tord le cou en un éclair. Une dizaine de leurs consœurs tournoient toujours dans la cave, pleine de dédales et de galeries. Quel étrange endroit !

Délaissant la caverne, nous continuons notre investigation sous le pont proprement dit. Nous estimons le tunnel entre 230 et 250 mètres de longueur. A l'autre extrémité se trouve un autre trou plus bas, où déboule une rivière souterraine qui se jette dans le lit principal du Cutivireni. Il est très difficile de progresser. Une seule solution : sauter de rocher en rocher, recouverts en partie par l'eau. Le courant est extrêmement violent sous l'arche, qui a réduit sensiblement la largeur du rio. Nous nous séparons en deux groupes. L'un des deux rebrousse chemin vers le campement. Nous débouchons enfin de l'autre côté. Dans la falaise, on peut distinguer une faille de la taille d'un homme, guère plus. Poussés par la curiosité, nous entrons : une longue galerie, dont le sol est recouvert de sable fin jonché de morceaux de bois, s'enfonce dans la montagne. Plusieurs fois le couloir se divise. Nous suivons toujours la gauche, mais je ne suis pas tranquille du tout : c'est un vrai labyrinthe. Je ne sais pas si les natifs sont aussi capables de se retrouver sous terre que dans la forêt. Pancha, elle non plus, ne me paraît pas très rassurée.

Dans le lointain, on aperçoit une tache de lumière. Incroyable, le couloir débouche quelque part à l'air libre ! Mais notre visite souterraine est stoppée peu après notre découverte. Impossible de poursuivre, nous marchons dans l'eau et la profondeur s'accentue rapidement. Pas question de s'aventurer plus avant sans une lampe étanche, et nous rebroussons chemin.

Je respire mieux une fois ressortie au grand soleil qui inonde l'entrée du pont naturel, en plein midi.

Est-il possible qu'aucun être humain depuis des siècles ne soit jamais arrivé jusqu'ici ? Pourtant, les dernières ruines incas, découvertes il y a deux ans à peine, ne sont qu'à une centaine de kilomètres au sud, à vol d'oiseau. La cordillère cache mille secrets enfouis au cœur de son épaisse forêt. Il est possible qu'ici même, à quelques pas, soient recouverts par la jungle les restes de civilisation incaïque ou pré-incaïque.

Alors que nous reprenons la direction du camp, Shirampari s'éloigne encore, le fusil sur l'épaule, seul. Il fait nuit noire lorsqu'il revient. Il a passé son après-midi à marcher dans le monte, solitaire comme à son habitude. Sa silhouette fatiguée se dessine à peine dans la pénombre, et en traversant la rivière il s'écroule, sous le poids des trois grands singes couchés en travers de ses épaules. Aussitôt Barriti est auprès de lui, le soulageant d'une partie de sa charge. Les filles s'emparent du gibier, le vident, l'ébouillantent pour le peler, puis, découpé en quartiers, elles le mettent à cuire. Jusque tard dans la nuit, nous dévorons et chacun s'écroule près d'un feu, rassasié.

Nous passons la journée à photographier, mesurer, explorer encore toute la zone. Les parois en surplomb qui entourent le pont sont infranchissables sans équipement. Il nous faut un indice, quelque chose nous apportant la preuve d'une antique présence humaine. Les Ashanincas, dispersés pour chasser ou pêcher, ne se soucient pas de nos recherches, ne saisissant pas très bien le but de nos investigations. Nous réalisons par la même occasion combien nous sommes, nous « Vilacochas », lents et maladroits sans eux.

Nous passons une troisième nuit belle et reposante au même endroit. Après délibération du conseil, nous décidons de quitter les lieux le lendemain. Le temps et les vivres manquent. Mais tout reste à découvrir ici, nous reviendrons mieux équipés. Diego, Claude, Mickey et moi sommes habités par le même sentiment : les surprises et les découvertes abondent tout autour de Pavirontsi (pont) et sur les crêtes environnantes.

Les Ashanincas veulent redescendre. Le caniri manque terriblement, ainsi que le pearentsi. Ils ne sont ici que par amitié pour nous, bien que l'aventure leur ait plu. Ils ont fait ce qu'ils devaient faire, ils veulent maintenant rentrer chez eux. Il nous faudra encore bien des jours avant d'y parvenir.

Malgré la paix qui règne autour de moi, je suis triste et ne trouve pas le sommeil. Plusieurs fois, je me redresse pour arranger les bûches ou regarder autour de moi les corps allongés, la tête rentrée sous la cushma, roulée en boule pour moins sentir le froid qui règne ici.

Demain, il faudra déjà retourner en arrière, se rapprocher peu à peu du monde civilisé. Pavirontsi, c'est un coin de planète préservé du monde civilisé, un univers à part : un espace de liberté. Un lieu comme il n'y en a plus que quelques-uns, sur notre Terre, en cette fin de siècle.

Chapitre 18

LA FAIM, LA FATIGUE ET LE PALU...

Nous avons attendu que le soleil soit levé pour nous mettre en route. Diego a une crise de paludisme, cela va être dur pour lui. Il nous est impossible de rester plus longtemps. Bourré de nivaquine, il doit tenir le coup. Habitué, il devrait contrôler assez bien ce mal qui l'habite depuis des années.

Sur le chemin du retour, je déroule le fil de mes souvenirs en reconnaissant notre parcours. Mais la fatigue et la faiblesse dues au manque d'alimentation remplacent l'exaltation de l'aller. Comme tout a été vite ! Ce soir, nous avons rejoint le camp où nous attendaient, cachées dans un trou de rocher, les trois dernières boîtes de thon. C'est peu, pour treize ventres d'aventuriers ayant marché toute la journée. Avant la nuit, Gomishi tente de tuer quelque chose pour le dîner, à proximité du campement. Mais il rentre bredouille.

***

Avant de repartir, nous nous partageons les derniers morceaux de viande du singe fumé à Pavirontsi. Les Ashanincas se pressent de lever le camp, alors que le jour pointe derrière les montagnes. Presque immédiatement après la traversée du rio, glacial à cette première heure du jour, le groupe de tête prend de l'avance. Le temps est terriblement couvert, de gros nuages s'amoncellent sur nos têtes, et dans ce petit matin blafard la pluie commence à tomber.

Nous marchons très vite, en forçant l'allure, car nous envisageons de faire le trajet jusqu'à Macamaira. Dans le lointain, nous écoutons les chocs lourds et impressionnants d'un éboulement. Des trombes d'eau se déversent sur nos épaules et sur les pierres gluantes les chutes se répètent. Il faut serrer les dents.

Avant d'attaquer la montée pour prendre le chemin en forêt que nous avions taillé sur le plateau, lors de notre premier passage, nous faisons une longue pose. Pancha et Shama, chacune une large feuille posée sur la tête en guise de parapluie, frigorifiées, se tiennent pourtant bien droites et le sourire éternellement aux lèvres sous leur joli chapeau de verdure.

La progression sous la jungle est très pénible. Le terrain est lourd, tout ce que nous touchons ou frôlons est mouillé, collant, visqueux. Nous avançons aussi sans mot dire, parcourant à l'envers tout ce trajet fait, il y a seulement quelques jours, dans des conditions alors plus favorables. Nous progressons malgré tout rapidement, le sentier, taillé à la machette, étant encore suffisamment dégagé.

Diego s'écroule plusieurs fois. Mais les conditions du moment ne lui offrent qu'une seule alternative : avancer, marcher et marcher encore. Le ciel est moins noir mais le vent s'est levé doucement, et tout mon corps est glacé malgré l'effort maximum et constant qu'il fournit. Quelle étrange sensation, quelle désolation !

Longtemps encore, nous bataillons sous les arbres, épuisés et affamés ; enfin, c'est la dernière descente vers le fleuve. La lumière a déjà très largement baissé alors que l'horizon est de nouveau totalement bouché. Le village est là sur l'autre rive.

Les filles laissent leurs charges et nous devons une fois de plus nous jeter dans le torrent qui gronde, son niveau ayant beaucoup monté. Nous avons du mal à nager, bousculées par les remous du rio. Je n'ai plus un gramme de force et je subis un état de fatigue à la limite du délire. Enfin, je sens dans le vent l'odeur d'un feu. Il est temps, je crois que nous avons donné le maximum de notre énergie.

***

Au matin, il faut repartir : ce village miniature ne supporterait pas de nourrir treize personnes affamées, pendant plusieurs jours. Nous devons rejoindre Patsani, chez le frère de Gomishi, où la nourriture abonde et pearentsi coule à flots. Nous cheminons ainsi que les autres jours, notre parcours est heureusement égayé de mille détails et incidents pittoresques. A notre arrivée, c'est la fête ! Nous sommes tirés d'affaire.

Il a plu sans discontinuer jusqu'à l'aube ; le Cutivireni est monté de plus de 1,50 mètre. Le bruit est assourdissant, ces eaux d'un brun rougeâtre charrient par moments des monceaux de branches mortes. Il est totalement exclu de le traverser. Nous avons tous besoin de reprendre des forces. Nous restons donc à l'abri pendant la journée, la plupart du temps allongés près d'un feu à guetter la décrue. Je savoure chaque instant, souhaitant presque que les eaux montent encore.

***

Tout le monde va mieux et nous sommes prêts à affronter une nouvelle marche forcée, dix à douze heures de progression au maximum de notre vitesse, dépassant l'étape de Mailloventi. Nous irons chez Julio, chef d'un clan voisin.

Le fleuve n'a pas baissé d'un centimètre et dévale, prêt à nous engloutir. Le retour n'en sera que plus délicat. Il nous faut aujourd'hui affronter les falaises que nous avions évitées en traversant. Et nous voilà, grimpant des pentes incroyables, à la limite de l'impossible. Gomishi est obligé de construire une passerelle, abattant quelques petits arbres qu'il couche en travers de certains passages, au-dessus du vide.

Accrochée à une liane, me retenant penchée au-dessus du

précipice, l'esprit tranquille et le cœur en paix, je parviens à faire abstraction du vent, des soucis, des angoisses. Les limites de notre univers sont celles de nos regards, le ciel bleu azur ce matin, l'horizon découpé de montagnes, les grands arbres de la forêt. Rien d'autre ne me concerne, à cet instant où ma vie ne tient qu'à l'équilibre de mes jambes et la force de mes mains accrochées aux racines et aux branches.

La nuit va nous surprendre. Je ne vois plus où je marche, ne sachant pas comment ni pourquoi je tiens encore debout. Des étoiles dansent devant mes yeux et je crois que chacun de mes pas sera le dernier. Barriti n'est pas bien et Mariano a pris le sac photo qu'il ne pouvait plus porter : « Tonki. Tonki. » (Paludisme).

Un vol de perroquets, hurlant comme à l'accoutumée, me sort de la torpeur. Nous ne voyons pas le bout de cette journée. Je m'écroule, l'angle d'une pierre m'entaillant profondément le mollet. Je n'ai pas mal, du moins je ne sens rien. Autour de nous, le paysage est magnifique et, ô merveille, des singes cabriolent dans les branches sur l'autre côté du fleuve. Le spectacle me redonne goût à la vie ; j'oublie presque où je me trouve. Le plaisir d'être là, la joie de partager un peu de mon chemin avec les Ashanincas, la beauté de la forêt, pour tout cela je veux bien marcher encore des milliers de kilomètres.

Barriti arrive doucement, il est très mal, couvert de sueur, essayant de cacher sa faiblesse. Mais son sourire a quelque chose de douloureux. Je voudrais lui tendre la main. Le prendre contre moi mais rien ne m'y autorise.

Tout est noir autour de nous, le village est là, au bout d'une petite plage où sont rangées quelques balsas. La lueur des foyers rebondit sous les toits de palmes, éclairant des scènes d'un autre âge. Alors que nous approchons, deux jeunes enfants préviennent de notre arrivée. Nos compagnons sont là depuis peu de temps, à en croire l'avidité avec laquelle chacun boit sa calebasse. Shama et moi rejoignons Pancha et Origa déjà installées, entourées par toutes les femmes du village. Julio est de retour chez lui. Sa femme nous apporte des bananes, du caniri, une « soupe de poissons et du maïs grillé » : quelle abondance !

Pearentsi ne cesse de tourner, une douce ivresse me gagne lentement et je me laisse aller à goûter le plaisir d'un vrai repos. Allongée près d'un feu, les pieds dans la braise comme j'aime à le faire, la tête vide de toute pensée, j'écoute battre mon cœur, comme une réponse secrète au bruit de la forêt.

Ce soir, l'aventure est presque finie. Shama s'est resserrée contre moi, riant et plaisantant, mais quand sa main prend la mienne, sans que nous ayons besoin de parler, je sais que nous ressentons la même peine, douce et paisible, celle de vivre la fin d'une belle histoire.

Les natifs ne parlent jamais de choses de l'intérieur ; tout n'est que nuances, vibrations transmises d'un être à l'autre sans souci d'être compris.

⁂

A l'aube, nous laissons là Julio. Mariano nous fait aussi ses adieux, après nous avoir traversés en balsa. Le rio est toujours très gros. Quelques heures à peine nous séparent de Parijaro.

Vers midi, la chute est en vue. Là s'arrêtent Alexandro, Origa, Pancha et Shama. Nos adieux sont rapides. Je reviendrai dans quelques mois. Après un rapide et frugal déjeuner de quelques gros vers blancs, nous nous éloignons. Shirampari, Gomishi et Barriti (bien qu'affaibli par le paludisme) nous accompagnent jusqu'à Sancatiaro. C'est là une véritable preuve d'amitié.

Le parcours nous semble être une promenade de santé, et je commence à réaliser clairement combien le lieu d'où nous arrivons est loin, très loin, perdu, enfoui, dans la cordillère de Vilcabamba. Pour la dernière fois, nous dormons tous ensemble sous la case qui nous est réservée. Le petit matin nous sépare. Je m'éloigne, malheureuse, après de rapides adieux. Une partie de moi reste là en forêt. Je ne suis plus tout à fait la même et me retournant encore une fois vers un visage qui ne me quitte pas des yeux, je crie : « Nojate, naro aka ! » (Je reviendrai !)

Seuls tous les quatre, nous regagnons la case de Pochete, d'où, après avoir construit trois balsas, nous nous rendons par le fleuve à la mission où nous retrouvons le padre Mariano.

Deux jours durant, nous y restons paisiblement, afin de reprendre des forces. Puis il faut s'en aller. Un Cessna 206 nous sortira de la jungle pour nous ramener à Satipo où nous attend la civilisation.

Chapitre 19

CETTE SALIVE VÉGÉTALE CUIT COMME LE FEU

Cela fait sept ans que je ne suis pas retournée en France. C'est vrai, j'y suis revenue deux fois, mais quelques jours seulement, en transit. Cette fois-ci c'est bien différent. Il y a déjà deux mois que je suis là, essayant de placer mon reportage sur le plus grand pont naturel du monde. Nous sommes début octobre 1987. En France, les progrès technologiques me paraissent fulgurants, du téléphone à carte au T.g.v. qui me pose dans mon Jura natal en deux heures et demie. La France change vite. Je ne parle pas des six chaînes de télévision, ne me lassant pas de découvrir le monde tourbillonnant des pubs et des clips, ni du Minitel. Mes compatriotes, eux aussi, ne sont plus les mêmes : à la fois plus détendus, mais plus uniformisés et empestant l'ennui. Et puis, tous, ils parlent d'une mystérieuse maladie. Le Sida. J'ai jamais entendu parler de ça...

Les gens ne semblent plus avoir que ce mot à la bouche : Sida ! Je suis surtout frappée par ce que l'on appelle la nouvelle pauvreté, ces laissés-pour-compte de notre société de consommation qui errent dans Paris à la recherche d'un emploi ou d'un peu de monnaie. Jeunes, moins jeunes, hommes ou femmes, je découvre des êtres abandonnés par une société égoïste. Paris s'est métissé. Il y a de drôles de Quechuas à tous les coins de rue...

Les monuments, fraîchement ravalés, sont beaux. J'ai gardé

quelques refuges secrets dans Paris où vivent de vieux amis jamais revus depuis une dizaine d'années. Chacun a suivi sa voie, la plupart vivent en couple avec des enfants. Ils m'accueillent tous chaleureusement en observant, intrigués, ce petit bout de femme qui revient d'au-delà des mers...

Je cours dans tous les sens pour vendre les photos et mon reportage, et parler de notre projet commun à Diego, Mickey et moi, de créer à Cutivireni un espace international, afin de protéger l'environnement naturel de la forêt et les Ashanincas. Je découvre les attentes dans les antichambres des ministères. On m'écoute avec, apparemment, beaucoup d'intérêt. Et tout s'enchaîne. France-Inter, ma première émission de radio, puis Bercy où je gagne le Victor de l'aventure féminine de l'année. Quelques jours plus tard, mon reportage est publié dans « Paris Match ». Les chaînes de télévision m'invitent. J'ai rempli mon contrat. La France a pris connaissance de l'existence des Ashanincas et du projet de notre parc. C'est le principal.

Je suis fatiguée. Il commence à faire très froid, tout gris, tout triste. J'ai besoin du monte, de retrouver Barriti, Pancha, Shirampari, Shama. Les premiers jours de novembre, je repars pour le Pérou.

Lima, Satipo et Cuti. Sitôt sortie de l'avion, j'expire bien à fond, les yeux tournés vers la cordillère de Vilcabamba, les bras levés au ciel. J'inspire doucement, gonflant ma poitrine à la faire éclater, avant de lancer dans les airs un vibrant cri de joie. Je suis enfin là sur le sol tant aimé qui me mène droit à la forêt.

Le Cessna 206 redécolle, me coupant de mes derniers souvenirs européens. A cet instant, plus rien n'existe que cette force qui, puisée au cœur de la terre, monte de nouveau en moi. Ma « mère naturelle » m'accueille en son sein. Vierge de toute civilisation, elle me régénère à chaque fois que je me fonds en elle.

« Nobanco ! » (Je suis chez moi !)

Il n'existe pas de plus grande jouissance que celle-là qui, à la fois, fait vibrer mon ventre, mon cœur et mon âme.

Doucement, je commence à gravir le chemin escarpé qui mène à la mission. Je marche sans troubler la quiétude de ce début de matinée. Il règne un calme absolu. Les deux premières cases sont désertes, les hommes sont à leur chacra (jardin, plantation) et les femmes à la rivière pour y chercher la ration d'eau nécessaire à la journée. Continuant à monter en silence, je traverse le village sans voir personne.

Soudain, on m'appelle :

— Aviro. (Es-tu ?)

C'est Diego, tout sourire, qui sortant de son bungalow, vient au-devant de moi.

— Narobe. (Je suis !)

Oui, je suis ! Je suis de retour et, éclatant de rire, je me précipite vers lui pour de grandes embrassades pendant lesquelles nous nous tapons dans le dos et sur les épaules comme cela se fait au Pérou et dans toute l'Amérique du Sud.

A peine en avons-nous terminé d'avec nos retrouvailles qu'un bruit de moteur venant du ciel recouvre la rumeur de la forêt. L'avion vire au-dessus de nous, avant de se poser. C'est un bimoteur ultra-moderne. Il roule jusqu'au bout du terrain où je distingue un groupe d'hommes tapis dans les hautes herbes. Sa porte latérale s'ouvre pour laisser sortir trois hommes qui, mitraillette au poing, se postent de chaque côté de l'appareil. La petite troupe, jusqu'alors dissimulée, bondit et balance à toute vitesse vers la porte béante les sacs qu'ils portaient sur l'épaule. Le pilote remet les gaz, tandis que les trois gardes s'engouffrent dans le zinc qui roule déjà. Il décolle sur à peine deux cents mètres, passant au ras des arbres, virant brutalement sur l'aile pour se diriger vers le fleuve. Cap sur la Colombie !

Toute l'opération n'a pas duré cinq minutes. « Aéro-coca », me glisse à l'oreille Diego et, sans plus de commentaire, prenant mon sac à dos, il me précède sur le sentier qui mène à la case où nous logeons.

Le padre Mariano Gagnon n'est pas là. Il est parti il y a quelques jours, pour parler en haut lieu des problèmes et des projets relatifs au fonctionnement de la mission. Tandis que je dévore une mangue, me barbouillant allégrement de son jus sucré, Diego me fait part des nouvelles : les colons, qui ont envahi l'année dernière les terres indiennes du côté du rio Chapo, sont en train de se battre entre eux pour le partage du terrain. Ils ne veulent pas respecter leur promesse de rendre les terres abusivement « empruntées », pour un an, juste après la récolte du maïs.

C'est lors d'une beuverie fomentée par les colons eux-mêmes, que le chef de la communauté native de Camantavishi signa un acte de vente d'une parcelle des territoires. Acte absolument illégal, puisqu'il est interdit de céder ne serait-ce qu'un centimètre carré de terre appartenant à une communauté native. C'est une sale histoire qui risque de très mal se terminer.

Nous avons pris fait et cause en faveur des Ashanincas. La conséquence de notre engagement ne s'est pas fait attendre : nous sommes tous, Mariano, Diego et moi condamnés à mort par des individus sans scrupule. J'ai compris. Il va falloir jouer serré si l'on ne veut pas terminer une balle dans la tête. Les narco-trafiquants, eux, se conduisent vis-à-vis de nous en parfaits gentlemen. Je ne plaisante pas et ne cherche pas à les absoudre, mais c'est la vérité. Ils ne dérangent personne à Cuti, ce sont des gens polis et bien élevés, qui n'ont aucun intérêt particulier à se mettre à dos les habitants de la mission. Ils utilisent, c'est vrai, sans autorisation, la piste quand bon leur semble, mais au fond, ils respectent l'œuvre entreprise par le padre Mariano. Ce qu'ils font ailleurs n'est pas d'une grande propreté, mais je n'ai le temps de balayer que devant ma porte.

Et puis, il y a le Sentier Lumineux. Quelques-uns de ces guérilleros surgissent parfois à la mission, sortis d'on ne sait où, pour s'entretenir avec le padre. Entre les trafiquants de cocaïne, les colons hargneux et les hommes du Sentier, le pauvre padre doit sans cesse slalomer avec la plus grande diplomatie. Ils défilent à tour de rôle pour quémander un service, un renseignement. Les colons, installés de l'autre côté du Ene, traversent le fleuve en pirogue, pour demander un baptême, ou faire dire une messe pour un mourant. Les plus croyants ont déjà empêché des salauds d'assassiner le padre, dernier obstacle à l'appropriation des terres ashanincas.

Diego, Mickey et moi venons renforcer la défense de la cause indienne. Et nous ne sommes pas prêts d'abandonner notre poste. Pour l'instant, alors qu'arrivent les plus chaudes heures de la journée, je m'allonge, insouciante, sur ce tatamis surélevé, fait de larges planches souples taillées à la machette dans un palmier noir… Couchée sur le dos, enroulée dans ma cushma en coton, je regarde la toiture de palmes sèches qui, parfaitement assemblées, assurent une excellente étanchéité. Fixée par des liens végétaux, souples au moment de la construction, à de longues perches, elle évoque les jolis dessins d'un tissage minutieux. Quatre troncs d'arbres supportent l'ensemble. Fermant les yeux, je m'endors rapidement, car demain nous partons pour Parijaro.

*
**

La saison des pluies a commencé et tout en buvant une dernière calebasse de pearentsi chez Moishe, nous prenons nos renseignements sur l'état du rio Cutivireni. Les eaux semblent avoir baissé depuis hier, et la traversée des gués devrait être possible. Antonio va nous accompagner jusqu'à Camantavishi. Cela lui fait plaisir et il en profitera pour rendre visite à sa famille. Nous quittons la clairière bien dégagée où est bâti le village qui entoure la mission, pour pénétrer dans les sous-bois humides. Nous marchons vite. La végétation s'égoutte encore de la pluie de la nuit précédente. Des odeurs de plantes, de mousse et de bois pourris m'enveloppent tout entière. L'humus et la terre pullulent de jeunes pousses, d'un vert transparent qui se dressent bien droites, gorgées de sève, cassantes comme du verre. Elles semblent être sorties du sol pendant la nuit, essayant déjà de dérouler une première feuille toute plissée

Tout n'est que renouveau et énergie. La nature est en pleine activité silencieuse, uniformément confondue dans la profondeur de la forêt.

Antonio ouvre des passages à la machette qui résonne de cette note métallique que j'affectionne tant. Les feuilles tombent. La sève blanche jaillit et coule lentement le long des branches sectionnées. Antonio, mélangeant quelques mots d'espagnol à sa langue maternelle, me prévient :

— Quidado, catsi... (Attention, douleur).

Il m'indique de la pointe de sa machette un liquide épais, jaunâtre, s'écoulant d'une liane tronquée. Je m'écarte vivement. L'avertissement n'est jamais autoritaire, mais jamais gratuit. Lorsqu'un Indien l'indique, le danger est toujours réel. Cette salive végétale cuit comme le feu.

Prenant soin de l'éviter, je m'écarte sur ma gauche, m'accrochant distraitement à un tronc épineux, lui aussi, terriblement cuisant. Heureusement, je n'en suis pas à mon premier incident. Rétablissant mon équilibre, je brise quelques épines d'un mouvement d'épaules et, seul, mon tee-shirt porte la marque des griffures.

Une heure plus tard, il faut se mettre à l'eau. Le Cutivireni brasse un courant brunâtre, troublé par les milliers de ruisseaux qui y déversent les alluvions arrachés à la cordillère. Nous passons. Durant deux heures, nous bataillons à travers le delta du fleuve. Là, ce sont de gros galets doux et bien ronds ; un peu plus tard, nous nous enfonçons dans du sable fin et doré avant de traverser un fouillis de bambous et de roseaux aussi coupants que des rasoirs. Antonio s'est taillé un bâton pour mieux assurer son équilibre au milieu du courant... C'est de là que vient le nom de Cutivireni (« L'endroit où il faut savoir se servir d'un bâton. ») Cette fois, c'est sérieux, j'ai de l'eau jusqu'à la taille, mon sac à dos de dix kilos posé en équilibre sur la tête. C'est dur. Le fond sur lequel j'avance pas à pas est tellement irrégulier que je m'attends à disparaître dans un trou. Même lorsqu'on connaît bien un gué, il suffit d'une crue subite après un violent orage, pour brasser les fonds, faire rouler des rochers et modifier le lit du rio. Avant de poser le pied plus avant, il est indispensable de sonder la tenue du sol. La moindre chute et c'est le risque d'être emporté dans un bouillonnement d'écume, de se briser au minimum une jambe ou un bras, quand on a la chance de ne pas cogner une roche avec le crâne.

Un peu paniquée par la violence des eaux qui cherchent à m'emporter, je pense à Barriti, qui passait mon sac pendant l'expédition alors que je me jetais nue dans le courant avec Pancha et Shama. Ces souvenirs me troublent et, un instant, mon attention est distraite. C'est fatal : je glisse et heurte durement un rocher, m'ouvrant profondément le genou. Sous l'effet de la douleur, je ne peux plus faire un mouvement, restant écroulée sur moi-même, sauvant de justesse mon sac. Il me faut de longues secondes avant de me remettre debout et d'achever la traversée. Ma jambe sanguinolente inonde mes baskets et mes chaussettes blanches. Je m'en veux d'avoir été maladroite. Les pieds, les mollets, les jambes, c'est ce qu'il faut le plus protéger, dans le monte.

C'est dingue : à chaque fois que je rentre en forêt, je me prends un « pain » quelque part. Comme un nouveau baptême du sang, en offrande à ma selva. Ici, une jambe blessée et l'on devient invalide. Si l'on se retrouve déjà loin à l'intérieur de la forêt, immobilisé, c'est la mort assurée. Jaguars, serpents, toute une faune rôde. Et la faim fait le reste...

Je n'en suis heureusement pas là. Enfin, pour le moment, je pisse le sang et je dois continuer avec ce genou qui a déjà doublé de volume. Il ne faut surtout pas le laisser se refroidir, car alors je ne repartirai plus. Antonio vient aux nouvelles.

— Paita ? (Quoi ?)

— Mapi. Te katsi. (Une pierre ; ça fait pas mal).

— Hari. (Ça va ?)

— Hari cometsa. (O.K.)

Et c'est vrai. La douleur est une sonnette d'alarme. Mais une fois l'information transmise, analysée et prise en considération par le cerveau, elle peut tout à fait disparaître, passer au second plan et s'estomper. De plus, ce n'est absolument pas le moment ni le lieu de m'apitoyer sur mon sort. Je ne sens plus le mal. Et j'emboîte le pas de mon compagnon qui semble avoir déjà oublié l'incident.

Deux autres bras de rivière franchis, quelques heures de marche et une bonne fatigue plus tard, nous sommes enfin chez Pochete. Antonio, lui, est resté à la case de son beau-père, Adrian, à 40 minutes d'ici environ, nous laissant, Diego et moi, arriver jusqu'au campement. Il fait encore assez chaud pour prendre un dernier bain, mais cette fois sans le sac à dos et avec du savon ! Libre et heureuse, redevenue une petite Indienne, j'enfile ma cushma sur ma peau nue et mouillée, et retournant sans me presser vers notre abri, je m'arrête pour caresser et parler à chacun de ces gros arbres qui bordent le sentier. Ils sont là depuis toujours peut-être, puisant leur sève à la source de la forêt. Ne pouvant résister, le bas de ma robe de coton entre les dents, j'agrippe une branche et entreprend l'escalade. Je grimpe plus haut encore, découvrant les environs.

La nuit tombe et, les paupières mi-closes, je m'abandonne au plaisir de la contemplation. Une impression de bien-être m'envahit peu à peu, cristallisant cet instant en un inoubliable souvenir. Les minutes passent, deux perroquets se sont posés sur la plus haute branche non loin de moi.

Je suis à trente mètres du sol, enveloppée dans un océan de verdure, si loin, si haut, coupée des hommes. Je laisse doucement changer ma perception des choses. Et c'est comme si l'éternité montait en moi. Mon corps est là, soudé à cet arbre, me moulant telle une écorce : je ne sais plus si je suis arbre ou ciel, oiseau ou vent, lumière ou totalité.

Délicieusement enivrée, je ne sens plus mes jambes ni mes bras ; plus rien n'entrave mon esprit qui, clair comme du cristal, navigue, libéré de son cocon matériel.

⁂

Après avoir avalé des spaghetti à la tomate avec Pochete et sa famille, Diego et moi installons notre campement. Nos amis ashanincas, eux, retournent de l'autre côté de la rive où est maintenant bâti leur « pankochi » (hutte). L'année prochaine, nous camperons sur l'autre rive avec eux, mais ce soir encore, il nous faut rester ici, seuls, à quelques mètres à peine de la grande forêt. Sous sa moustiquaire, Diego dort déjà. Je me suis couchée près du feu, les pieds nus enfouis dans la cendre chaude, étalée de tout mon long sur les feuilles de bananiers qui recouvrent la terre battue. Autour de moi, la pénombre masque la forêt ; seule la faible lueur des dernières braises rougeoyantes, ressuscitées par de petits souffles de vent, projette un vague halo sous le toit de palmes. Des craquements dans les fourrés tout proches signalent la présence d'animaux attirés par les restes de morceaux de caniri (manioc). Quelques cris d'oiseaux viennent briser le silence. Notes diverses, drôles de caquètements sourds et bruyants. Je sais que plus l'oiseau est petit, plus il fait de bruit, sans doute une façon d'intimider l'ennemi ! Et cela marche avec moi. Je sais pertinemment que ce sifflement provient de la gorge d'un minuscule toucan, mais je ne peux m'empêcher de ressentir une certaine crainte à l'idée de me retrouver seule en face de lui dans l'obscurité.

Les cases ici sont abandonnées depuis des mois, aussi la jungle reprend-elle peu à peu possession des lieux.

Notre présence est inhabituelle et pourrait intéresser quelques prédateurs... Je me sens bien seule tout à coup. Pochete et les siens sont à un kilomètre de nous, sur l'autre berge du fleuve. Je frissonne, sentant tout mon corps se durcir, alors que le bruit sec d'une branche morte qui se brise, interrompt un silence inquiétant. Tout de suite après, un rapace de nuit passe en criant à quelques mètres de moi. Tout y est. Machinalement, je regarde autour de moi. Emmuré dans sa moustiquaire, je ne distingue même pas Diego. Mais de toutes les façons, il n'est pas en forêt un élément rassurant. Je n'ai jamais ressenti la moindre appréhension, je ne me suis jamais sentie exposée, car toujours un natif, homme ou femme, est avec moi. Même seule avec Shama, loin du camp, le bruit d'un animal sauvage, l'isolement qui fait de nous deux proies faciles, ne m'ont jamais inquiétée. Car Elle est là. Elle sait, Elle entend, Elle voit. Elle a appris quoi faire, comment le faire, pourquoi le faire. L'exemple le plus frappant de leur instinct de survie m'a été conté par Shama :

« Il y a trois saisons des pluies, je crois, le fils de Shirampari et son tout petit frère descendaient de Tonkare avec Tiresa, leur mère. Sous la grande forêt, avant les gros rochers blancs de la cascade, ils ont entendu le cri de " maniti " (la panthère). Elle était tout près. Pascual, l'aîné, se saisit d'un bâton. Trop tard. Maniti attaque et bondit sur sa mère. Ensemble, ils roulent à terre. Il l'a saisie à l'épaule et cherche à l'entraîner à l'écart pour la tuer.

Pascual, petit mâle ashaninca, a été élevé pour protéger " la femme ". Il se met à frapper de toutes les forces de ses huit ans ou dix ans sur l'animal qui, rugissant, feulant, ne lâche pas prise. C'est une vieille panthère. C'est peut-être ce qui l'a poussée à attaquer l'homme, car généralement elle choisit la nuit pour attaquer. Sous les coups répétés, violents, qui lui martèlent le crâne, le fauve ouvre la gueule, abandonne sa proie et fait face à l'enfant. Pascual, de tout son courage, redouble de coups face à cette gueule déjà sanguinolente qui s'avance de plus en plus menaçante, de plus en plus rugissante. Mais soudain, le félin fait volte-face et s'enfuit. Sur un tapis de feuilles mortes, Tiresa gît, l'épaule broyée, déchiquetée, baignant dans son sang.

Pascual ne perd pas une seconde. Asseyant de force son petit frère contre sa mère inconsciente, lui laissant pour seule protection son bâton, il file et, sans se retourner ni s'arrêter, il court durant deux heures jusqu'au village. Il alerte tous les aînés du clan. Et redescend, à leur tête, vers l'endroit de l'attaque. Shirampari conduira Tiresa, sa femme, dans ses bras jusqu'à la mission.

Le padre Mariano arrive à la sauver. Aujourd'hui encore, et pour toujours, elle porte les stigmates horribles de l'agression. »

Alors, ce soir, repensant à Shama, et à sa terrible histoire, je n'ai aucune peine à imaginer la panthère qui pourrait être tapie là, et qui pourrait profiter de notre isolement pour surgir de la nuit.

Pendant le trajet, comme à chaque fois, j'ai repéré de nombreuses empreintes de félins sur le chemin de la rivière. Oui, c'est vrai, un « maniti » peut très bien m'attaquer cette nuit, mais pour rien au monde je ne céderais ma place à quiconque.

Je ne trouve pas le sommeil. L'émotion, due à mon retour à Cuti, est trop délicieuse à vivre pour que j'en perde une miette. Les papillons de nuit virevoltent autour de moi, s'emprisonnant parfois dans les cheveux, attirés par la seule lueur de mes yeux grands ouverts, dans lesquels se reflètent les braises du foyer. De taille nettement plus importante, les piiris (vampires) tournent en rond dans l'obscurité, attendant que je m'endorme pour venir inciser ma peau et goûter mon sang. A moi d'éviter de laisser dépasser quelque chose hors de mon sac de couchage. Gare aux doigts de pied ! En cas d'attaque, je ne sentirais rien : les piiris ont une salive anesthésiante.

A l'affût du moindre bruit, j'apprends à en apprécier les nuances les plus subtiles. J'ai bien peur qu'aujourd'hui les hommes ne saisissent plus l'essence même de la vie. Obnubilés par la rentabilité, aveuglés par le profit, ils ne voient dans la nature qu'un moyen supplémentaire de s'approprier des richesses. Il faut défendre les derniers espaces vierges et les derniers hommes libres contre les appétits féroces de nos contemporains. Ici, chaque instant est un émerveillement, une renaissance. Le passé ne nous préoccupe pas plus que l'avenir. Nous vivons au présent sans nous soucier de la marche du temps. Et cela, contrairement aux habitants de nos sociétés occidentales qui vivent pratiquement toujours d'une manière qui leur échappe.

J'ai choisi, dans la limite de mes moyens, d'être moi-même, sans compromission. Pour moi, le chemin de la vie est celui qui permet l'apprentissage continuel de la connaissance. L'une des premières leçons acquises est qu'au lieu de détruire pour s'approprier encore davantage, il faut prendre conscience que l'on fait partie d'un tout indissociable. Cette certitude a inévitablement développé en moi un respect profond pour la vie dans toutes les formes qu'elle prend. J'ai abandonné ce que je nomme « les artifices de l'existence » au profit de la simplicité qui conduit à la plus absolue des libertés.

Allongée à même le sol, goûtant avec ravissement ce plaisir pur d'être à ma place dans un monde où règne — mais pour combien de temps encore ? — la beauté, je décide de tout faire pour que cela reste ainsi. Et je le ferai.

Il y a tant à voir, à découvrir et à apprendre. Depuis mon enfance, je n'ai jamais dévié d'un pouce. Je me sens comme Diogène, une lampe à huile à la main, sous le grand soleil de midi, répondant à qui le questionnait sur son étrange démarche :

— Je cherche un homme.

Moi aussi, je cherchais les hommes. Jamais nulle part, avant d'entrer pour la première fois à Cutivireni, je ne les avais trouvés. Mais ici, tout a changé. Et c'est ici que je veux vivre.

Chapitre 20

DES PIRANHAS, COMME D'HABITUDE...

Madame Pochete, l'épouse du frère de Shirampari, a apporté son pearentsi que nous buvons allègrement avant de partir pour notre deuxième étape. Je me sens gaie. La boisson me permet d'oublier mon genou qui, complètement raide ce matin, me fait mal et me gêne horriblement. Il y a à peine trois heures de marche pour rejoindre Sancatiaro — une petite journée en perspective —, mais le terrain plus accidenté que la veille nous demandera toute notre attention. Ici, on marche d'abord avec ses yeux. Une dernière calebasse passe à la ronde et nous voilà partis, comme toujours à vive allure. Je compense la faiblesse de ma jambe droite en m'appuyant plus fortement sur la gauche. Cela a pour effet de me désarticuler légèrement. C'est efficace. Mais l'effort demandé à mon seul côté détruit l'équilibre normalement réparti de part et d'autre de ma colonne vertébrale. J'arrive à Sancatiaro, le dos complètement bloqué... Ma première réaction est d'éclater de rire. Quelle vie ! Que vida ! Il n'est pas facile, pour une shinani (femme) de devenir une vraie Ashaninca ! Pourtant, j'ai confiance en moi. Je sais que très vite je serai de nouveau d'aplomb et en parfaite harmonie avec la forêt.

Nos amis nous accueillent. Ils nous offrent à boire et à manger, comme le veut le rituel d'arrivée dans un village. L'après-midi se déroule tranquillement. Nous nous baignons dans l'une des piscines naturelles du canyon de Sancatiaro. Je distribue quelques cadeaux et reçois en échange des trophées de chasse : plumes de grands perroquets, queues d'écureuils... On bavarde, on reste ensemble, on boit encore du pearentsi, mi-nourriture, mi-boisson. De plus, c'est un moyen excellent de rester en parfaite santé en jungle tropicale. Puis l'on dort, reprenant les forces nécessaires avant d'entreprendre demain une longue marche jusqu'à Parijaro.

Ce matin, tout est mouillé. Réveil gris-bleu, noyé de brume. Pas la peine de remuer un doigt de pied, attendons sagement que cela s'égoutte un peu. Je reste blottie à l'intérieur de mon duvet en grignotant un morceau de caniri, juste sorti de la cendre. Puis je prends quelques notes. Les enfants aussitôt se groupent autour de moi, surpris de voir à quelle vitesse je couvre une page blanche d'un fouillis de signes qu'ils reconnaissent mal. Ils vont à l'école, car à leur demande, le père Mariano a sollicité du ministère de l'Education péruvienne qu'il leur envoie un professeur, Oscar. Il est ashaninca lui aussi, mais d'une autre province, colonisée depuis longtemps. Ils comprennent donc très bien ce que je suis en train de faire. Du coup, ils me demandent gentiment de leur apporter la prochaine fois des cahiers, des gommes et des crayons, puisque moi aussi je vais à l'école !

Sancatiaro est devenue, grâce à cette institution, un village d'une quinzaine de huttes qui hébergent les enfants des environs. Cette scolarité a de bons et de mauvais côtés. Il est, certes, inutile de savoir compter et écrire son nom, surtout lorsque la civilisation s'approche à grands pas, mais, paradoxalement, si l'éducation les prépare à mieux affronter ce qui les attend, hélas, prochainement, celle-ci leur apportera aussi son lot de complexes.

Je pense en particulier à la radio que certains ont vue à la maison, ou à la télévision que le padre possède dans son bureau et devant laquelle se rassemblent de plus en plus d'Indiens.

Barriti, un jour, m'a raccompagnée. C'était la première fois qu'il descendait jusqu'à la mission. Shirampari nous avait rejoints en cours de route. Quand nous arrivons devant la petite église, il y a un rassemblement.

Moishe a troqué une radio toute neuve contre la plus grande partie de sa production de café. Il est très fier de cet appareil métallique, clinquant, démesuré, qui doit lui bouffer une incroyable quantité de piles. Le volume à fond, il fait profiter toute la maison d'un flot de flonflons folkloriques : la musiquette quechua.

Barriti écarquille les yeux. N'ose pas vraiment s'approcher, puis se lance. Il va saluer Moishe, hurlant pour se faire entendre :

— Aviro ?

— Narobe.

Il regarde la boîte magique, rit, s'étonne, puis rapidement familiarisé avec l'engin, abandonne déjà son observation, peut-être un peu gêné par le côté bruyant de la chose.

Sur un air de folklore décadent, Barriti recevait son premier choc avec la civilisation.

Depuis, les premiers contacts avec les colons n'ont pas arrangé les choses. Ces individus savent très bien créer, puis entretenir des besoins que l'Ashaninca ignorait auparavant. Tels que sucre, vêtements, tee-shirts. Heureusement, ces quelques rencontres ne s'établissent que tout en bas de la zone. Les 90 % de la cordillère de Vilcabamba étant encore totalement vierges de toute intrusion, bonne ou mauvaise...

Diego, Mickey et moi, nous nous employons à imiter les Ashanincas, à nous fondre en eux. Nous n'emportons que le strict minimum du monde extérieur. De plus, nous nous efforçons de louer devant eux l'extraordinaire richesse de leur culture. Nos plus proches « frères » ont parfaitement compris notre message : assimiler ce qu'il y a de bon de l'extérieur, car la rencontre est inévitable, sans pour autant perdre quoi que ce soit de leur façon de vivre en parfaite harmonie avec la nature. Bref, de leur bonheur et de leur liberté.

Un rayon de soleil tente timidement de percer cette brume humide qui n'en finit pas de se déposer sur les larges feuilles des plantes tropicales dégoulinantes depuis l'aube. C'est le signal du départ :

— Rataana. (Au revoir.)

— Same ! (Allons-y.)

Cette réponse à l'adieu du voyageur est un encouragement que lui offre celui qui reste. Après avoir passé la dernière case, je trempe mon doigt dans un bambou rempli de potsoti (huile grasse) et je barre latéralement mon visage de deux traits bien rouges. Diego, lui aussi, s'est grimé et nos sacs bien ajustés sur le dos, nous démarrons.

Je tire encore un peu la patte mais nous progressons à un train d'enfer, tantôt sous les arbres, glissant dans la terre glaiseuse durant les montées difficiles, tantôt escaladant les blocs de pierres mousseuses qui s'entassent pêle-mêle le long du rio. Il y a beaucoup d'eau et la route habituelle de la saison sèche est impraticable. Il nous faut trouver un autre chemin, peu sûr, entre le fleuve et les fourrés. Nous sommes bien souvent obligés d'avancer à quatre pattes afin de nous couler sous les basses branches et les troncs abattus. Nous sommes sales, mouillés, recouverts de terre et de brindilles, trempés de sueur, de l'humidité de la végétation et de quelques bains forcés.

Il y des piranhas, comme d'hatitude. Et, comme d'habitude, ils ne nous sautent pas à la gorge. C'est plutôt nous qui essayons de les pêcher. C'est plein d'arêtes, mais c'est très bon, enfin, c'est plutôt moyen, il y a mieux... Mais attention aux saisons sèches, lorsqu'ils restent en grand nombre, emprisonnés dans les endroits peu profonds. Privés de nourriture, ils sont affamés. Un beau piranha peut faire trente-cinq centimètres, sa gueule aux dents acérées, prête à mordre. Mais pas de danger, aujourd'hui, il y a de l'eau. Beaucoup d'eau qui fait la joie des petits batraciens. La plupart des grenouilles de poche (elles ne dépassent pas un centimètre de longueur) sont imprégnées d'un poison redoutable. Certaines tribus de la selva basse, vers

Iquitos, les débusquent de leurs abris mousseux et les utilisent pour empoisonner leurs flèches.

Attention aux sangsues, aussi. Elles se déplacent si vite qu'elles sautent sur les chaussures, le pied à peine posé sur la rive, disparaissant sous les vêtements en un rien de temps. C'est pas grave. Ça gratte. Mais, attention tout de même : elles libèrent un anticoagulant et les plaies qu'elles infligent n'en finissent pas de saigner.

A la mi-journée, il faut passer Onkonashiari (les Eaux claires), affluent de la rive gauche du Cutivireni, qui dévale d'un haut plateau. Heureusement, le lit du torrent est jonché de gigantesques rochers, qui nous permettent de traverser malgré la hauteur de l'eau. Nous prenons notre départ accroupis et atterrissons sur le rocher d'en face. Une fois sur deux, nous nous retrouvons immergés jusqu'à la ceinture, accrochés du bout des doigts avant de pouvoir nous hisser de nouveau et faire un autre bond...

Le ciel s'est dégagé et il fait chaud. Le temps d'une halte bienvenue, nous nous séchons allongés sur un large méplat rocheux. Un vol de perroquets verts nous survole à intervalles réguliers, piaillant en se poursuivant, avant de se perdre dans un enchevêtrement touffu de branches. Au bout de trois heures de marche, nous sommes en vue de Parijaro. Mon cœur bat fort alors que j'aperçois l'aire dégagée au bord du fleuve, au milieu de laquelle se dresse ma maison ! « Nobanco ! » (Home, sweet home !) Otant short, tee-shirt et chaussures, nous enfilons notre cushma pour faire les derniers cent mètres.

Je suis partie il y a trois mois, laissant ici mes meilleurs ami(e)s, après ce long périple jusqu'à Pavirontsi. Je suis si contente d'être de retour. Une dernière plage de galets nous sépare des huttes, on nous a vus ! J'ai ralenti le pas, cherchant du regard un visage connu. Vingt mètres de plus et nous y sommes. Diego s'avance vers notre maison. Je le suis fébrilement, mais à une distance respectable, car je ne suis pas sa femme. Nous ne faisons que voyager ensemble. Une fois arrivés, afin d'indiquer que nous ne sommes pas mariés, il est normal de s'asseoir à l'écart l'un de l'autre.

Personne n'a levé les yeux, pas une seule expression de bienvenue. C'est tout à fait normal. Les minutes passent, interminables. Je n'ai pas encore aperçu l'un de mes amis. Enfin, Rosaria s'approche et sans se montrer de face, légèrement de biais, me dit d'une voix douce :

— Paita ? (Qu'est-ce qu'il y a ?)

Je lui réponds sans pouvoir m'empêcher de lui sourire. Elle réagit immédiatement en découvrant toutes ses dents blanches et bien alignées :

— Te katsi ! (Rien de mal).

Et nous poursuivons à voix basse :

— Aoka pisaviki ? (Où t'assieds-tu ? Où habites-tu ?)

— Nosaviki Parijaro ! (Je m'assois à Parijaro.)

Nous rions toutes les deux du plaisir de se retrouver. Origa arrive. Elle me tend un plat en terre rempli de caniri bouilli. Elle recommence le rituel des salutations, auxquelles de nouveau je réponds. Puis c'est à mon tour de me lever et d'aller à celles et à ceux qui ne sont pas venus vers moi. Martha est assise sous sa case, un paquet sur les genoux qu'elle berce doucement. C'est une petite fille qu'elle a mise au monde il y a moins de trois semaines. C'est son premier bébé et elle semble encore toute retournée.

J'en viens enfin à la question qui me tient à cœur depuis un bon moment. Etonnée par certaines absences, je me décide et énumère lentement quatre noms :

— Aoka Shama, Pancha, Shirampari, Barriti ? (Où sont Shama, Pancha, Shirampari, Barriti ?)

On me répond que Shama, Barriti et d'autres sont à Tsibokiroato pour toute la semaine. Que c'est dur à entendre ! Les quatre êtres qui me sont le plus chers dans la forêt sont absents. Pancha est au Tonkare. Son petit frère est tombé d'un arbre et il aurait une terrible fracture ouverte.

Shirampari est descendu à Sancatiaro, nous nous sommes croisés, mais il rentre ce soir.

Je suis triste, mais j'essaie de ne pas le montrer. C'est trop bête ! Il m'est impossible de repartir sans les avoir tous vus. Je m'y refuse. Diego veut rester ici deux jours, puis monter au Tonkare (huit heures de marche) examiner le petit garçon blessé, avant de retourner directement sur la mission. Le fleuve peut grossir à tout moment et ne plus nous laisser passer pendant des mois. Diego ne tient nullement à passer son hiver sous la pluie, à grelotter de malaria sur une natte humide. Je suis malheureuse et je lutte de toutes mes forces pour ne pas montrer aux autres la tristesse qui m'envahit depuis que nous sommes là. J'ai pris une décision ferme et irrévocable : je ne quitterai pas le monte sans avoir vu Shama et Barriti. Et lorsque Diego redescendra sur la mission, moi, du Tonkare, je reviendrai seule à Parijaro. C'est ainsi ! Et personne ne pourra me faire changer d'avis. J'ai bien conscience, pourtant, de ce que cela signifie : d'abord le risque de me perdre... Il n'y a aucun sentier. Seules quelques entailles sur les troncs, quelques branches cassées, auront marqué notre passage. Ensuite, le danger d'une mauvaise rencontre : « maniti » rôde et j'ignore encore tant de choses... Enfin, la peur : celle qui vient pour un rien, qui n'a pas vraiment de raison d'être, mais qui prend des proportions dangereuses. Huit heures de marche sans vraiment connaître le chemin, au plus profond de la forêt amazonienne, dans l'une des régions les plus fréquentées par les fauves, il faut vraiment vous aimer les Ashanincas, pour lancer ce défi.

Diego me connaît. Il sait que je fais toujours ce que j'ai décidé, seule ou pas :

— Bien mademoiselle, me lance-t-il en français.

Il explique son projet à Rosaria qui, assise à côté de lui, donne le sein à son dernier-né, âgé de six ou huit mois. La réaction de la jeune femme ne se fait pas attendre. Elle décide de m'accompagner sur le plateau. Elle ne conçoit pas qu'on me laisse rentrer seule. Nous ferons toutes les deux le chemin du retour.

— Hari ? (D'accord ?)

— Hari komesta Rosaria. (Super Rosaria !)

Je suis soulagée, car ces heures de marche qui séparent le sommet de la falaise du fleuve sont épuisantes et dangereuses. Les chasseurs se rendent toujours en groupe dans cette zone.

C'est décidé. J'appréhende ce périple, mais la décision de Rosaria de m'accompagner m'a remonté le moral. La nuit est déjà tombée, lorsque j'entends chuchoter le mot Potenteshi (le Plus Fort est là). En me retournant, je distingue vaguement une silhouette assise contre un tronc d'arbre. Tiresa lui présente de la nourriture. Je m'approche timidement, surprise de cette arrivée tardive, tout en restant à distance réglementaire. J'essaie de reconnaître son visage noyé dans l'ombre. Pas de doute, c'est lui ! Shirampari Potente, le chef de tous. Après avoir bu il se lève et se dirige vers moi en me tendant la main. Il me sourit et me lance un affectueux « buenas noches » pour me prouver qu'il n'a pas oublié ce qu'il avait appris pendant l'expédition. Puis, sans plus de cérémonie, il retourne manger quelque chose.

Je préviens Diego, qui n'avait pas remarqué cette discrète apparition afin qu'il vienne lui aussi le saluer.

***

Tout s'est déroulé comme prévu. J'ai revu Pancha, toujours aussi souriante et gentille. Juan est là aussi avec sa nouvelle épouse, qu'il avait prise à Patsani pendant l'expédition. Gomishi est malade et préoccupé par l'accident de Moishi, son petit garçon. Ce dernier est allongé sur une couverture à côté de sa mère. La jambe gauche toute tordue, la cuisse emmaillotée dans des feuilles. Diego défait l'emplâtre pour découvrir une blessure propre, sans aucune trace d'infection. D'après Gomishi, l'os serait sorti, déchirant le muscle, pour apparaître au centre même de la blessure. Aujourd'hui, rien n'est plus visible. Comment est-il rentré à nouveau ? Nous ne parvenons pas à nous le faire expliquer.

Sous la violence du choc, l'enfant s'était évanoui, tant et si bien que son frère crut ramener au village un petit cadavre. Depuis, le garçon est là, il ne dit rien. Il regarde sa jambe, sans se plaindre. Voilà neuf jours qu'il ne bouge pas. Le moindre mouvement lui contracte le visage sous l'effet d'une douleur insoutenable. Nous refaisons un pansement de gaze et de bandes stériles après avoir enduit la plaie de poudre cicatrisante et antiseptique. Nous prenons la décision de descendre Moishi à la mission et de le conduire à Satipo, à Lima s'il le faut.

Diego explique à Gomishi que nous lui donnerons de la morphine afin qu'il ne souffre pas trop pendant le voyage. La réponse est rapide, directe et précise. « Te » (Non !). Il n'y a rien à ajouter.

Une semaine a passé déjà. Diego est sur le départ : un couple et leur petite fille vont marcher avec lui. Il me laisse sous la protection de tous mes amis indiens. Je suis un peu émue lorsqu'il s'éloigne après m'avoir saluée une dernière fois : « Porte-toi bien. Sois heureuse, je t'enverrai un avion quand tu seras à la mission, préviens-moi par radio. Tchao shinani (femme). » Une dernière fois, il se retourne, avant de s'évanouir dans la forêt

Tout est silence maintenant. Le soleil monte dans un ciel bleu et clair. Il est très tôt encore. Rosaria est allongée avec son bébe sur une natte non loin de moi. Un peu plus loin, Janita et son mari, Ectoroshi, font griller quelques sankiros (escargots). Elle est enceinte et un gros ventre tout rond se dessine, très nettement, sous sa cushma. Je l'observe en train de filer, assise, une jambe tendue, tenant entre ses orteils une grosse boule de coton déjà débarrassée de ses pépins noirs. Elle fait rouler entre ses mains une quenouille qui tourne ensuite comme une toupie dans le fond d'une calebasse, où se forme un fil régulier et déjà solide, qu'elle embobine à mesure. Ectoroshi, pendant ce temps, taille des pointes de flèches dans des baguettes en bois de palmier noir. Il n'y a personne d'autre, ici, que nous quatre. Les autres habitants du village sont déjà tous à Parijaro, pour profiter des derniers jours avant les pluies diluviennes qui coupent parfois le monte du reste du monde...

Je m'installe pour écrire jusqu'à ce que Rosaria me donne le signal du départ. Tout à l'heure, nous redescendrons vers le fleuve. Plusieurs heures passent, paisibles et chaudes, arrosées de tournées de pearentsi.

Un gémissement inquiet provient d'un paquet de chiffons, empilés à l'ombre d'un auvent de paille. Et soudain, une petite paire de fesses surgit des tissus, suivies d'un dos déjà solide et tout brun, qui se termine par une jolie tête de bébé souriant.

« Notomi » (Mon fils), l'appelle avec amour Rosaria en lui tendant les bras. Alors, déjà ce p'tit bout d'homme s'accroche à son sein droit et, goulûment, attaque son repas de midi. Le bébé rassasié, nous nous mettons en route. Le petit est bien installé dans le sonpirontsi, bande tissée de la même façon qu'une cushma, que la mère porte en bandoulière et dans laquelle elle assoit l'enfant. De plus, fixé sur son dos, Rosaria transporte un panier chargé de caniri. Celui-ci est maintenu par une sangle faite à l'aide d'une liane écrasée et mise à plat, qui lui ceint le front, les tempes, puis redescend le long de son cou jusqu'au tressage du panier. C'est un objet hyper-résistant qui permet de transporter de lourdes charges.

Quant à moi, j'ai ajouté dans mon sac à dos trois kilos de racines de manioc et mes chaussures de marche que je mets de moins en moins. Aujourd'hui, je suis pieds nus. Le temps est sec, je ne souffrirai pas trop et je dois le plus vite possible me durcir la plante des pieds. J'ai troqué ma tunique de coton contre short et tee-shirt, n'étant pas encore capable de cheminer pendant huit heures à une vitesse régulière, en redescendant la falaise du Tonkare. Je transporte avec moi encore beaucoup trop de choses. Je veux apprendre à vivre avec le strict minimum. Vêtements de rechange, sac de couchage, affaires de toilette, tout cela me devient de moins en moins utile.

Ma peau a bruni. La nourriture ashaninca m'a permis de retrouver un teint mat et sain. La marche a musclé mon corps. Je me sens de nouveau forte et sauvage, mes yeux se sont éclaircis, comme chaque fois que je sens en moi bouillonner la rage de vivre.

Nous faisons nos adieux au jeune couple qui garde les lieux. Et pendant que nous buvons une dernière fois afin de pouvoir affronter, pleines d'énergie, notre voyage, Ectorishi nous raconte comment, par deux fois, il a aperçu la semaine passée Mastontori (la grande panthère noire), assise là même où nous sommes au petit jour. Protégé par les palissades qui entourent sa case, il n'avait pas bougé, persuadé que le fauve avait détecté sa présence. L'Ashaninca, arc et flèches en main, était prêt à affronter l'animal, mais deux fois de suite, la panthère s'en est allée d'elle-même. Tranquillement...

Rosaria marche d'un pas rapide, son fils endormi calé sur sa hanche, le chargement de caniri sur le dos. Nous ne sommes que deux, à travers la forêt sombre et dense. J'avance, machette à la main, coupant çà et là les branches folles qui repoussent d'une semaine à l'autre. Elles referment aussitôt l'étroit passage à peine visible sous les grands arbres. Sans mon amie, je me serais perdue, c'est sûr. Je suis, par moments, incapable de me repérer dans ce labyrinthe de verdure. Soudain, des cris suraigus jaillissent d'un taillis à quelques mètres de nous, me glaçant le sang. Rosaria a, elle aussi, un mouvement de recul. Mais elle se retourne vers moi, en riant : « Canari » (dindon de montagne). Et, en effet, nous entendons ces gros volatiles courir sur les feuilles avant de s'envoler bruyamment. Je pousse un long soupir de soulagement. C'est bon d'être ici ! Je suis, une fois de plus, inondée de sueur. Je lutte afin de ne pas me laisser embarquer dans la pente glissante et accidentée, poussée par le poids de mon sac lourd et encombrant. Ma compagne peine aussi, son beau visage rond recouvert de gouttelettes. Sans cesse, elle maintient la liane en place sur son front et prend garde à son bébé. Un peu plus unies encore par notre voyage, qui nous laisse toutes deux fatiguées, isolées, en plein monte, nous nous lançons des regards encourageants.

C'est l'heure du biberon, et nous faisons une halte bienfaisante pour que ce petit d'homme puisse se rassasier. Le silence règne dans cette jungle de montagne, interrompu de temps à autre par la chute d'une branche, le cri d'un oiseau ou un craquement inexplicable. Les êtres vivants grouillent autour de nous. Gros ou petits, ils nous observent sans doute à notre insu.

Entendant tout à coup un bruit sourd de bois cassé, je murmure à moitié sérieuse à ma compagne : « Maniti »... Elle ne rit pas, et pour cause : elle me montre du doigt une large empreinte à moins d'un mètre de nous, bien marquée dans la terre molle. Je reste sans voix. Le fauve n'est pas loin, peut-être nous observe-t-il ? De quand date cette marque dans la boue ? Une journée, une heure, quelques minutes ? Impossible à dire ! Rosaria, elle, le sait-elle ? Comment le lui demander ? De toutes les façons, panthère, ocelot, jaguar ou autre mangeur d'homme dans les parages, cela ne change rien. Nous sommes encore à plusieurs heures du premier village, deux petits bouts de femmes livrés à la jungle, à ses dangers, à ses pièges, mais qu'importe je suis fière, très fière, d'assumer ainsi mon destin ! Je prends ma vie comme elle vient, en pleine forêt tropicale, là où j'aime exister plus que partout ailleurs, sur les flancs de la cordillère de Vilcabamba.

Je distingue maintenant le bruit du rio, de plus en plus fort. Dans une demi-heure, nous surplomberons enfin le campement, construit en bordure du fleuve. Il nous restera à traverser un sous-bois, une chacra terriblement pentue, au pied de laquelle sont bâties quatre cases.

Ça y est nous y sommes ! Découvrant d'un seul coup le Cutivireni, j'aperçois des groupes, çà et là, installés autour des feux, à l'ombre des toits de palmes. Quelques têtes se lèvent et Rosaria me chuchote :

— Shama.

Elle est là ! Je ne la reconnais pas encore. Je suis trop loin. D'autres amis sont également présents. Continuant la descente à découvert, j'essaie de dissimuler ma joie. Ainsi que l'exige la coutume, nous nous asseyons à l'écart, mortes de fatigue sans que quiconque n'y prenne garde. D'ailleurs, ils sont en train de manger. Le plus discrètement possible, je cherche à deviner qui est là, quand tout à coup un homme se retourne vers moi...

Chapitre 21

APRÈS L'ÉPREUVE DU SORCIER, ON ME BAPTISE « CHAVETA »

Ses yeux sombres et pétillants de vie fixent un instant les miens. Barriti est là. Il s'est retourné, pour un échange discret, bienvenue spontanée, qui n'appartient qu'à nous.

Sur ma gauche, Shama me dévisage. Son regard intense et son sourire, un rien retenu, m'émeuvent et me ravissent. Mais je garde secret ce bonheur intérieur. Il n'est pas temps, encore, d'exprimer ma joie. Je suis heureuse d'être là, enfin de retour à Parijaro.

Il fait très chaud. Je suis encore trempée à cause de l'effort physique que j'ai dû fournir. Le potsoti huileux qui barre de dessins rouges mon visage, s'est écrasé sur mes joues. Mes cheveux, collés de sueur, sont plein de brindilles et de feuilles. J'ai les pieds endoloris, les jambes crottées jusqu'à mi-mollet, les cuisses griffées par les épines.

Shirampari s'approche enfin pour me saluer comme il l'avait fait le soir de son arrivée, la semaine dernière. Quelques femmes viennent aussi à moi. Puis, tout à coup, voilà Barriti. Il me tend la main. Je lui donne la mienne, étonnée de cette nouvelle façon de faire. Je devine que ce geste inhabituel est une vraie marque d'affection. Il garde ma main un moment, me fixe de son regard rieur. Un peu gênée, vraiment émue, c'est moi qui sépare nos mains. Il vient de m'accueillir publiquement avec beaucoup d'intérêt.

Shama n'est pas encore venue, sans doute trop émue elle aussi. Tandis que chacun vaque à nouveau à ses occupations, je m'approche d'elle, doucement, m'agenouillant à ses côtés en murmurant son nom « Shama ». Elle rit, cachant sa bouche dans ses mains. Je vois combien elle est heureuse. Nous restons silencieuses, un long moment, profitant de ces premiers instants de nos retrouvailles, pouffant de rire pour un rien. Soudain, elle se lève d'un bond et va servir une tournée générale.

Je m'installe, partageant l'une des deux pièces de ma maison avec Rosaria. L'autre côté est le domaine réservé de Shirampari, Barriti et de leurs épouses respectives. La grande case principale abrite Martha et son mari, Manuela, Shama, Victoria et la petite Juanita. Deux autres toits sont plantés un peu plus loin, l'un pour la famille d'Andreas, l'autre pour Alejandro (le sorcier) et les siens. Je loge six personnes supplémentaires venues rendre visite à ceux de Parijaro.

***

Une première lueur teinte le ciel étoilé. Il est temps de se lever. Je n'ai pas de montre, mais j'imagine qu'il doit être entre 4 h 30 et 5 h du matin. Je m'éveille doucement. Aussitôt je croise le doux regard de Barriti, qui se penche vers moi gentiment afin de me souhaiter le bonjour :

— Kitailletiri.

— Kitailletiri Barriti.

A peine ai-je fini ma phrase, que déjà il s'éloigne. Riant.

Shama fait cuire des racines dans la cendre, alors que grillent de grosses larves blanches piquées sur des baguettes placées au-dessus des braises. Les larves grillées craquent sous la dent. Après le repas, je fais le tour de mes amis, Martha baigne son nouveau-né. Elle a fait chauffer de l'eau dans un pot en terre avant de la verser dans un tronc d'arbre creusé en forme de petite baignoire. Elle fredonne tout en le frictionnant avec des plantes qui macèrent dans l'eau du bain.

L'enveloppant dans un morceau de toile, elle le couche dans un hamac minuscule tendu entre deux piquets, qu'elle balance doucement jusqu'à ce qu'il s'endorme. Martha passera ainsi toute sa journée à s'occuper de lui, le gardant la plupart du temps sur ses genoux. Carlos, son mari, va rester auprès d'elle, deux mois, comme le veut la coutume. Il est là pour protéger mère et bébé, s'assurer qu'il y a assez de nourriture. Ne pas laisser s'approcher les mauvais esprits.

Un peu plus tard, les jeunes femmes s'en vont chercher du manioc sur une plantation située à des kilomètres de là.

Le plus habile des chasseurs, c'est Shirampari. Il capture les grands singes. Il pêche aussi.

Je l'ai surpris un jour, marchant lentement le long du Cutivireni. Tranquillement, sans mouvement brusque, observant avec soin le bord des gros rochers qui affleurent à la surface du rio.

Il scrute, cherchant les ombres qui passent entre les rais de lumière.

Il a de l'eau jusqu'aux genoux mais, maintenant, le voici qui se baisse et s'immerge jusqu'aux épaules. J'ai à peine le temps de comprendre qu'un poisson bondit hors de l'eau. D'un geste brusque, Shirampari l'a saisi et dans le même geste, le projette d'un revers à quelques mètres, sur les galets.

Sortant rapidement, brassant l'eau maintenant sans précaution, il récupère sa pêche, la coince tout de suite entre ses cuisses et d'un mouvement de torsion, un pouce enfoncé dans la gueule, lui brise la colonne vertébrale.

Barriti l'a rejoint pour le festin. Instinctivement, toujours là, quand il y a quelque chose à grignoter. Il arrive, couteau à la main, ouvre le ventre argenté du poisson, et, en sort allégrement toutes les entrailles, encore chaudes. Il les partage alors avec le pêcheur. La chair, nous la mangerons tous ensemble un peu plus tard.

Ce matin, j'ai nettoyé ma case, ramassé du bois et peint mon visage, comme je le fais chaque jour. Puis, en compagnie de

Victoria et Shama, notre cushma entre les dents, nous grimpons sur le plateau, cueillir des bananes et des cannes à sucre. Sur le chemin du retour, nous faisons une halte pour nous baigner, nues, dans une piscine naturelle du Parijaro, affluent, rive droite, du Cutivireni. Alors que nous nous amusons à faire des pirouettes, les garçons surgissent d'une plantation. Ils nous préviennent de leur venue en émettant de petits sifflements stridents et réguliers, afin de nous laisser le temps de nous cacher, soit en nous enfonçant dans l'eau, soit en disparaissant derrière un rocher, à l'abri de leurs regards.

Barriti et ses amis, un peu à l'écart de nous, plongent à leur tour dans le torrent.

Parfois, ils nous hèlent, mais sans jamais chercher à surprendre notre nudité. Ceux qui transgresseraient cette règle naturelle seraient montrés du doigt. Les rires éclatent de toutes parts, alors que nous restons blotties. Nous attendons qu'ils s'en aillent pour reprendre nos jeux et nos discussions.

Séchant au soleil, je propose à Shama de lui apprendre à écrire son nom à l'aide d'un caillou friable d'un beau rouge. Au bout de quelques tentatives, elle y parvient sans problème et toute heureuse répète après moi : S. H. A. M. A.

Le soleil tape sur mes épaules et mon dos a déjà beaucoup bruni. Nous sommes toutes les trois toujours nues sur un grand rocher plat, occupées à notre leçon d'écriture. Plus rien d'autre ne m'importe que le monde de la rivière et de la forêt. J'ai subitement l'impression de ne jamais avoir vécu ailleurs. Mes deux compagnes ont une dizaine d'années de moins que moi, pourtant rien dans nos rapports ne le laisserait penser en cet après-midi ensoleillé. Je n'ai ni mari ni enfant. Je suis comme elles, faisant partie de cette caste de jeunes filles qui, une fois achevés leurs travaux journaliers, peuvent jouir de leur liberté. Et n'ont de comptes à rendre à personne !

Ce soir, alors que nous venons de dévorer un oseto (singe-araignée) que Shirampari a tué dans l'après-midi, Victoria s'approche de moi : « Inkante ! » (Chante !). C'est une habitude.

Elle se blottit contre moi, son oreille presque contre ma bouche pour bien entendre ce que je fredonne tout bas, puis, heureuse, me quitte. Martha, son petit, endormi contre son ventre, me demande de chanter encore et encore. Mais je me défends : « Pashini ! » (A toi).

La nuit, en forêt, est pour moi un moment empreint de magie. Les feux du campement semblent dans leur scintillement communiquer avec les étoiles. Les grands arbres se dressent vers le ciel, ouvrant leurs branches feuillues vers l'infini. Le rio dévale dans son lit bouillonnant d'énergie, fier de sa force et de son rôle bienfaisant. Et mon cœur déborde du bonheur d'être là, couchée sur le sol au milieu d'hommes et de femmes survivants d'un monde perdu, liée à eux, maintenant, par une amitié que j'espère indestructible. Les mélodies se perdent dans le vent. Une subtile harmonie de voix s'élève dans les airs. D'autres femmes à demi relevées sur un coude, assises en tailleur, allongées sur le dos, toutes regroupées autour de moi, tissent un délicat filet de notes. Je me laisse prendre au piège d'une intense émotion. Fermant les yeux, mon visage se perd dans l'ombre de la nuit. Je veux graver à jamais dans mon esprit ces instants de plénitude.

Shama se coule près de moi pour me chuchoter quelques mots en cherchant mon regard dans le noir :

— Toi, comment vas-tu maintenant ? Tu es restée tellement longtemps si loin d'ici. Quand tu es partie après notre voyage à Pavirontsi, moi, je suis restée. Et moi, j'ai eu mal ici ; ici j'ai eu très mal.

Posant sa main droite sur sa poitrine, elle m'indique l'endroit de son cœur.

Je suis bouleversée et j'ai du mal à articuler :

— Naro. Aka osequi, catsi, aisati. (Moi ici, très mal, aussi.)

Je ne peux pas détacher mes yeux de son visage que je distingue à peine. Quelle beauté, quelle franchise, quel abandon dans cette déclaration d'amitié si inattendue ! Ainsi donc, toi aussi, Shama, tu ressens comme moi ces choses-là, simples et élémentaires, l'amour, l'amitié, la peine et la joie ! Tu ne voulais pas que je parte et tu es simplement heureuse de mon retour. Toi aussi tu m'aimes comme je t'aime. Et vous tous autour de moi, installés dans la quiétude de cette nuit étoilée, je devine que je compte désormais dans votre vie. Je peux donc y croire, me livrer enfin tout entière à quelque chose de vrai, être moi-même.

Je n'ai plus d'autre adresse. Voilà mon pays. Tout à coup, tout prend forme, tout est possible. Ma quête, mon voyage, mon aventure ont trouvé leur port d'attache. Je ne suis plus seule au monde et, poussant un profond soupir, je m'abandonne sans retenue au présent, sachant que maintenant je n'ai plus besoin de me rattacher à des souvenirs. Un peu plus avant dans la soirée, Alexandro m'invite à me joindre aux autres. C'est mon initiation au rituel de Camaranpi, liane hallucinogène qui conduit au voyage, à l'exploration intérieure. Sous le contrôle étroit du sorcier, l'esprit s'abandonne à une nouvelle perception du monde. Rien à voir avec ces drogues utilisées anarchiquement, à base de synthèses artificielles, qui plongent l'utilisateur dans un chaos dévastateur.

Teodoriso me tend une petite écuelle pleine à ras bord d'un liquide épais, noirâtre, collant. Tremblante d'émotion, et d'appréhension, je la saisis à deux mains et la porte à ma bouche. Mes lèvres laissent passer un breuvage amer, trop fort, qui me donne instantanément la nausée. Pourtant, je bois d'un seul trait, m'appliquant à surmonter mon écœurement.

Toute la journée, il a préparé la mixture. Il a écrasé soigneusement la liane entre deux pierres pour en extraire un jus brun et poisseux. Puis, en ayant recueilli un litre environ, il l'a mis à réduire sur le feu. Le sorcier me regarde, ses yeux noirs pleins de force et de douceur, tandis qu'il remplit la calebasse une fois de plus, pour faire boire Shama, assise à mes côtés. Le feu fait danser nos ombres sur les nattes, et les feuilles de bananiers qui recouvrent le sol sont prêtes à nous recevoir. Un à un, nous nous allongeons, les pieds du côté des flammes, la tête déjà dans un autre monde.

Alexandro et Juan, immobiles, sur le dos, partagent peut-être les mêmes visions fantastiques. Shama, avant de s'étendre à leur côté, me glisse à l'oreille « Cometsa Camaranpi ? » (C'est bien Camaranpi ?)

Une sensation de bien-être physique m'invite à m'abandonner et, laissant mon corps s'installer sur les feuillages, j'oublie que j'ai des bras, des jambes, un cœur qui bat et un ventre. Seuls mes yeux me semblent encore capables de me rappeler mon unité, mon individualité. Puis, ils s'envolent eux aussi. Je me rapproche doucement des étoiles. Le ciel est d'une clarté absolue, et sans même m'en étonner, je navigue en constellation, crevant la voûte céleste pour rejoindre d'autres univers.

Combien de temps s'est-il passé avant que cette pensée traverse ce qui me reste d'esprit « Que font les autres ? ». A cette question, sans difficulté aucune, les images familières se reforment. Je distingue de nouveau la case de Teodoriso.

Ce dernier chante doucement. Je me rends compte que c'est en me laissant glisser sur le toboggan de sa chanson que je suis revenue au bord du fleuve. Je n'ai pas bougé d'un millimètre, pourtant je me sais de retour d'un voyage dont l'essentiel quitte déjà ma mémoire.

La profondeur de tout ce qui m'entoure m'enveloppe de nouveau et m'entraîne avec force et bien-être vers une nouvelle dimension. Je crois que je souris, alors que les bruits de la rivière toute proche me tirent et m'invitent à une nouvelle découverte.

Sans jamais se fatiguer, le sorcier égrène sa mélodie qui, vibrant dans l'air jusqu'à mes oreilles, me sert de fil d'Ariane pour revenir là où est allongée mon enveloppe charnelle.

Comme une chaîne lumineuse, un garde-fou ; elle nous unit tous et toutes au maître de cérémonie.

J'ignore combien d'heures se sont écoulées lorsque Teodoriso, de nouveau, me présente Camaranpi. Je bois. Cette fois, je ne sens pas l'amertume du mélange. Bien au contraire, presque instantanément, une douceur infinie m'envahit et, comme accompagnée d'une présence amie, je me laisse envelopper par un monde où la nuit semble baignée de lumière et où la forêt me révèle ses secrets.

Il règne autour de moi un calme absolu. Ce silence est juste interrompu par les Ashanincas qui, tour à tour, crachent pardessus leur épaule. Comme eux, je me débarrasse de cette salive âpre, qui a rempli ma bouche lentement. Par moments, je sens aussi mes tripes se nouer et, me tordant les mains sur le ventre, j'attends que cesse ce spasme douloureux. Puis, tout rentre dans l'ordre, je retrouve la paix et la magie de mes randonnées intérieures. Tard dans la nuit, je me lève enfin. Tous mes compagnons sont déjà profondément endormis. Je sombre à mon tour dans un sommeil peuplé de dessins colorés et de personnages irréels.

Comme d'habitude, l'aube nous retrouve éveillés. Je me sens en pleine forme, forte et bien dans ma tête. Tous mes muscles sont gonflés d'énergie et, retrouvant Shama sur la plage, nous nous jetons ensemble dans le torrent pour une série de cabrioles aquatiques qui n'arrivent même pas à nous épuiser. Toute la journée, je suis habitée par une vigueur inhabituelle, et mes pensées sont d'une lucidité cristalline. Le sorcier m'a observée toute la matinée, riant de me voir gonfler à fond mes poumons. Camaranpi m'a séduite, et je crois qu'elle m'a acceptée, n'ayant pas cherché à m'effrayer avec des visions terrifiantes ou à me perdre dans un labyrinthe sans fin.

Je suis bien dans ma forêt, en accord avec les hommes et les plantes, les animaux et les choses, et de plus en plus en accord avec moi-même. Une petite fille s'approche de moi. Cette nuit, elle m'a vue, ses yeux d'enfant ont tout deviné, tout compris. Elle glisse sa main dans la mienne.

« Aviro Chaveta » (Toi, Chaveta.)

Elle me quitte en sautillant, chantonnant « Chaveta, Chaveta... ». Je la suis des yeux. Voilà un mot que je ne connais pas. Mon regard croise celui de Barriti. Il sent que quelque chose m'échappe. Ravi de saisir l'opportunité, il vient vers moi, et, dans son sourire, je lis toute la force de l'explication dont il va m'éclairer.

— Aviro Chaveta ? me demande-t-il.

— Te nonkiemenro. (Je ne comprends pas ce que ça veut dire.) Te notieri ! (Je ne sais pas.)

Il suit alors du doigt un papillon, petit, orange, aux ailes bien rondes, tournoyant autour de nous. Il l'interpelle : « Chaveta, Chaveta. . » puis, plongeant ses yeux dans les miens, m'explique, me précise : « Chaveta, chiora pensamiento » (Il a la connaissance)...

Chapitre 22

UN JOUR, PEUT-ÊTRE, MON ENFANT NAÎTRA A PARIJARO...

Une autre nuit arrive et je m'endors. Soudain, je suis arrachée à mes rêves, par un bruit inhabituel, d'une rare violence. Le Cutivireni est fou, il rugit comme un dragon, énorme serpent boueux. Effrayant ! Le niveau a monté de plus de deux mètres. Tout le monde se lève. Il faut hurler pour se parler. Certains sont effrayés, d'autres surpris, voire joyeux devant un tel spectacle. Je reste sans voix, pétrifiée par la soudaine furie des eaux, maintenant blanchâtres et bouillonnantes.

« Maioventi, me lance Barriti qui passe près de moi Oseki nija » (Beaucoup d'eau). Le Maioventi est le principal affluent du Cutivireni. Il a dû y avoir un terrible orage sur les hauteurs de la cordillère. La masse liquide a déboulé d'un seul coup, ravageant tout sur son passage. Et, dans le faisceau de ma lampe électrique, je vois passer à toute allure les troncs déchiquetés, ballottés, qui rebondissent en heurtant les rochers noyés sous les flots. Des chocs sourds, inquiétants, attirent mon attention. Je demande à Rosaria de m'en expliquer la cause. « Mapi » (Pierre). Des blocs de roche arrachés aux berges se heurtent les uns aux autres, s'entrechoquent en roulant sur le fond. Quel chambardement ! C'est la grande toilette du lit du fleuve. Les vagues roulent sur le chemin qui mène à la plage, désormais engloutie. Ma case est située à moins d'un mètre du bord.

Construite à l'origine dans un endroit protégé, elle a subi lors de la dernière saison des pluies une érosion du terrain qui la sépare du fleuve. Au train où vont les choses, j'ai bien peur que d'ici à deux mois ma maison ne bascule dans le vide ! Mais qu'importe ! La forêt m'offrira tout ce qu'il faut pour en construire une nouvelle.

Les premiers moments d'effervescence passés, chacun regagne sa place pour dormir... A leurs yeux, tout alors est normal. Je reste un instant à la « fenêtre » de ma case, cherchant à voir si la rivière monte encore. Va-t-elle venir me lécher les pieds ? A moitié rassurée, je m'allonge et m'endors rapidement.

***

Le jour se lève sur le fleuve, épais, trouble, sale. Le ciel est blafard. Les berges ont disparu sous les eaux et la largeur du Cutivireni a triplé, supprimant la belle plage de sable gris, ainsi que le petit vallon de galets qui mène jusqu'à la chacra. Hier encore, nous sommes partis y chercher des papayes et des cannes à sucre. Aujourd'hui nous sommes coupés du monde jusqu'à la décrue. Je n'ai aucune idée du temps nécessaire pour que le rio retrouve son niveau normal. En fait, cela m'est complètement égal. Je ne manque de rien et je ris à l'idée de devoir passer en forêt toute la saison des pluies. J'aurais alors largement le temps de perfectionner ma technique du filage du coton. J'ai pris ma première leçon il y a quelques jours et cela n'avait été guère concluant. Le seul résultat positif fut de provoquer un fou rire chez Gomishi. Il est temps d'aller chercher du caniri plus haut en forêt, puisque le bas est impraticable.

Alors que nous grimpons, j'observe Shirampari qui longe le fleuve avec son filet que Mickey et moi lui avons offert. Nous aurons certainement une bonne soupe de poissons à notre retour. Victoria éclate de rire en découvrant l'intérêt que je prête au pêcheur. Il est maintenant immobile, planté dans la rivière, protégé du courant par un gigantesque tronc d'arbre qui est en travers dans un endroit peu profond. Tous les muscles tendus, Shirampari se penche en avant, le lourd filet au bout de ses bras. Et, d'un coup, en un mouvement rotatif, il l'étale à plat sur la surface mouvementée, à près de trois mètres de lui. Retenu par une cordelette qu'il tient entre ses dents, il le ramène doucement jusqu'à ses pieds avant de le sortir de l'eau. Bredouille ! Otant une à une de son filet les brindilles qui n'ont pas manqué de s'y accrocher, il se prépare pour un autre lancer.

Il s'avance un peu plus dans le rio. Ses larges cuisses découvertes afin de ne pas complètement tremper sa cushma qu'il a en partie remontée sur ses épaules.

Il est superbe. Shirampari, pêcheur, chasseur, assurant pratiquement seul le ravitaillement de toute la communauté.

Il est aussi fort que cet arbre majestueux contre lequel je suis appuyée. Il évoque en moi ces magnifiques perroquets qui passent en criant dans le ciel de Parijaro. Je me sens de plus en plus me fondre dans la forêt et je m'élance afin de rattraper les deux filles qui m'attendent un peu plus loin.

Au retour, je remarque la marmite qui mijote sur le feu. Nous sommes affamées toutes les trois. Alors que Tiresa sert plusieurs écuelles de tailles différentes, chacun se regroupe suivant un principe hiérarchique bien précis. Les femmes se mettent ensemble, autour d'un même plat, sauf Martha restée avec son mari, Carlos, sous leur case. Les hommes se regroupent également. Shirampari a décidé de manger à côté de moi. Sans chercher à comprendre, je m'installe. Je prends avec la main des morceaux de poisson, tout en croquant dans du caniri, (on ne mange jamais rien sans). Je suis un peu intimidée face au chef ashaninca, mais c'est bien lui qui m'a demandé de m'asseoir à ses côtés. A moi d'être digne de sa confiance et de sa gentillesse à mon égard. En fait, la notion de chef n'existe pas ici. La place de chacun est déterminée en fonction de ses propres capacités. Aucun rôle social au sein du groupe ne peut être décidé par avance.

Instinctivement, chacun agit du mieux qu'il le peut. Et les parents laissent à l'enfant le choix de son propre chemin. Je me demande ce que je vais devenir au milieu d'eux. J'apprends peu à peu les tâches ménagères, mais j'aime aussi la pêche et la chasse et ils le savent bien. Et puis je passe des heures avec mon crayon et mon cahier. Cela ne dérange personne. Je remplis consciencieusement les obligations qui incombent à tout membre de la communauté. Le reste de mon temps m'appartient. Ils le savent et respectent mes moments de solitude. A leurs yeux, je suis quelqu'un de différent, pas tout à fait une femme, mais pourtant pas du tout un homme. Ils s'en moquent, pourvu que je sois bien dans ma peau et que toutes les vibrations qui émanent de ma personne soient saines et positives.

Le lendemain, Barriti me propose de l'accompagner à Parijaro, où il part pêcher avec ses deux cousins, Mariano et Tiorosio.

Nous voilà partis tous les quatre pour la cataracte. L'un d'eux me tend une pelote de fil de nylon au bout duquel est attaché un hameçon. Il a apporté quelques vers de terre dans une large feuille. Il en accroche un à l'hameçon, exactement comme le faisait mon grand-père sur les bords de la Loire, à Decize.

Nous le suivons ainsi pendant trois bonnes heures, hurlant notre joie lorsqu'un petit poisson mord à notre ligne. Et, tout en remontant doucement le lit du torrent, nous parvenons jusqu'au pied de la grande chute. Le débit est beaucoup plus important que d'habitude. Je m'imprègne naturellement de la puissance qui jaillit de la cataracte, tandis que Barriti se jette dans les remous du courant afin de décrocher l'hameçon pris dans les fonds. Les « meanto » (perroquets aras) s'élancent des arbres accrochés aux parois abruptes qui nous entourent, effrayés par nos rires qui résonnent au fond du canyon. Je partage la spontanéité de ces trois hommes, sauvages et tendres. Ici, tout n'est que plaisir instantané et sensibilité extrême : un regard, l'effleurement du bout des doigts... Rien de plus.

A notre retour, nous retrouvons Tchactao, l'épouse de Barriti, avec laquelle je fais griller le fruit de notre pêche, des feuilles fraîches enfouies sous la cendre.

J'ai les pieds pleins de boue, du potsoti autour des chevilles et des poignets, les cheveux secs et emmêlés. Nue sous ma cushma, assise par terre sur une natte, les deux jambes bien droites, les pieds croisés dépassant de la pièce de tissu qui m'habille, la bouche contre la calebasse de pearentsi que vient de nous apporter Rosaria, je bois, les dents serrées pour ne pas avaler quelques fibres de caniri qui nagent dans la boisson. Shama se penche vers moi et me désigne Barriti du menton, m'imitant en train de pêcher, et comme tous les autres, elle pleure de rire, en serrant bien fort ma main dans les siennes.

⁂

Nous nous passons la tige de bambou dans laquelle est conservé le potsoti bien rouge et épais. D'extraordinaires traits de couleur ornent nos visages en ce jour de pluie. Abrités sous la case principale, nous buvons doucement en échangeant des histoires et des légendes. Il fait froid. Nous avons allumé un grand feu, mais le bois mouillé nous enfume et le vent indécis nous enveloppe d'un voile bleuté qui pique les yeux. Les paupières à demi fermées je cherche à échapper à cette agression, mais la brûlure est trop forte et des larmes coulent le long de mes joues. A propos, je n'ai jamais vu quelqu'un pleurer en forêt, à part de tout petits enfants.

Rosaria me dit gentiment :

— Niraaca ? (Pleurer ?)

— Ha noja (oui, je pleure). . et je ris !

Je crois que les Ashanincas ne connaissent les larmes que face à la mort ou à l'amour. Ce sont des êtres sensibles qui ne trichent pas avec les sentiments. Ils savent, très jeunes, qui sera leur promis ou leur promise. Ils se voient souvent et apprennent ainsi à se connaître ; s'ils se plaisent, les choses suivent leur cours. Un beau jour, suffisamment mûrs pour vivre ensemble, ils s'installent. A quel âge ? Sans doute quatorze ou quinze ans. A moins qu'ils en aient déjà dix-sept, voire dix-huit. Aucun d'eux ne connaît son âge. Ils ont l'air encore d'enfants, mais pourtant ces jeunes amoureux assument avec beaucoup de sérieux leur nouvelle vie de couple. Le clan est là, dans son ensemble, pour les épauler.

Si les promis ne se plaisent plus, ils se séparent le plus simplement du monde. Ainsi va la vie sur les bords du Cutivireni, comme le vent. Ici, ni voleur, ni menteur, ni paresseux, ni profiteur, ni jaloux. Tout au plus, un peu de gourmandise et d'aimables taquineries... Chacun suit son chemin impeccablement sans se soucier du regard des autres. Les hommes peuvent avoir deux épouses. Cela est peu fréquent. Ça marche pourvu que tout le monde s'entende bien et que les deux femmes soient amies et d'accord pour se partager le même mari...

Les Ashanincas, cependant, n'ignorent pas les drames amoureux. Parfois, un homme épris d'une jeune fille qui le refuse, ou une femme amoureuse qui est repoussée, se suicident. Sans éclat, sans attirer l'attention, en avalant généralement du barbasco. C'est une liane vénéneuse, dont les Ashanincas extraient un liquide blanchâtre. Ils la diluent dans l'eau afin d'asphyxier les poissons et les capturer.

Ici, les sentiments, aussi intimes soient-ils, sont dévoilés spontanément à l'ensemble de la communauté. Tout se dit, tout se sait. Les nouvelles se transmettent de bouche à oreille, les informations circulent de village en village, amenées par ceux qui voyagent et ainsi tout le monde est au courant des faits et gestes de la communauté. Ni radio, ni journaux, ni téléphone. « Allô ! Allô ! Parijaro ? Jéromine, comment vas-tu ? Chaveta, que deviens-tu ? » Non ! Il faut venir. D'abord arriver jusqu'à la mission puis marcher pendant trois jours... voire beaucoup plus.

Il pleut moins, mais tout reste uniformément gris et humide. Nous n'avons pas beaucoup à manger et la boisson ne cesse de passer de main en main. Je suis bien, légèrement ivre, comme les autres, occupée à filer le coton, à préparer le gibier, à aiguiser un couteau. De temps en temps, quelqu'un se lève pour un pipi buissonnier. C'est à mon tour. Je tiens à peine debout. En prenant bien soin de ne pas me faire remarquer, je me faufile hors de la case. Shama m'observe du coin de l'œil. Nous échangeons un regard empreint d'une complicité amusée. C'est un fait, je suis saoule ! Et tout en m'éloignant à travers les bananiers et les cannes à sucre jusqu'à la lisière de la jungle, je n'arrête pas de pouffer. Les cheveux plaqués sur mon front par la pluie qui tombe de plus belle, les pieds nus enfoncés dans la terre molle, ma cushma remontée jusqu'à mi-cuisse pour me faciliter la marche sur ce sentier glissant, je longe le fleuve sur une centaine de mètres. Je n'ai plus froid. Notre bière locale, complice des journées pluvieuses, me fait tourner la tête. Je suis ivre de... bonheur.

Autour de moi, tout semble figé. La forêt est remplie d'un silence absolu. Seul, le bruit des gouttes sur les feuilles bat la mesure. Trempée, dégoulinante, j'embrasse du regard le fleuve, les arbres, les plantes, le ciel brumeux, les odeurs de mousse, les couleurs éclatantes, les vibrations. Et, tournoyant sur moi-même comme une folle, je voudrais me désintégrer jusqu'à me fondre pour toujours dans la forêt... Comment vais-je pouvoir en sortir ? Je voudrais tant qu'il se passe quelque chose, ici dans ma vie, dans mon cœur. Quelque chose qui me dise : tu n'as plus rien à faire ailleurs, tu peux poser ton sac, cette fois pour de bon, tu peux ouvrir tes bras.

Au retour, je m'assois sur une branche morte dont l'extrémité brûle au centre du foyer pour me sécher et fredonner doucement un refrain que m'a appris Shama.

Shama est le diminutif de Shamashiri, qui signifie « Quelque chose de bien fait », « Ce qui est beau ». C'est vrai qu'elle est belle ! Je l'aime pour son indépendance, pour son infini bonheur de vivre, pour la main qu'elle me tend quand le passage est difficile, pour nos plongeons dans le fleuve, pour le caniri brûlant qu'elle pose sur mon duvet avant le lever du jour, pour les chansons que l'on échange dans le clair-obscur des soirées tranquilles, pour ses yeux brillants, pour tout ce qui est dans son univers.

Enfin, sèche, je rentre sous ma case pour noircir quelques feuilles de papier. Barriti et Mariano me rejoignent bientôt. Déjà le jour baisse. Mon ami me donne un cours d'ashaninca en énumérant le nom de tous les animaux qui vivent ici. Je note tout sur mon cahier, avant d'allumer une bougie, car il fait maintenant nuit. Mariano vient à son secours, quand il n'a plus d'idée, si bien que lorsque la chandelle s'éteint, tout ce qui vit dans la cordillère de Vilcabamba et dans ses torrents est là, couché sur quelques feuillets de mon carnet d'écolier.

La main de Barriti, par moment, effleure la mienne, lorsqu'il me montre du doigt un nom d'animal qu'il souhaite que je lui relise. Je m'applique à écrire en essayant de masquer mon émotion. J'en savoure chaque instant. Comme tout cela est fragile ! Victoria est venue nous retrouver. Amusée par ma prononciation plus qu'approximative, elle joue à m'imiter devant le reste de la tribu réuni sous la grande case.

Mon cahier est couvert de mots, poissé par le jus de canne, poussiéreux et taché. Il garde l'empreinte de mille caresses, car il est passé entre toutes les mains. Et lorsqu'ils me demandent : « Paita » ? (Qu'est-ce que c'est ?) j'explique que cela va raconter aux gens du pays de mon père et de ma mère notre vie ici, à Parijaro. Ils ne comprennent pas tout à fait, mais pressentent que mon témoignage écrit va permettre de mieux protéger la cordillère de Vilcabamba. Ils mesurent très bien la menace qui plane sur eux. Ils ont constaté que les « choris » (colons andins) envahissent la forêt pour déboiser et planter du cacao et du café. Sans parler de la coca. Ils savent que les quatorze autres communautés ashanincas sont envahies, que leurs terrains de chasse, sources vitales d'approvisionnements, morcelés en plantations, sont peu à peu désertés par les animaux sauvages. Qu'ils sont en danger de mort.

De longues conversations nous ont sensibilisés. Cutivireni est la dernière communauté ashaninca encore libre et intacte. Cutivireni est un empire de bonheur et de liberté, une planète où la vie est si riche, si intense qu'on ne voit pas passer les jours et les nuits. Où le rire tient autant de place que la parole. Où une énergie brute coule dans les veines d'hommes et de femmes vivant au cœur d'une forêt vierge et protectrice. Moi, enfant d'un monde occidental à la dérive, je me sens bien ici. J'aime vivre sur les bords du fleuve, dormir sous les étoiles, me faire un parapluie d'une feuille de bananier pour courir sous l'orage. J'accepte aussi d'en supporter les conséquences, parfois pénibles : paludisme, privations passagères de nourriture.

Et ce soir, lorsque mes doigts effleurent ceux d'un homme en cushma, je sais que je suis une jeune femme à marier et qu'un jour, peut-être, mon enfant naîtra à Parijaro.

[illegible] ont peu à peu désertés par les animaux sauvages. Où ils sont en danger de mort.

De longues conversations nous ont [illegible] la dernière communauté [illegible] encore libre et [illegible] Quiconque [illegible] de bonheur et de liberté, [illegible] qu'on ne [illegible] pas passer les [illegible] et les nuits. On [illegible] de [illegible] la parole [illegible] dans les [illegible] d'hommes et de femmes devant [illegible] d'une [illegible] et [illegible]. Moi, [illegible] un monde occidental à la dérive, je me sens [illegible] ici. J'aime vivre sur les bords du fleuve, dormir sous les étoiles, me faire un parapluie d'une feuille de bananier pour courir sous l'orage. J'accepte aussi d'en supporter les conséquences, [illegible] pour [illegible] paludisme, privations passagères de nourriture.

Et ce soir, lorsque mes doigts effleurent ceux d'un homme ou [illegible], je sais que je suis une jeune [illegible] à [illegible] qu'un jour [illegible] mon enfant naîtra à [illegible].

CREDITS PHOTOS

Page 1 de couverture	© C. Cavezzale.
Page 4 de couverture	© Jéromine Pasteur (Canon EOS).

Cahier hors texte :

Page 1	© Prestige Presse.
Pages 2 à 6	Photo X (D.R.).
Pages 7 à 15	Les photos en forêt péruvienne ont été réalisées avec un Canon EOS par Jéromine Pasteur.
Page 16	© C. Cavezzale.

Cet ouvrage
a été composé
par l'Imprimerie Bussière
et imprimé
sur presse CAMERON
dans les ateliers de la S.E.P.C.
à Saint-Amand-Montrond (Cher)
en juin 1988

Les hors-textes et les couvertures
ont été imprimés
par l'Imprimerie CLERC
à Saint-Amand

N° d'éditeur : 1184. N° d'impression : 1153.
Dépôt légal : juin 1988.

Imprimé en France

ISBN : 2 85018 520 5

